餐饮职业认知

餐饮服务技能

餐饮经营分析

餐饮服务策划与运作

餐饮发展趋势

TOURISM

（2006—2010）教育部高等学校高职高专餐旅管理与服务类专业教学指导委员会推荐教材
全国高职高专旅游类立体化示范教材

餐饮服务与管理

TOURISM

第2版

本教材编写委员会
主　编　汪京强　匡家庆
副主编　李　远　许良慧　孙华贞
邢宁宁　丁　鑫　何　鑫

南京师范大学出版社
NANJING NORMAL UNIVERSITY PRESS

图书在版编目(CIP)数据

餐饮服务与管理 / 汪京强，匡家庆主编.—2 版.—南京：南京师范大学出版社，2019.7(2022.6 重印)
(全国高职高专旅游类立体化示范教材/黄震方总主编)
ISBN 978-7-5651-4247-5

Ⅰ.①餐… Ⅱ.①汪… ②匡… Ⅲ.①饮食业-商业服务-高等职业教育-教材 ②饮食业-商业管理-高等职业教育-教材 Ⅳ.①F719.3

中国版本图书馆 CIP 数据核字(2019)第 124271 号

丛 书 名	全国高职高专旅游类立体化示范教材
书　　名	餐饮服务与管理
本册主编	汪京强　匡家庆
责任编辑	李丛竹
出版发行	南京师范大学出版社
地　　址	江苏省南京市玄武区后宰门西村 9 号(邮编:210016)
电　　话	(025)83598919(总编办)　83598412(营销部)　83373872(邮购部)
网　　址	http://press.njnu.edu.cn
电子信箱	nspzbb@njnu.edu.cn
印　　刷	兴化印刷有限责任公司
开　　本	787 毫米×1092 毫米　1/16
印　　张	15.5
字　　数	330 千
版　　次	2015 年 7 月第 1 版　2019 年 7 月第 2 版　2022 年 6 月第 2 次印刷
书　　号	ISBN 978-7-5651-4247-5
定　　价	48.00 元

出 版 人　张志刚

总　序

近年来，我国高等职业教育主动适应社会经济发展的需要，以培养生产、建设、服务、管理第一线的高素质技能型专门人才为主要任务，坚持以服务为宗旨、以就业为导向，走产学研结合发展道路，通过不断深化教育教学改革，推进体制机制和办学模式创新，办学思路日益明确，教育规模不断扩大，人才培养质量显著提升，为经济社会的发展提供了强大的人才支撑和智力支持。

现阶段是我国高等职业教育稳步发展和全面提升的关键时期，是办学活力明显增强、办学水平整体提升、服务能力显著提高的重要时期，是高等职业教育深化改革、创新发展的攻坚时期。这一时期，也是我国文化和旅游业大发展、大繁荣的黄金机遇期。高等职业旅游教育面临着巨大的行业人才需求，也肩负着深化教育教学改革、全面提高教育质量、培养高素质技能型旅游专门人才的历史重任。

教材是实现教育目的的主要载体，是教学的基本依据，是培养高质量优秀人才的基本保证。伴随着我国高等职业旅游教育的发展，教材建设也取得了明显的成果，教材种类大量增多，教材内容不断丰富，对促进高等职业旅游教育发展起到了积极的作用。但是，现有的高职旅游教材还存在一些不足，主要表现在：一是高职教育特色不强，仍然没有完全摆脱本科压缩型的教材模式；二是教材内容与生产实践结合不紧，实践性内容相对不足，没有充分体现行业生产实践和职业技能鉴定规范的要求；三是教材低水平重复建设现象比较严重；四是教材内容比较单调、陈旧，难以适应现代技术、行业发展和教学改革要求。

高职旅游教材的编写是一项研究课题，需要变革和创新。应根据高职培养目标准确进行教材定位，按照应用导向设计教材内容结构，将“做中学”“用中学”“工学结合”等现代性、实用性观念融入教材，带入课堂教学。必须面向广大学生，研究专业的职业特点及培养目标的业务规格，突破传统教材框架，探索易于高职学生接受的编写模式和内容体系，编写体现高职院校自身特色的专业教材，使教材真正成为实现旅游教学与职业紧密对接的现代教学媒体。

高职旅游示范教材的编写更是一项系统工程，需要多领域高水平协同研发。南京师范大学出版社在全国范围内精心组织编审、编写团队，其研发历经三年多时间。从深入一线课堂进行调研，听取相关领域众多师生的意见；到向全国不同教学层次学者、行业专家征求高职旅游课程建设与教材改革、行业发展新建议、新要求，在全国多所骨干、示范性高职院校旅游类重点建设专业和精品课程负责人中遴选作者；再到多次召开调研会、编委会、组稿会、统稿会、评审会……其目的在于让教材跟上时代步伐、体现高职旅游类课程改革最新成果、彰显示范性。

本套教材结合高职旅游专业的特点，围绕工作过程（任务）系统化的课程要求，在遵循科学性、职业性、实用性、创新性、示范性的编写原则的同时，在现代职业教育理念与教材有机融合、体现课程改革与高职教材特点、教材框架体系与教材内容选择、教材编写队伍与编写方式、教材立体化开发和呈现形式等方面，体现出较好的示范作用。

本系列教材基本涵盖了当前高职高专院校旅游管理、酒店管理专业基础课、专业核心课程。编写体例分两个版本：A版偏重理论知识的课程体例，提倡以案例化、能力活动化形式展现；B版偏重实践操作的课程体例，提倡以情境化、实操化形式展现。无论是A版还是B版，其基本体例都包括“目标—过程—评价”。为了让学生在学习的过程中能够了解并熟悉行业要求，我们在体例设置上把“目标”进一步细化，分为“行业要求”和“学习目标”（或“终极目标”）；为了把“知识和技能”融进学习任务或工作任务中，在每个教学任务下分设了“任务目标”“案例聚焦”“任务执行”“任务拓展”“任务反馈”栏目（另外，有些教材在栏目的增减或措辞上稍有差异，以适应相关课程的具体发展要求），加强了任务与任务、项目或模块与任务之间的条理性和系统性，突出了每个栏目下内容都是科学设置、合理设计的特点；为了使得学习过程和教学过程更加完整，我们在“模块评价”（或“项目评价”）栏目下分设了“知识/技能评价”“能力应变”（或“实训演练”）和“模块链接”（或“项目链接”）三个小栏目，与行业动态、实训内容等相联系，使得学生在过程评价或实践演练中培养素质、积累经验、提高技能。

本套教材凝聚了国内多位高职旅游院校优秀教师和行业精英的智慧和经验，体现了现代旅游职业教育的特点和教育教学改革的成果，是高职旅游专业教材改革创新的一次有益尝试，对提高旅游专业教材质量、推进专业教材建设具有积极意义。

期待这套教材的出版，能在我国旅游人才的培养中发挥重要的作用，为促进高等职业旅游教育的发展做出更大的贡献。

（2006—2010）教育部高等学校高职高专餐旅管理与

服务类专业教学指导委员会　主任委员

南京师范大学旅游系主任、教授、博士生导师　黄震方

前 言

在现代职业教育中，实践教学具有与理论教学同等重要且不可替代的地位和作用。它是通过项目实验、课程实训、岗位实习和专业实践等一系列有目的、有计划、有组织的实践性教学活动，实现学生应用知识、掌握技能、熟悉未来职业及获得新知识等教育目标的教学形式，也是遵循现代教育基本规律的有效教学手段之一。

本教材结合高职旅游教育专业教学改革，打破了原有的学科体系，根据学生的认知规律，以餐厅服务、运营与管理的工作过程为导向，以华侨大学"可浓"主题实验餐厅的运营模式为范本，并选取典型工作任务进行编写。本教材旨在训练学生从事餐饮服务工作的基本技能和操作程序，强化餐饮服务与管理工作必备的观念和意识，培养餐饮服务与餐饮管理技能、适应行业发展与职业变化的基本能力。

本教材由汪京强（华侨大学国家级旅游实验教学示范中心主任）和匡家庆（南京旅游职业学院酒店管理学院院长）主编，他们主要负责教材目录与大纲的拟定、教材内容的审核与修改、教材撰写过程中所遇问题的解答与督导。本教材共分六个项目：项目一餐饮职业认知；项目二餐饮服务技能；项目三餐饮服务协作；项目四餐饮服务策划与运作；项目五餐饮经营分析；项目六餐饮发展趋势。本教材编写工作的顺利完成也离不开团队其他各位老师的认真与努力，其中，项目一由李远（四川锦江酒店管理公司总经理）撰写，项目二由许良慧（闽西职业技术学院教师）撰写，项目三由孙华贞（武夷学院教师）撰写，项目四由汪京强和邢宁宁（漳州职业技术学院教师）共同撰写，项目五由邢宁宁老师撰写，项目六由丁鑫、何鑫（华侨大学教师）共同撰写。值得一提的是，本教材编写团队成员均具有教学与经营型实验餐厅运营、管理、实践等经验，具备良好的餐饮管理与服务技能及教学经验。未来本团队的科研成果将努力向"旅游示范型实验室输出"方向发展，希望能够真正发挥"国家级旅游实验教学示范中心"的示范带动作用，也希望有志者能够加入，一起为旅游教育事业的转型与发展贡献一份微薄之力。

本教材既可以作为高职高专院校旅游管理专业、酒店管理专业学生的教材，也可以作为饭店餐饮企业管理与服务人员的培训教材或自学用书，还可以作为旅游院校教学与经营型实验室建设的参考读本。

教材自面世以来，受到了广泛好评。为进一步适应餐旅管理与服务行业的发展要求，体现立体化示范教材的新时代特征，我们对教材进行了修订，并增加了配套的数字资源，方便广大师生更好地使用。同时，我们也期待读者继续提出宝贵意见，支持本教材日臻丰富和完善。

2019年5月改定

目 录

项目一　餐饮职业认知

◆项目目标

【行业要求】

质量是餐饮业发展的根本,因此要加强餐饮从业人员的规范化、标准化业务培训,尤其是行业和企业认知、职业道德与岗位素质的培养。

【学习目标】

①了解近年来餐饮业的发展;②认识餐饮企业的组织结构;③熟悉岗位职责;④掌握餐饮服务的相关知识。

◆项目任务

中国餐饮业源远流长,历史悠久,是一个古老的产业。在经济社会迅速发展的年代,餐饮业存在巨大的发展空间,潜力无穷。因此,了解餐饮业发展现状以及餐饮企业管理相关知识,是非常有必要的。本项目主要讲述餐饮业概况、餐饮企业组织结构、餐厅布局的设计和餐饮服务的类型、规章制度、对餐饮服务人员的素质要求以及各岗位的职责说明。

任务一　餐饮业概况

【任务目标】

①你要了解什么是餐饮业;②你要了解餐饮业的起源与发展;③你要了解餐饮业的类型与特性。

【案例聚焦】

2019 年度中国餐饮市场分析报告

中国饭店协会《2019 中国餐饮业年度报告》显示,2018 年全国餐饮收入 42 716 亿元,同比增长 9.5%。根据报告的数据分析,截至 2018 年底,中国餐饮业发展呈现以下特征:

一,行业整体规模持续扩大,较大规模企业维持较快增长,品牌企业领跑态势明显。

从营业额增长率、门店数量增长情况、营业面积变动、员工数量变动、门店变动等指标来看,较大规模的餐饮企业整体规模持续扩大,中大型企业仍然处于持续扩张阶段,其平均增长率为 12.6%,超过了全国餐饮营业收入增长率,餐饮业集中化程度不断提升,品牌企业影响力不断扩大。

二,餐饮行业仍属于劳动密集型产业,中大型企业员工队伍相对稳定,从业人员薪酬水平较低。

无论是一线员工数量还是管理员工数量都较上年持续增长,餐饮行业仍然属于劳动密集型产业。一线员工数量均值与管理员工数量均值比为 7.38∶1。中大型企业中将近 60%企业的人员流失率维持在 12%以下,平均人员流失率为 10%。一线员工的平均工资 3 600 元,管理层员工的平均工资为 6 300 元。中大型餐饮企业通过提升员工工资福利、创新晋升和发展机制,吸引人才流入。

三，连锁化程度逐渐加强，但呈现马太效应，直营仍是首选。

在所调研企业中，直营店全年增长均值高于加盟店，整体而言餐饮行业的连锁化程度逐渐加强。行业中呈现出加盟店越多的店越多人加盟的趋势，马太效应较为明显。对比拥有直营店的企业集团和拥有加盟店的企业集团数量，可以发现拥有直营店数目依然远大于加盟店，可见目前餐饮行业企业集团为了保证产品质量、维护品牌声誉仍是优先发展直营店。

四，销售管理财务三项费用成本值得关注，品牌化发展成为最大关注点。

原材料、房租和人力成本仍然是上升最快的三大成本。按照所占比例来看，原材料进货成本、销售管理财务三项费用以及人力成本占比最大，其中销售管理财务三项费用成本较高，企业盈利能力不强。在企业关注方向调查中，企业对于品牌化发展最为关注，关注品牌化发展的企业占比72.80%，其次是供应链发展（占比52.03%）和绿色化发展（49.19%）。

五，门店数量发展成为行业效益提升瓶颈，工业化发展或可打破僵局。

企业门店数目增加会呈现出一定的规模效应，但是当到达一个规模极限之后其效益就开始下降，因此，以门店数目控制在合理区间取代对规模的追求，成为当前餐饮业发展模式的关键点。随着新技术的发展，企业通过网络化和工厂化发展，可以突破门店数量瓶颈，实现更优的规模化发展。

六，部分市场表现突出，品质化发展成为市场新机会。

火锅品类近几年受市场需求增长及高标准化、可扩张性的独特业务模式，成为餐饮细分中一大品类。火锅市场总收2018年达到8 757亿元，对比2014年涨幅超52%，预计2019年火锅营收将达到9.6千亿。火锅每平方米营收优于其他餐饮品类，表现突出。

喜宴市场成为企业重要的营收版块，一批以婚庆喜宴为主的餐饮企业崛起并深受市场热捧，通过优质的喜宴产品和服务在激烈的市场竞争中蓬勃发展。

老字号成为文化与消费双载体，对于弘扬优秀中华传统文化、促进消费、拉动经济增长都有重要意义，面临着重要的发展机遇。

七，餐饮强省发展迅猛，十大吃货省份餐饮收入领跑全国。

2019年餐饮收入排名前10省份（山东、广东、江苏、河北、河南、四川、浙江、湖南、湖北、辽宁）餐饮收入合计占全国餐饮收入66%，在全国餐饮业中发挥着举足轻重的作用。得益于地方政府对餐饮业发展的高度重视，这些省市区的餐饮品牌和人才均取得了明显发展。

八，各业态领军企业排名反映了餐饮市场风起云涌。

从排名来看，在市场的重新洗牌下，大众餐饮成为市场新的主体。正餐企业前50营业额合计超过1 100亿元，杭州饮食服务集团有限公司继续蝉联百强榜首，北京华天饮食集团公司、上海杏花楼（集团）股份有限公司位居其后；火锅餐饮企业前20营业额合计超过500亿元，四川海底捞餐饮股份有限公司成为领军企业，呷哺呷哺餐饮管理有限公司、四川香天下餐饮管理有限公司进入前三甲；快餐小吃企业前10营业额合计超过150亿元，安徽老乡鸡餐饮有限公司位居首位，上海杨国福企业管理（集团）有限公司、张亮麻辣烫紧随其后；团餐企业前10营业额合计超过500亿元，河北千喜鹤饮食股份有限公司、快客利集团、深圳市德保膳食管理有限公司位居前三强；西餐及休闲餐饮企业前10营业额合计超过100亿元，济南嘉和世纪酒店管理有限公司、江苏水天堂餐饮管理有限公司、厦门豪享来餐饮娱乐有限公司成为前三甲。

思考：中国餐饮业存在哪些问题？应该如何引导整个行业的发展？

【任务执行】

①学习形式	分小组进行
②获取资料	通过查阅资料及访谈的形式，获得中国餐饮业发展的相关数据。通过数据分析，总结中国餐饮业发展现状、存在问题以及发展前景
③成果展示	各小组汇报成果，在课堂上展示
④学会总结	提交工作记录单和分析报告

随着中国经济的持续快速发展，第三产业中市场化程度最高而竞争又最为激烈的餐饮业，又一次迎来了它的发展高峰期。过去10年，是中国餐饮业蓬勃发展的黄金时期，整个行业经历了从无序到有序、从小草到参天大树的逐步发展壮大的过程。餐饮业在国民经济中的地位从无足轻重飞速发展为不可忽视的重要力量，年营业收入达上千亿元。但是，因为市场的巨大，也吸引了更多的人前来分食“餐饮”这块大蛋糕。于是乎，各路诸侯八仙过海、各显神通，南征北战、攻城略地，以求用最快的速度占领最大的市场份额。正所谓“你方唱罢我登场，各领风骚一两年”。

餐饮业是随着人民生活水平日益提高而发展起来的明星产业，也是经济发展所必需的配套产业，因此餐饮业在国内外都发展迅速。然而，由于餐饮业投资风险相对较小，只要利润超过租金就可以生存，而且即使出现生存危机，也能及时发觉，损失不大，所以餐饮业在国内外都是投资者看中的产业。资本雄厚者可以投资，小本经营者也可以投资，于是现今中国的餐饮业基本形成了高、中、低多档次兼有，中餐、西餐并驾齐驱，传统风味和现代潮流相互媲美的竞争局面。

走在街上，琳琅满目的餐饮品牌让人眼花缭乱，几乎每天都有新的餐馆开张，也有老的餐馆倒闭，似乎中国的餐饮市场已经趋于饱和。那么，餐饮业是否真的已无插针之处？

数据显示，从1978年改革开放到2006年，中国餐饮收入规模用了28年时间突破1万亿。随后，突破万亿的速度越来越快，破2万亿用时5年，破3万亿用时4年，破4万亿仅用了3年。但和美国相比，中国9倍的餐饮门店创造了和美国相当的市场规模，而中国人均餐饮消费还不足美国的1/5。这说明，中国餐饮成长空间还非常之大，巨大的商机在等着经营者们去施展自己的聪明才智，沉睡的金山等待着他们去挖掘。近年来，我国餐饮业继续保持高速的增长，社会投入持续增加，行业规模持续扩大，呈现出繁荣创新的景象。

中国餐饮业将持续增长的原因有以下

几点：

第一，不断加快的生活节奏。

随着改革开放和社会经济的进一步发展，人们的就业渠道拓宽，在工作之余可干的事情也越来越多。无论是在城市还是在乡村，多数人都忙忙碌碌、行色匆匆。随着劳动力价值的提高和时间价值的提升，越来越多的人不愿将时间浪费在烧菜做饭上，所以到餐厅吃饭已经成了一种需求。

第二，餐馆社会职能的扩大。

过去，凡新建一个企业就要建一个食堂，以解决职工吃饭问题。目前，大多数新建企业都不建食堂，职工的早餐、午餐只能在单位附近的餐厅解决，这使餐饮业担负的社会职能大大加强。工作餐的社会化也是餐饮业发展的一个良机。

第三，公共关系的不断发展。

社会的不断发展与进步，使人与人之间的交往也不断地增多，出于各种各样的需求，人们到餐厅就餐已成为家常便饭。这也推动了餐饮业的不断发展。

第四，流动人口的不断增加。

自从改革开放以来，外出旅游观光的人越来越多，旅游业已成了热门行业，旅游业的发展加速了餐饮业的不断发展。另外，大量的农村富余劳动力到城市去务工或经商，他们绝大多数都要在外就餐。这些流动人口的增加，扩大了餐饮业的市场需求，这是餐饮业发展的重要契机。

第五，职业女性增多。

如今的女性，许多已经走出家庭，有了自己的职业。要掌握职业需要的知识和技能，就要用大量的时间来学习。这些职业女性很少有时间从事家务劳动，而生活水平的不断提高，使职业女性能够用外购食品或在外就餐的方式来解决家人的吃饭问题。

一、什么是餐饮业

（一）餐饮业的概念

餐饮业（catering industry）是集即时加工制作、商业销售和服务性劳动于一体，向消费者专门提供各种酒水、食品以及消费场所和设施的食品生产经营行业。

在中国，据《国民经济行业分类注释》给出的定义，餐饮业是指在一定场所，对食物进行现场烹饪、调制，并出售给顾客主要供现场消费的服务活动。

按欧美《标准行业分类法》给出的定义，餐饮业是指以商业赢利为目的的餐饮服务机构。

（二）餐饮业的特点

1. 一次性

餐饮服务只能一次使用，当场享受，这就是说，只有当客人进入餐厅后服务才能进行，当客人离店时，服务也就自然终止。

2. 无形性

餐饮业在服务效用上有无形性，它不同于水果、蔬菜等有形产品，单从色泽、大小、形状等就能判别其质量好坏。餐饮服务只能通过就餐客人购买、消费、享受服务之后所得到的亲身感受来评价其好坏。

3. 差异性

餐饮服务的差异性一方面是指餐饮服务是由餐饮部门工作人员通过手工劳动来完成的，而由于每位工作人员年龄、性别、性格、素质和文化程度等方面的不同，他们为客人提供的餐饮服务也不尽相同；另一方面，同一位服务人员在不同的场合、不同的时间，或面对不同的客人，其服务态度和服务方式也会有一定的差异。

4. 直接性

一般的工农业产品生产出来后，大都要

经过多个流通环节，才能到达消费者手中。如果产品在出厂前质量检验不合格，可以返工，在商店里你认为不满意的商品可以不去问津。而餐饮产品则不同，它的生产、销售和消费几乎是同步进行的，因而生产者与消费者之间往往是当面服务、当面消费。

二、餐饮业的起源与发展

（一）中国餐饮业的发展

古代中国地广人稀，自秦汉以来，为了方便官差长途跋涉传送文件，便设置了“驿站”，提供住宿与餐食，使官差缓解旅途的劳累，翌日能够继续另一段漫长的传递工作，其实这就是中国餐饮业的雏形。

在秦朝制定货币政策后，民间社会开始有大规模的交易现象，市集应运而生。“民以食为天”的本性在交易现象中自然流露出来，交易的目的在于养家糊口，交易的性质则免不了是以物易物或以钱易物。所谓的“物”，自然就是指一些生活用品与食物。既然食物可以从交易中获得，餐食贩卖由此就酝酿而生。具体而言，餐饮业自人类有交易现象开始算来也有四千年的历史了。

中国从史前时代的生食到发现食物可以熟食后，餐食烹调一直在不断变化发展。餐馆在古代称谓很多，有文献考据的有“旗”“酒家”“酒肆”“客栈”等。早期的旅行者或商人通常借宿于庙宇或民家，能获得粗简的餐食。

而餐饮业真正普遍流行约在汉、唐时代。此时，是历史上的太平盛世，交通发展迅速，各处通商大邑都设有“客舍”与“亭驿”，方便来往的官宦与客商能有个落脚和解决食宿的地方。大街小巷到处都可以看到肉店、酒店、熟食店，民间的交易行为较秦汉时期更是络绎不绝，烹调技艺的精湛更能提高竞争力。尤其在大唐时代，宫廷中因为有外邦使节频繁进贡，皇帝威权统治，官宴每顿都有名堂，从厨房到上菜，百余人服侍，可谓极度奢华考究而且非常富有创意，民间烹调技术不能与之相提并论。官宴菜色每样都是御厨潜心精究的，多少有些秘方成分，成为中国餐饮文化的一种特色，可称之为宫廷菜。今日若欲享用类似的餐宴，唯有满汉全席，但恐怕还不足其万分之一的豪华澎湃，可称为中华美食文化最具神秘色彩的一环。

随着历代战乱、生态环境改变以及外族入侵导致的多民族融合，传统饮食也转趋复杂多样，形成多彩多姿的饮食文化。这些民族饮食的特点与习性丰富了中国各地区的餐饮内容，深深地影响着民间烹调方式。晚清末年，八国联军堂而皇之侵占中国，蜂拥划分势力范围，国家处于动荡不安的时期，但此时反而是中国各地招牌菜融合与发扬光大的时期。如为了满足洋人的民生需求，北京、上海等地餐饮业出现了迎合外国人口味的西餐厅。同时，中国各地的传统菜肴也感受到与其他地区菜肴商业竞争的气息和西方饮食文化引进的影响，纷纷在烹调与口味上树立招牌，独立门户，自成“本色”，发展出中国非常有名的“八大菜系”——鲁菜、川菜、淮扬菜、粤菜、湘菜、闽菜、徽菜、浙菜。虽然如此，无论大江南北，中华美食一直传承老祖宗“色”“香”“味”俱全的烹调精髓，在世界的食艺术舞台上独领风骚。

（二）国外餐饮业的发展

西方餐饮业起源于约公元前1700年古埃及小客栈的出现。这种小规模餐饮店铺也发现于赫冈兰城（Herculaneum）的废墟中，足见当时古罗马帝国人民的外食习惯因商旅活动频繁而非常普及。但是要论有系统且具规模的经营，则要到十六七世纪以后。店家开始讲究精致烹调，使用较好的餐具招徕顾客，这可追溯到1650年在英国牛津出现的咖啡屋。

18世纪末期，由于英国工业革命的影响，使得整个欧洲交通运输事业繁荣昌盛，火车、轮船等公共运输工具的发展尤其迅速，更带动旅游风潮，餐饮业与旅馆业因而发展快速；又随着商业贸易与观光业的盛行，餐饮业者为迎合顾客需求而增强竞争力，开始讲究质量，在服务上开始出现桌边服务，大大提升西洋文化“吃”的艺术层次。

另外，在美国这方土地上，由于英国人的早期移民，初时带有了不少欧洲饮食文化色彩。经过南北战争，成立联邦、形成美利坚合众国后，美国本土化的饮食模式才逐渐发展起来，西部拓荒史的荒野简餐以及牛仔酒吧就是美国餐饮最主要的特色之一。而麦当劳快餐就是在这种理念下筹创而生，如今风靡全球，男女老少无人不晓，可以说是最具代表性的美式餐饮文化。

三、餐饮业的类型与特性

国内餐饮业的分类主要是为了便于进行餐厅评估、方便督导而形成的，大致可以分为旅游饭店、餐厅、自助餐和快餐业、冷饮业及摊贩五大类。

（一）旅游饭店

旅游饭店可以分为国际旅游饭店和一般旅游饭店。其中国际旅游饭店除了为国外访客提供住宿上的服务外，还以其高雅的格调、精美的餐具、国际化的饮食观和完善的服务，吸引大量本地的客源；加上饭店的场地大、设备齐全、员工专业水准高，因此可同时兼具美食宴会、婚丧喜庆、展示会议等功能，充分发挥餐饮的边际效用，引导餐饮潮流。

（二）餐厅

餐厅是通过提供服务、菜品和饮料来满足顾客饮食需求的场所。

1. 按服务方式分类

（1）餐桌服务型餐厅。餐桌服务型餐厅是指有服务人员引领客人入座，并提供点菜、送餐上桌服务的餐厅。这类餐厅在餐饮业中所占比例最大，常称为酒楼、酒家、饭庄、饭馆、小吃部等。其特点是经营品种丰富、菜品风味突出、服务较周到，以中低档次为主。

这类餐厅可以是中式的，也可以是西式的。

（2）外带服务式餐厅。这种餐厅主要提供外带服务，即厨师将菜制作好以后，不是装盘端给客人，而是将菜品用餐盒包装好，由客人带至餐厅以外的地方吃。

（3）自助餐厅。它是供客人自选自取适合自己口味菜点就餐的餐厅。其就餐方式有两种：一是客人需先购票，然后到餐厅随意自取食品和饮料；二是客人先进餐厅随意自取食品和饮料，后到门口结算付款。客人餐后不能将食品或饮料带出餐厅。

此类餐厅的特征是由客人自己将食物端至桌前，而不是由服务人员；大多数食品、饮料均在餐台上陈列，由客人自取，然后付款；用餐后，客人将托盘等餐具放在指定位置；有时连最后的加工都是由客人自己完成的，如自助火锅、烧烤等。

（4）柜台服务式餐厅。在这种餐厅里，客人坐在柜台旁，可以边聊天边欣赏厨师的厨艺。菜是由服务人员或厨师直接上给顾客。由于这种餐厅的服务速度非常快，所以也被称为“速简餐厅”。

2. 按风味特色分类

(1) 特色餐厅。这类餐厅通常采用较单一的产品组合策略来满足不同的顾客群体或某一顾客群体的特殊需要，如：①海鲜餐厅，经营燕窝、鱼翅、鲍鱼等海鲜。以鲜活海、河鲜产品为主要原料烹制食品的餐厅。②古典餐厅，以经营宫廷菜、官府菜、仿膳菜为主的餐厅。③食街，以经营全国各地风味小吃为主的餐厅。④烧烤厅，专门供应各式烧烤的餐厅。⑤火锅厅，专门供应各式火锅的餐厅。⑥旋转餐厅，一般指设在高层酒店顶楼一层的观景餐厅，一般提供中、西式自助餐。

(2) 风味餐厅。它是指突出某一地方、民族或国家饮食特色的餐厅。

按照这一分类标准，所有的餐厅都可以分为中式餐厅和西式餐厅。

①中式餐厅是提供中式菜品、饮料和服务的餐厅。中国幅员辽阔，民族众多，民俗殊异，往往基于地理、气候、风俗、民情、经济等因素，塑造了多样的文化性格，形成了独特的饮食习惯与奇妙的烹饪方法。随地域而变化万端，各地区均形成自己独特的菜系，且既有小吃，又有大菜，如川菜、鲁菜、浙菜、粤菜、徽菜、苏菜、湘菜、滇菜、京菜、东北风味菜等，不一而足。

②西式餐厅是向客人提供西式菜品、饮料及服务的餐厅，包括法国菜、俄国菜、意大利菜、墨西哥菜、日本菜等各国风味的菜。

西式餐厅的种类有：扒房，作为高级西餐厅或行政西餐厅，主要以法式大餐为主，兼容意式、德式、俄式等特色菜肴。酒吧，是为客人提供饮料、娱乐、休闲的社交场所，其通常供应的饮料包括酒精饮料和非酒精饮料。咖啡厅，即提供简单西餐的西餐厅，中国的咖啡厅也会加进一些中式小吃。

(3) 主题餐厅。通过一系列围绕一个或多个历史或其他的主题为吸引标志，向顾客提供饮食所需的基本场所。它最大的特点是围绕主题来营造餐厅的经营气氛——餐厅内所有的产品、服务、色彩、造型以及活动都为主题服务，使主题成为顾客易于识别餐厅特征和产生消费行为的刺激物。

3. 按服务的对象分类

(1) 商业型餐厅。这类餐厅通常盈利目的性较强，其服务对象流动性较大，如酒店、饭店中的餐饮、餐饮与娱乐综合经营等。

(2) 非商业型餐厅。这类餐厅通常是企事业单位餐厅。其盈利目的性不强，服务对象是固定的，如学校、医院、部队等单位或团体的餐厅等。

4. 按经营的组织形式分类

(1) 独立经营的餐厅。它是指独立核算，有经营自主权、有自己的注册资本、具有法人资格的餐厅。中国绝大多数餐厅属于独立经营的餐厅。

(2) 依附经营的餐厅。这类餐厅是指饭店餐饮部系统的餐厅，它从属于饭店，没有自己的注册资本、不具备法人资格。

(三) 自助餐和快餐业

1. 自助餐

自助餐的宗旨是以低廉的价格快速供应营养丰富、菜式多样的饮食给在外工作、上学的人食用。目前自助式除了广泛应用于学校、机关等团体的餐厅外，还为一般商业型餐厅普遍接受。自助餐已成为全世界流行的一种用餐方式。它的雏形源自1891年美国密苏里州堪萨市的YWCA(基督教女青年会)。1893年，汤姆逊(John R. Thompbom)在芝加哥购买一家餐厅，并且成功地引进这种服务观念，由顾客自己到餐台选取其所喜爱的食物。这便是第一家自助式餐厅，同时也是第一家使用电动输送带及中心配给来控制食物供需的餐厅。1926年，汤姆逊在中西部及南部已拥有126家餐厅。其成功的关键在于将人力成本降至销售额的15%，比其他餐饮业的人力成本(20%～30%)低很多。

自助餐可以分为两种形式。一种是客人自行至餐台取菜，而后据所取样数付账，英文称之为cafeteria；另一种也是客人自行取菜，但是一次性付费任客人吃到饱，英文称为buffet。两种方式都是自助型或半自助型(食品由服务人员供应)，在人工费用昂贵的现今社会，这种服务方式的确是不可避免的餐饮潮流趋势。

以往自助式餐厅餐台的设计都采用一字型，顾客从同一方向进入，拿到食物后，耐心等候结账。现在已有改良，自由流动型和锯齿型的餐台设计，使顾客能从所需食物点切入，极为灵活，可减少排队的辛苦和时间的浪费，提高顾客的满意度，提高餐厅的使用率。

20世纪70年代开始推行的“吃到饱”的自助餐，对餐饮业的经营方式产生极大的震撼。消费者不再因为不谙点菜技巧而不敢上大饭店，也不用受套餐组合的约束，因此这种餐饮方式广受消费者的喜爱，尤其是最近两三年，更成为各大饭店的主要餐饮业务。

2. 快餐业

快餐业(台湾称之为便当业)，可以说是以米食为主的民族的一大餐饮特色。随着都市人生活形态的转变，中午吃自带的饭盒餐的情况已日渐稀少，大都市的快餐行业迅速发展。

快餐的主要供应对象是学生、企事业单位的员工及医院中的病人等，价格在4至12元不等，菜色内容和营养含量则据价格而变化，大致有主菜类(如炸排骨、鸡腿)、半荤菜类(蛋、肉丝炒菜)及素菜类。90%以上的快餐是在午间提供以充当午餐，中式、西式或混合式应有尽有，价格尚合理，唯一的缺点是质量及卫生状况参差不齐。

目前快餐业正在逐渐摆脱过去厨房的制备方式，从改善调理人员的工作习惯和工作环境着手，采用制度化的采购与科学化的生产系统，以求能达到预期的营养和卫生目标，减少因食用快餐引起食品中毒的可能。

(四) 冷饮业

炎热的夏天，最吸引人的莫过于清凉的冰品冷饮了。冷饮业的市场因此迄今屹立不倒。

冷饮业的销售形式，有传统的冰店，供应各式各样的冷饮；也有近年来风行的自动售货机；甚至还有从国外引进的冰淇淋、酸乳酪店，提供较卫生、较昂贵的冷饮。冷饮业最大的问题是卫生，如果冷藏设备不够，食物原料置于室温下，很容易引起细菌滋生繁衍；若以手处理冰，也易造成食物污染。

目前的冷饮店、咖啡店一改传统冷饮店的弊病，以格调高雅的装潢或是连锁的经营方式，呈现崭新的经营风貌。

(五) 摊贩

摊贩是中国饮食文化的一部分。要了解中国饮食文化的特点，必先品尝街头小吃。只要有人聚集处，就会有摊贩出现，而且大半的摊贩跟吃有关，这或许是和传统的“走到哪儿，吃到哪儿”的饮食习惯有关。市场里、公园旁、街口转角，摊贩可以说是无所不在、无孔不入。

摊贩的性质和欧美所谓的快餐车类似，往往在人潮聚集之处就可见到，如集市、儿童乐园、运动场等。他们以提供简便快速的食物为主，如热狗、三明治和饮料，供应的食物琳琅满目、应有尽有,充分利用极小的空间,用最少的人力、物力创造最大的利润,而其合理的价格和地点的方便性(常是近在咫尺),也能最大限度地吸引消费者。

摊贩业发展面临的最大问题应是下列几点:

(1)难以合法化。证照可能不全。

(2)卫生问题堪忧。摊贩大多采用露天开放式经营,灰尘、蚊虫随时侵入,常常是病菌滋生的最佳环境,影响消费者的健康。

(3)环境脏乱。一般摊贩常设点在住家附近,如果生活垃圾及污水排放没有得到有效处理,周边环境脏乱,则会影响顾客的光顾。

(4)食品质量难以保证。摊贩通常只有简陋的厨具,又缺乏专业的厨师,因此无法保证质量。

由于摊贩业具有传统饮食文化的特色,且方便大众,因此不能完全否定其存在价值。对于摊贩业现存的问题,监督机构应找出具体可行的办法,或集中管理,或开办讲习班训练从业人员,甚至研究开发新的经营制度,以保证摊贩业健康发展。

【任务反馈】

面对中国餐饮业存在的问题,应如何解决?

释疑:首先,你要总结中国餐饮行业存在的问题;其次,你要能够客观地找出存在问题的原因;最后,提出解决的方法。

任务二　组织结构

【任务目标】

①你要了解餐饮企业组织机构设置的原则;②你要了解餐饮企业组织机构规模制定的根据;③你要掌握餐饮企业组织机构的内部分工;④你要掌握3种常见的组织结构图。

【案例聚焦】

麦当劳公司管理架构调研报告

麦当劳是全球首屈一指的餐饮品牌和世界零售食品服务业的领先者,在全球120多个国家和地区拥有超过32 000家餐厅,每天为超过6 000万顾客提供服务。1955年,世界上第一家麦当劳餐厅由创始人雷·克洛克(Ray Kroc)在美国芝加哥伊利诺斯州的Des Plaines成立。从1990年深圳第一家餐厅开业起到2018年11月,麦当劳在中国大陆开店总数已超过2 900家,拥有员工超过150 000名。中国是麦当劳大中华区最大的一个市场,也是麦当劳新店开业规模最大的市场——餐厅分布在全国至少26个省、市、自治区,餐厅数量以平均每年17%的速度增长。广东属于大中华区下辖的华南区,目前在广东全省餐厅数量约1 000多家,全部为直营店,分属深圳和广州两大市场。其中广州市场公司名为“广东三元麦当劳食品有限公司”,属于中外合资企业,总部设在广州中山四路信德大厦,于1992年8月在广州成立,1993年2月在广州设立第一家餐厅,迄今所辖区域包括了除深圳和珠海之外的大部分省内城市和地区。

由于餐厅和人员众多,故公司机构也相应比较庞大,部门众多,分工也更为细致,麦当劳中国公司的组织架构和管理体制与跨国公司所普遍采用的一种典型的层级化组织结构几乎相同,以广州市场为例,除营运部设置营运总监外,其他各部门均无总监职级。大体有以下部门(如图1-2-1所示):

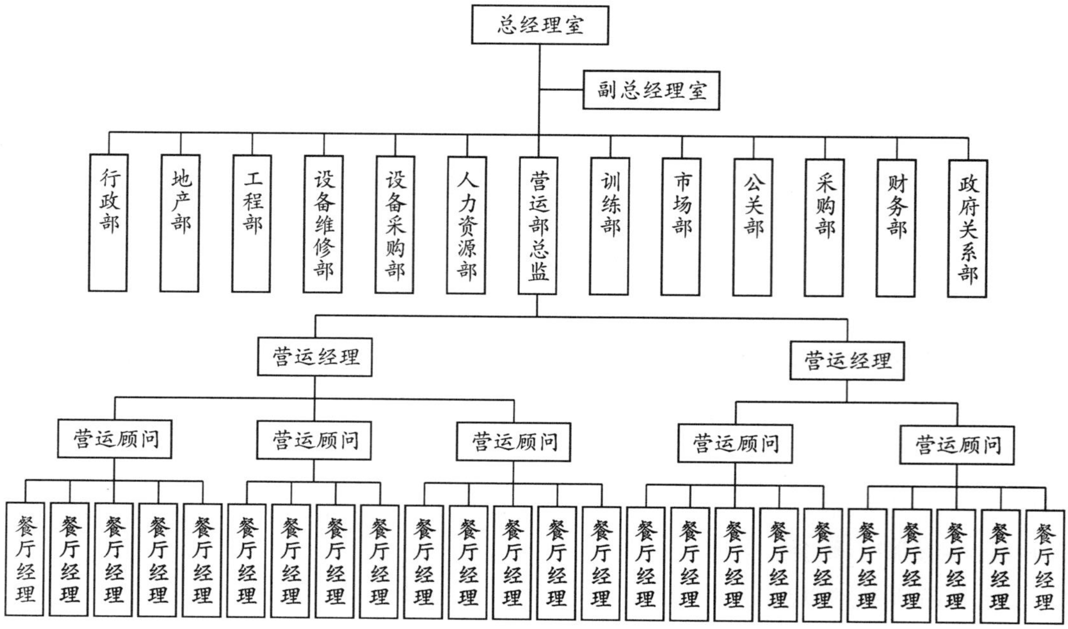

图 1-2-1　麦当劳公司的组织结构图

思考:麦当劳公司的组织结构图的设计有哪些合理之处和不合理之处?

【任务执行】

①学习形式	分小组进行
②获取资料	通过查阅资料或者访谈,总结餐饮企业组织结构设计的原则和依据,分析中国一些著名餐饮企业的组织结构图存在的问题,并尝试对企业的组织结构图重新进行设计
③成果展示	各小组汇报成果,在课堂上展示
④学会总结	提交工作记录单和案例分析报告

组织机构和人员编制是餐饮管理的前提和基础。它要解决的中心问题是组织管理体制的建立和人力资源的运用。这一问题直接影响和决定现代餐饮管理的成败和经济效益的高低。组织机构是为完成经营管理任务而结成集体力量,在人群分工和职能分化的基础上,运用不同职位的权力和职责来协调人们的行动,发挥集体优势的一种组织形式。

餐饮组织机构是针对企业餐饮经营管理目标,为筹划和组织餐饮产品的供、产、销活动而设立的专业性业务管理机构。

组织机构是有效开展业务经营活动的有力保证。组织管理学家巴克斯克先生指出:领导的职责就在于成功地设计一种组织,并委派最恰当的人选,然后致力于按照组织原则促使大家去达到目标。

一、餐饮企业组织机构设置的原则

(一)精简与效率相统一的原则

组织机构设置直接地影响企业的经营效率和间接成本。所以,组织机构设置应精简,能够用最少的人力去完成任务。精简的目的是减少内耗,提高效率。因此,精简和效率相统一的主要标志是:配备的人员数量与所承担的任务相适应,机构内部分工粗细得当,职责明确,每人有足够的工作量,工作效率高,应变能力强。

（二）专业化和自动调节相结合的原则

餐饮管理是一项专业性很强的工作，必须保持组织机构内部的专业分工明确，职责范围要明晰。组织机构要有相对的独立性，各类管理人员在职责范围内能够独立开展工作。

专业化和自动调节相结合的主要标志是：组织机构大小同企业等级规模相适应，内部专业分工程度同餐饮经营类型、接待能力相协调，专业水平和业务能力同工作任务相适应，管理人员能够在不断变化的客观环境中主动处理问题，具有自动调节的功能。

（三）权力和责任相适应的原则

餐饮管理是运用职位的权力去完成管理任务。餐饮企业组织层次的结构、平均管理幅度、授权的范围与程度都影响着管理任务的完成。

餐饮组织坚持权力和责任相适应的标志是：组织机构的等级层次合理，各级管理人员的责任明确，权力大小能够保证所承担任务的顺利完成，责权分配不影响各级管理人员之间的协调与配合。

二、餐饮企业组织机构规模的确定

（一）餐厅类型的多少

餐厅类型越多，专业化分工越细，内部人员、部门越多，组织机构的规模越大。

（二）餐厅接待能力的大小

餐厅接待能力是由其座位多少决定的。餐厅座位越多，规模越大，用人越多；与此相适应，厨房规模也越大。反之，餐厅座位少，组织机构的规模也相应较小。餐饮组织机构的规模和形式必须和餐厅的接待能力相适应。

（三）餐饮经营的专业化程度

餐饮业主要有饭店和餐馆两种类型，二者的具体组织形式也必然各不相同。饭店是一种综合性服务行业，其中的餐饮部门不是一个独立的企业，而是其组织机构的一部分，餐饮管理中所需要的工程、财务、安全、培训、人事劳动等管理工作由企业职能管理部门承担。因此，餐饮管理组织机构的规模可以相对较小。而餐馆、酒家等都是独立的企业，需要建立全套的组织机构，在餐厅接待能力相同的条件下，组织机构的规模则相对较大。

（四）餐饮经营的市场环境

不同地区、不同企业、不同时期的餐饮经营的市场环境不同。处于卖方市场条件下的企业市场环境好，用餐客人多，餐厅座位周转快，用人相对较多；而处于买方市场条件下的企业情况则相反。因此，餐饮管理组织机构的规模和形式会随着市场环境的变化而调整。

（五）餐饮经营的现代化程度

一般采用现代计算机技术、自动化设备等技术手段的餐饮企业，信息沟通较为顺畅，通常可减少管理的层次，增加管理的宽度。反之，传统餐饮企业管理层次多而宽度缩小。

三、餐饮管理组织机构的内部分工

（一）组织决策工作

组织决策属于餐饮高层管理工作，以企业主管业务经理和餐饮部经理为主。主要负责企业餐饮管理经营方针、经营策略、管理目标的制定，全面组织业务经营活动的开展，控制企业经营方向。

（二）食品原材料供应

食品原材料供应主要由采购、验收、储藏部门负责。它要求根据餐饮经营计划和生产业务活动的需要，制订采购计划，组织采购业务，控制采购成本，做好入库验收、库房管理、领料、发料等日常管理工作，保证厨房生产的需要。

（三）厨房生产过程组织

厨房生产是餐饮管理的中心环节，主要由厨师长负责。其任务是选择经营风味，安排花色品种，制定菜单；合理安排生产任务，做好粗加工、细加工、炉灶制作、冷荤、面点制作等生产过程的组织，确保产品质量。

（四）餐厅销售及服务管理

餐厅销售及服务是满足客人需求的最终体现。它直接影响服务质量和企业声誉，是扩大产品销售的重要环节。

（五）餐饮成本核算

成本核算是控制成本消耗、提高经济效益的重要手段。餐饮成本核算一般由财务部门的成本核算员负责。其管理工作主要是按照管理层所提出的要求，制定标准成本和成本定额，核算实际成本消耗，提出改进措施，确保餐饮管理经济效益的实现。

四、常见组织结构图

（一）小型餐厅

小型餐厅餐饮部组织架构图如图 1－2－2所示。

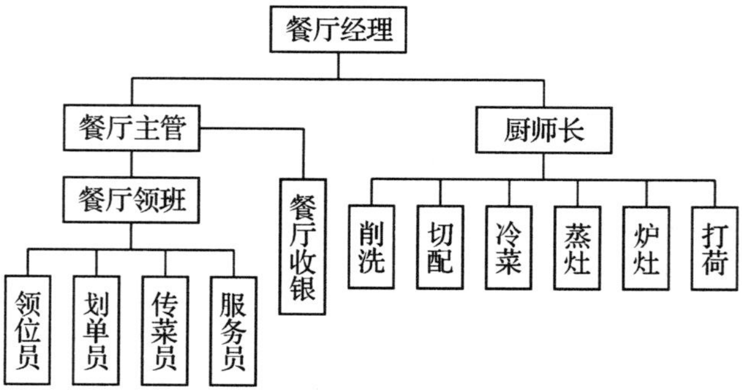

图 1－2－2　小型餐厅餐饮部组织架构图

（二）中型餐厅

中型餐厅餐饮部组织架构图如图 1－2－3 所示。

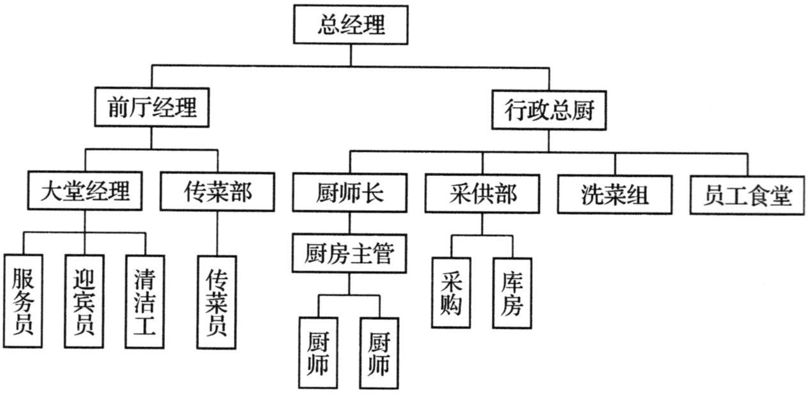

图 1－2－3　中型餐厅餐饮部组织架构图

（三）大型餐饮企业

大型餐饮企业餐饮部组织架构图如图 1－2－4 所示。

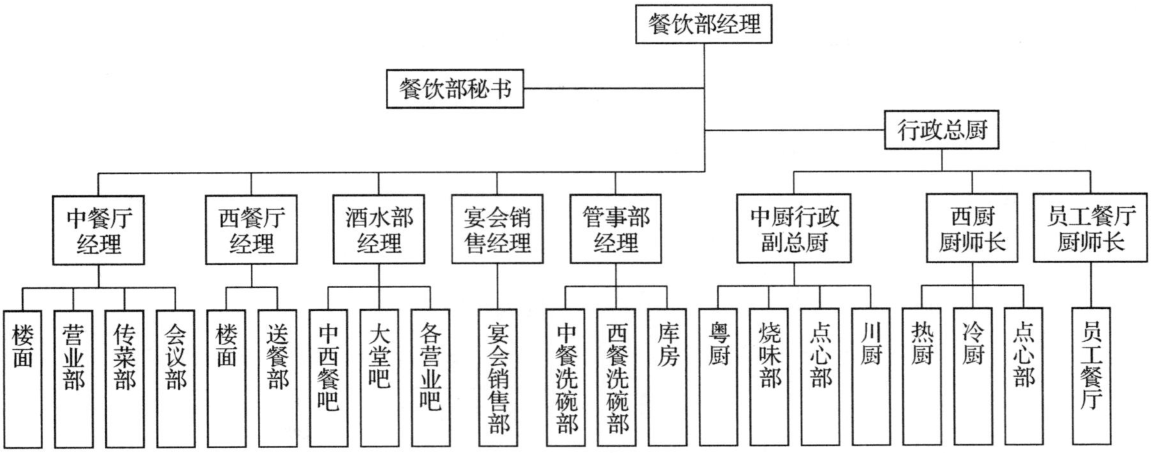

图 1－2－4　大型餐饮企业餐饮部组织架构图

【任务反馈】

你认为一家餐饮企业设计组织结构时应该考虑哪些问题？

释疑：首先，要考虑一家餐饮企业的类型，西餐厅与中餐厅的组织结构和岗位设置是不一样的；其次，要考虑餐厅的规模及接待能力，规模越大所需要的岗位设置越多；再次，要考虑餐饮企业经营的专业化程序，特许经营企业的组织结构反而更简单；最后，要考虑餐饮企业现代化程度的高低，智能化和自动化程度越高，所需管理层次反而越少。

任务三　餐厅布局

【任务目标】

①你要掌握餐厅总体空间构成；②你要掌握餐厅空间布局的原则；③你要掌握餐厅空间如何布局；④你要掌握不同类型餐厅的装饰布局。

【案例聚焦】

餐厅设计中如何对空间进行合理布局

我们经常听到顾客说某家餐厅感觉不好、某家餐厅感觉不错等言语，那是因为顾客对一个餐厅的评价来源于顾客对于该餐厅的感觉。而这种感觉不可能像专业人士那样采取按项打分来得到，而是来自顾客的期望和实际得到的服务质量之间的差距，而实际得到的服务质量又不外乎来自服务的方法和服务的设施这些无形和有形的服务产品，那么其中餐厅的空间感觉是这个产品的重要组成部分。

要想进行合理的空间布局，首先要了解空间的种类。我们通常根据空间作用的不同将它分为三类，即就餐空间、公共空间和服务空间。就餐空间主要指顾客用餐的区域，包括桌椅之间的空间、餐桌之间的空间、就餐时顾客与顾客之间的空间等；公共空间指非就餐的公共区域，例如走廊、通道、卫生间、休息区域等；服务空间是指提供服务所需要的空间，比如收银台的区域大小、备餐柜的布置摆放，还有一些小型舞台等。在一个雅间内这种分类就体现得比较明显：餐桌及周围是就餐空间，沙发、卫生间等是公共空间，衣柜、卡拉OK设施体现了服务空间的概念。根据不同目标顾客市场的需求，餐厅可以强化空间的区隔或相对减弱空间的区隔。

通常我们对应采取硬性或者软性的功能区隔方法。硬性区隔指使用材料加以明显的功能划分，例如石材、板材等；软性区隔主要是指布置家具的摆放或者使用纱帘等将功能的空间加以隐晦的表明。但是不管硬性的还是软性的区隔都要秉承相互照应、区隔合理的原则，不能让顾客觉得不方便，也要满足顾客的需求。

思考：如何进行餐厅空间布局？

【任务执行】

①学习形式	分小组进行
②获取资料	通过市场调查的方式，总结出不同类型餐厅的空间布局结构
③成果展示	各小组汇报成果，在课堂上展示
④学会总结	提交工作记录单和案例分析报告

餐厅的空间布局会影响餐厅的档次、气氛、情调。餐厅布置得宽松，就会显得静谧、高雅，适宜接待隐私性强的、高档次的顾客；餐厅布置得紧凑，就会显得快捷，适合快餐或者工作用餐。餐厅布局还会影响餐厅的服务质量。因为空间布局不同，顾客和服务人员的动线就不相同，是否形成良好的动线以及能否通过合理的布局使顾客和服务提供者形成良好的互动，都是空间布局的作用体现。因此，空间布局也是提供服务、保证质量的重要因素和环节。

一、餐厅的总体空间构成

餐厅的总体空间布局是由餐饮功能区、制作功能区、内部管理区、公共区域共同构成的一个整体。具体来讲，餐厅的总体空间构成见表1-3-1。

表1-3-1　餐厅的总体空间构成

总体空间构成	主要包括的空间
餐饮功能区	接待和候餐区、用餐区、配套区、服务区、通道等
制作功能区	配餐间、主厨间、辅厨间、冷藏室、通道等
内部管理区	办公区、更衣区、休息区、仓库等

二、餐厅空间布局的原则

（一）方便顾客就餐

作为一个整体，餐厅空间布局的首要原则就是必须合乎接待顾客和使顾客方便用餐的基本要求，在此基础上还要追求更高的审美和艺术价值。

（二）舒适的顾客空间

每一位顾客所拥有的空间是餐厅应该考虑的重点，餐厅内场地太拥挤或太宽松均不好。如：用餐区两椅子之间的过道宽度至少要0.4 m，每个餐桌旁边应留净宽1.2 m的通道以便收餐，餐车通过的过道宽度至少需要1.5 m，成人就餐所需的基本面积为1.1 m^2 等。

（三）最大限度地利用空间

餐厅的内部设计首先由其面积决定。

由于现代都市人口密集，寸土寸金，因此须对空间做最有效的利用。例如，在单位面积内追求就餐区域最大的客座数量是餐饮类空间设计的基本原则，但必须有合理的尺度以增加顾客的舒适度和提高工作人员的效率。

（四）合理的流线

空间布局要充分考虑到员工的工作流线和顾客的流动流线。合理的工作流线可以缩短员工单位工作的时间，提高工作效率，减轻工作负担。合理的顾客流线可以保证顾客的就餐秩序，提高顾客的舒适感，减少顾客之间的摩擦。

（五）功能区合理配合

在设计餐厅空间时，由于功用不同所需空间大小各异，其组合运用亦各不相同，必须考虑各种空间的适度性。餐厅不同功能部门的空间关系，要根据工作协作关系程度，及工作衔接的方便性和效率进行合理的设计，例如，厨房要与就餐区域空间位置相近，有利于后台—前台的协作，传菜—上菜的及时配合。

（六）灵活性原则

餐厅空间布局，尤其是就餐区域的空间，要能够根据客人数量的多少、客人就餐的方式和氛围需求灵活布置、软性区隔，这不仅能做到充分利用空间，也能够满足客人的需求。

（七）保证安全

空间布局还须将维护餐厅安全的设施设备考虑进去，例如，餐厅空间设计时，要留出安全疏散通道，要合理安排消防等安全装置的空间。

三、餐厅空间布局

从原则上说，餐厅的总体平面布局是不可能有一种“放之四海而皆准”的真理的，但是它确实也有不少规律可循。在空间布局的基本规律上，根据不同目标顾客市场的需求，餐厅可以强化空间的区隔或相对减弱空间的区隔。

（一）餐厅总体空间布局

总体空间布局，最主要的就是各功能区的面积配比、各功能区的空间位置关系。

1. 各功能区的面积配比

餐厅各功能区的面积配比实际上并没有固定的、不变的比例，需要根据餐厅的服务类型、顾客群体及数量、经营目标、布局的合理性和美观性等来灵活地分配。

餐饮功能区：餐厅以提供餐食和服务为主，而就餐空间所决定的可容纳客人数量和服务环境质量又影响着餐厅的营业收入，因此就餐区域应该得到最大面积的配比，一般占60%左右。

制作功能区：餐厅的制作区是设施设备最集中的区域，应充分考虑设备的安装尺寸和进料设备的通行尺寸。在厨房内，原料的装卸、储存、冷藏、加工至送出和餐具的回收、清洗、储存至送出都应具备方便有效的交通流线，厨房到餐厅的门和通道应有足够的宽度供服务人员送菜通行。一般来说，制作区的面积占营业面积的37%左右，厨房面积与就餐区的比例为1∶3～1∶2。烹饪量、供餐量、配膳和供餐的复杂度是影响厨房面积的主要因素。

内部管理区：内部管理区主要是办公室、员工设施。办公室是办公和接待的地方，因此其面积配比应尽可能满足最低接待需要，通常占营业面积的2%以上。员工设施是配给员工更衣、短暂休息等的地方，其面积应根据员工的人数和班次安排来确定，通常占营业面积的4%以上。

2. 各功能区的空间位置关系

通常情况下，各功能区的空间位置关系是：餐饮功能区与制作功能区相邻，餐饮功能区处于整个营业场所的中心位置，但客用洗手间切忌与厨房连在一起。而内部管理区，如员工更衣区、休息区与制作功能区相邻，且位于制作功能区入口处；仓库与制作功能区相邻，通常处于原材料加工区的后方；办公室的位置应要能方便地进入餐饮空间，及时掌握和了解经营情况。餐厅功能区空间布局如图1-3-1所示。

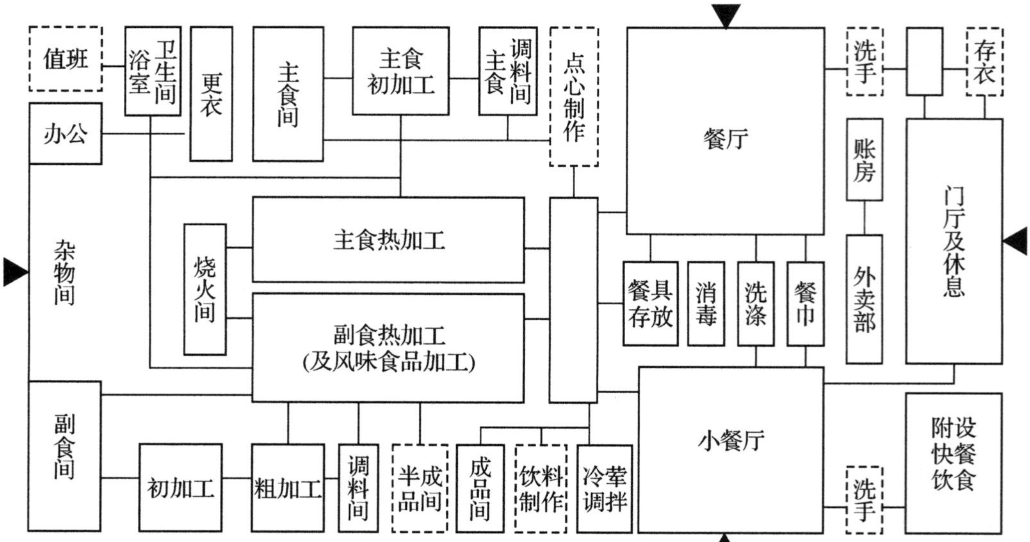

图1-3-1 餐厅功能区空间布局图

（二）餐厅各功能区的空间布局

1. 餐饮功能区

由于餐饮功能区是直接面对客人、接待客人的场所，其布局的合理与否直接影响着客人对餐厅的评价，影响餐厅的接待能力、营业收入。因此，餐饮功能区是餐厅最主要的功能空间之一。餐饮功能区由入口和接待区、就餐区、配套区和服务区构成。

(1) 入口和接待区：入口门厅是独立式餐厅的交通枢纽，是顾客从室外进入餐厅就餐的过渡空间。门厅装饰一般较为华丽，视觉主立面设店名和店标。根据门厅的大小，一般可以选择设置迎宾台、顾客休息区、餐厅特色简介等。还可以结合楼梯设置灯光、喷泉水池或装饰小景。休息等候区是从公共交通部分通向餐厅的过渡空间。接待区与餐厅可以用门、玻璃隔断、绿化池或屏风来加以分隔和限定。其休息位的数量可以根据整个餐饮空间的座位数量配比。高级餐厅接待区要单独设置或设在包间内。

(2) 就餐区：就餐区是顾客用餐的区域，包括中式餐厅（宴会厅、零点餐厅、包房等）、西式餐厅等多种形式。就餐区的空间布局要考虑餐台、每个座位的面积、通道、流线等因素。

目前，餐厅中坐席的配置一般有：单人

座、双人座、四人座、六人座、十人座、十二人座等，如散座、零点餐厅的餐台要2人台、4人台、6人台、8～10人台综合配备，包房餐厅则以8～10人台以上餐台为主；中餐厅以圆桌为主、西餐厅以长桌为主。但目前餐厅通常都采用整齐划一的方形桌或长方形桌，方形桌的好处是可以随时合并成大餐桌，以接待没有订座的大群客人。台面布置一般有火车厢式、圆桌式、沙发式、长方形式、情人座式、家庭式等形式，以满足各类顾客的不同需求。餐台台面通常有两种：一是圆台面，一是方形或长方形台面。参考指标如下：

①餐台高75 cm。

②方台80 cm见方、90 cm见方、100 cm见方、110 cm见方。

③圆台直径110 cm、直径150 cm、直径180 cm。(60 cm/餐位)

④长台170 cm×42.5 cm、127.5 cm×42.5 cm。

⑤长餐桌60 cm×72 cm、75 cm×130 cm、80 cm×160 cm、80 cm×175 cm。

⑥转台直径在70～150 cm之间(1人桌75 cm；2人桌85 cm；4人桌105 cm；6人桌120 cm；8人桌150 cm)。

餐厅的餐椅包括木椅、钢木结构椅、扶手椅、儿童椅、其他特殊椅等各种类型。餐厅要根据本身的类型、档次及餐台的高度来选择餐椅。而不同类型的餐厅每个座椅的面积也有所不同。参考指标如下：

①餐椅座面高440～450 mm；

②吧台固定凳高750 mm；

③大型豪华宴席厅1.8～2.5 m^2/餐座；

④大型宴席厅1.5～2 m^2/餐座；

⑤普通大众型餐厅1.2～1.5 m^2/餐座；

⑥咖啡厅1.5～1.8 m^2/餐座；

⑦酒吧1.8～2 m^2/餐座；

⑧自助餐厅0.8～1.4 m^2/餐座。

就餐区的通道宽度不仅为客人行走提供方便，还要方便服务人员提供上菜、撤台服务。而通道的方向和长度会影响客人和员工的流线。通道和流线设计要遵循“宽、直、短”的原则，如图1-3-2。

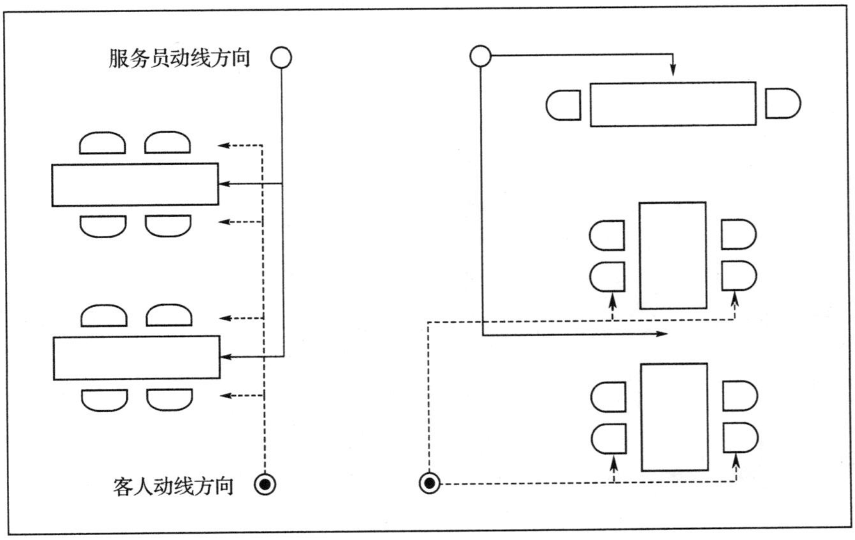

图1-3-2　客人和服务人员动线方向

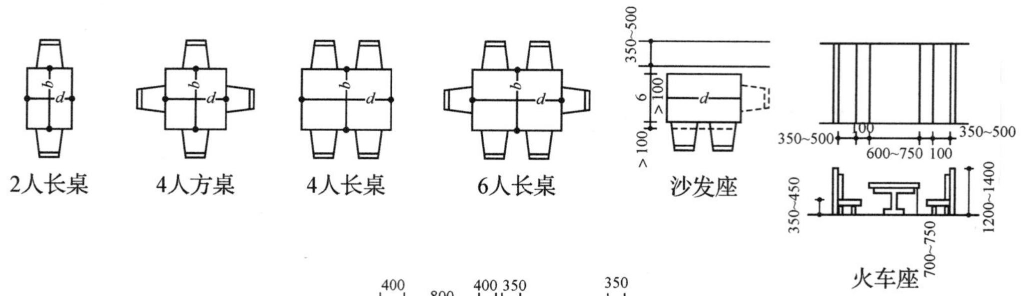

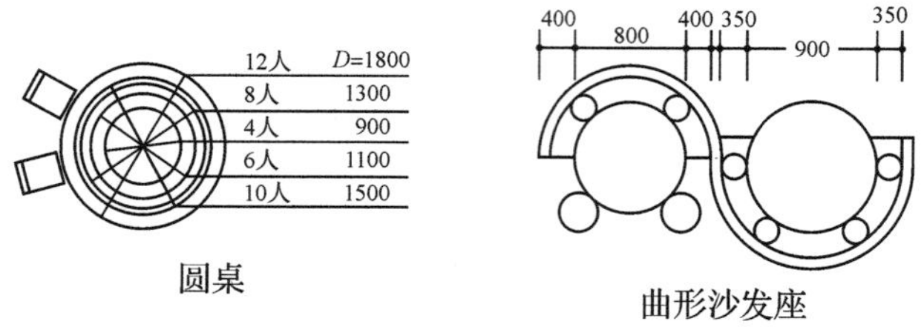

常用餐桌尺寸

类型	*a*	*b*	*c*	*d*
进餐	850~1000	800~850	650	3100
小吃	750~800	700	600	100

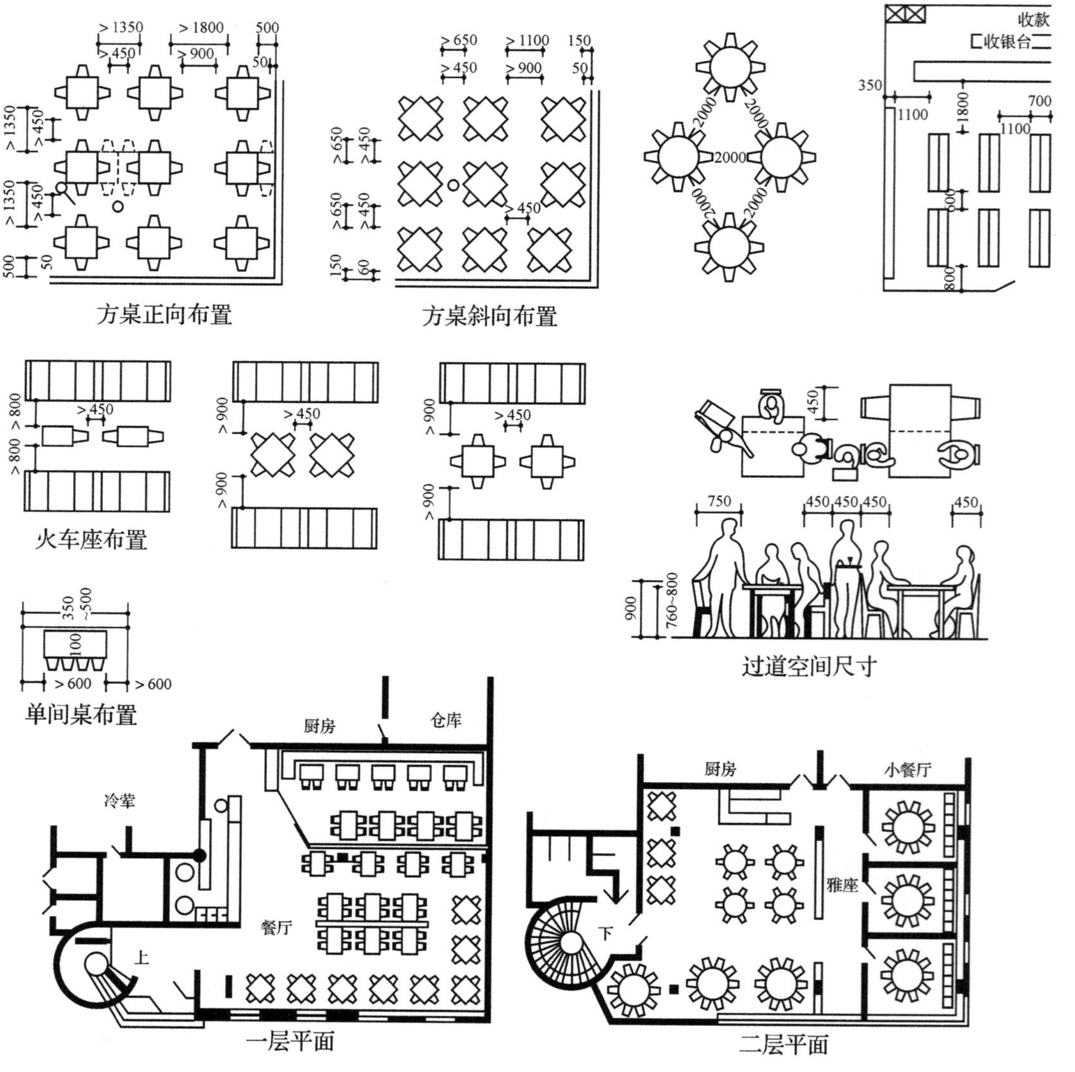

图 1-3-3-1　餐桌椅布置尺度（一）

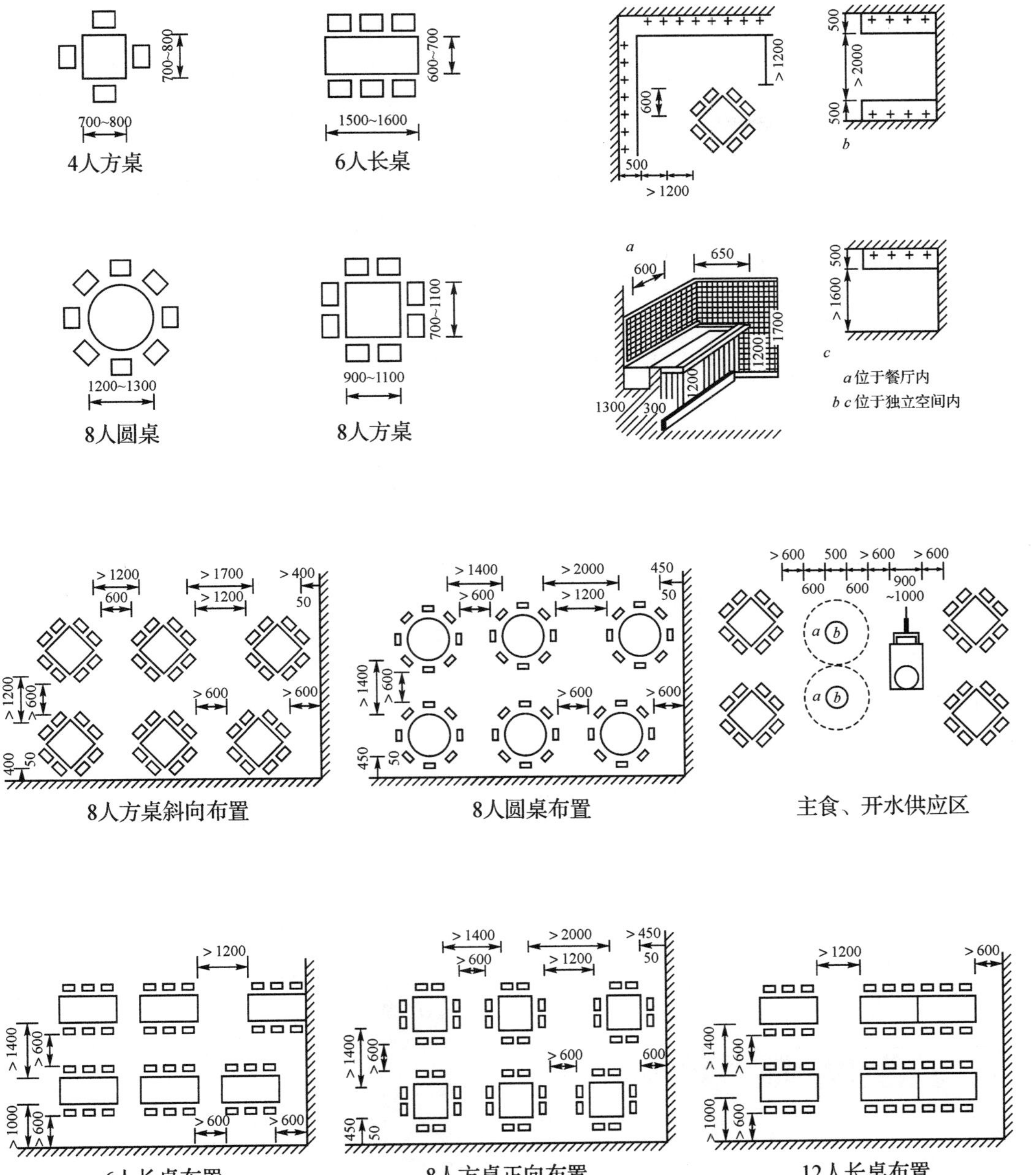

图 1-3-3-2　餐桌椅布置尺度（二）

具体参考指标如下：

①两椅子之间的过道宽度至少要 0.46 m；

②每个餐桌旁边应留净宽 1.2 m 的通道以便收餐；

③餐车通过的过道宽度至少需要 1.5 m。

（3）配套区：是指餐厅营业服务性的配套设施。如卫生间、衣帽间、视听室、娱乐室等营业性的辅助功能配套设施。其中，客用卫生间应设在隐蔽处，其前室的入口不应靠近餐厅或与餐厅相对，要设置明显标识。可用少量艺术品或古玩点缀，以提高卫生间的环境质量。其他配套设施应根据餐厅面积选择建与不建、建设的面积配比及娱乐项目配置。

（4）服务区：为顾客提供用餐服务和经营管理服务的功能。备餐间和备餐台是用来存放备用的酒水、饮料、台布、餐具等。通常设置在厨房与就餐区域过渡的区域，以便服务人员为客人的就餐备好餐具和餐食。

2. 制作功能区

制作功能区既是餐饮空间的重点功能区，又是整个餐厅食物出品制作的“心脏”。主要设备有消毒柜、菜板台、冰柜、点心机、抽油烟机、库房货架、开水器、炉具、餐车、餐具等。

厨房布局类型主要包括直线型、相背型、L型和U型四种类型。

直线型布局主要适用于高度分工合作、场地面积较大、相对集中的大型餐馆和饭店的厨房。具体布局如图1-3-4所示。

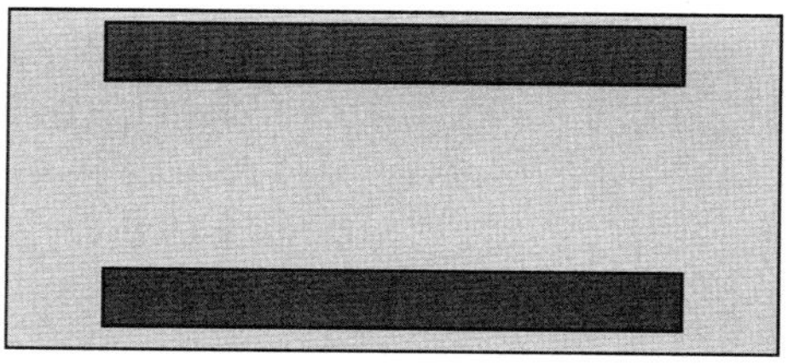

图1-3-4　直线型厨房布局

相背型布局主要适用于分工不太细的方块形厨房。具体布局如图1-3-5所示。

图1-3-5　相背型厨房布局

L型布局主要适用于当厨房面积、形状不便于适用相背型或直线型布局时采用。具体布局如图1-3-6所示。

图1-3-6　L型厨房布局

U型布局主要适用于厨房设备较多而所需生产人员不多、出品较集中的厨房部门。具体布局如图1-3-7所示。

图1-3-7　U型厨房布局

制作功能区内部布局主要分为三大区域：原料接收、储藏、加工区域；烹调作业区域；备餐洗涤区域。具体布局如图1-3-8所示。

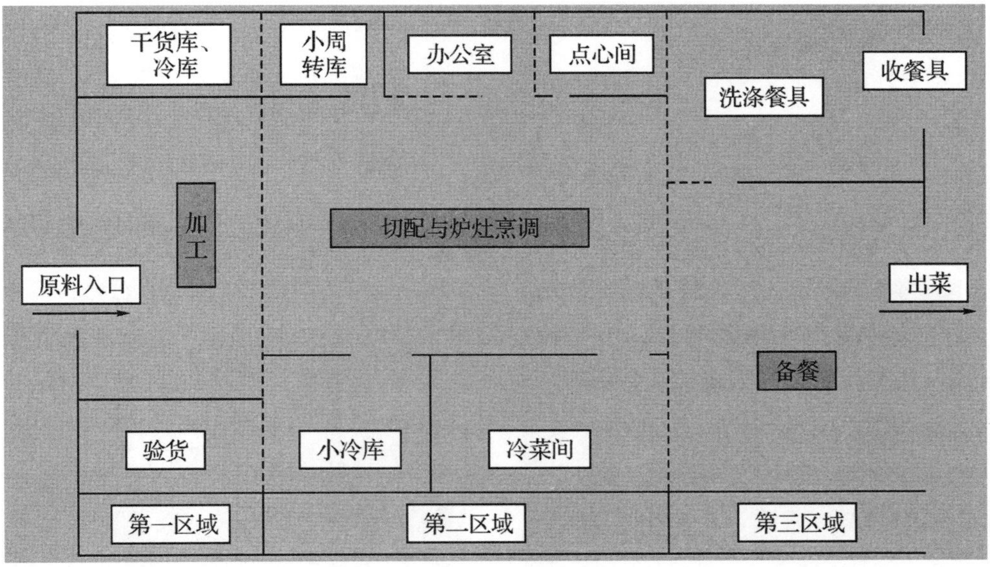

图 1－3－8　餐厅制作功能区布局

3. 内部管理区

内部管理区主要包括办公室、更衣室、休息室、洗手间、前台收银等部分。其中，办公室应设在便于进入就餐区域进行巡视的位置，如图 1－3－8 所示，办公室设在厨房后方，便于管理者从厨房到餐厅进行流线型管理。而员工的更衣室、休息室、洗手间通常设在厨房入口处，如图 1－3－1 所示。前台收银通常设置在餐厅入口醒目处，让客人很容易就能看到。

四、不同类型餐厅装饰布局

（一）中式宴会厅

这种餐厅应是多功能的。它可以用活动门间隔成许多小厅。有些大型宴会厅举办宴会时能容纳 500 人以上，开酒会可容纳 1 000人以上。在这里可以举行大、中型宴会、酒会、茶话会、冷餐会，也可以开国际会议、举办服装表演、商品展览、音乐舞会等。这种餐厅应是高雅、华丽、设备齐全的豪华餐厅。

图 1－3－9　中式宴会厅

（二）零点餐厅

零点餐厅的特征主要体现在服务方式上。除了旺季，在这种餐厅用餐不用事先预订座位，客人通常是随到随吃，服务也是按先到者先服务的原则进行。零点餐厅的装潢都比较简洁明快，各种设备、器皿配置都比较实用，环境舒适，并具有时代的特点。在这类餐厅用餐，气氛比较轻松随便，更具有家庭式气氛，一般不会因环境压力而造成拘谨。

图 1-3-10　零点餐厅

（三）快餐厅

由于目前经济生活节奏加快，许多人不愿意在平时吃食物时花太多的时间，快餐厅可满足这部分客人的需要。快餐厅的内部装潢清洁而明快，所提供的食品都是事先准备好的，以保证能向客人迅速提供所需的食品。同时，质量稳定、清洁卫生、价格低廉以及分量充足。

图 1-3-11　快餐厅

（四）自助式餐厅

这是一种方便餐厅，主要是方便希望迅速、简单就餐的客人。它的特点是客人可以自我服务，如菜肴不用服务人员传递和分配，饮料也是自斟自饮。自助餐有西式和中式的，现在许多地方还出现了一种叫做海鲜火锅自助餐的餐厅。

图 1-3-12　自助式餐厅

（五）特色餐厅

（1）风味餐厅：这是一种专门制作一些富有地方特色菜式的食品餐厅。这些餐厅在取名上也颇具地方特色。

（2）海鲜餐厅：这是以鲜活海、河鲜产品为主要原料烹制食品的餐厅。

（3）野味餐厅：顾名思义，这是以山珍、野生动物为原料的餐厅，特别是在春、秋、冬季很受欢迎。

图 1－3－13　风味餐厅

（4）古典餐厅：这类餐厅从装饰风格，服务人员服饰风格，服务人员服务方式，直到所供应的菜点均为古典风格。而且这类古典风格往往还具有某一时代的典型特点，如唐代、宋代、明代及清代。

图 1－3－14　古典餐厅

（5）食街：这是供应家常小吃的餐厅。有南北风味食品，以营业时间长、品种多、有特色、供应快捷而受客人普遍欢迎。这种餐厅虽然消费低，但营业额高。在广州的中国大酒店等大型宾馆里均有食街。

图 1－3－15　食街

（6）火锅厅：专门供应各式火锅。此类餐厅的设备很讲究，安排有排烟管道，一般还备有空调，一年四季都能不受天气影响品尝火锅。火锅厅内一般火锅品种式样较多，供客人挑选。服务也有一套专门的程式，比如上料添火等有专门的讲究。

图 1－3－16　火锅厅

(7) 烧烤厅：专门供应各式烧烤。这类餐厅内都没有排烟设备，在每个烤炉上方只有一个吸风罩，保证烧烤时的油烟焦煳味不散播开来。烧烤炉根据不同的烧烤品种而异，有的是专门的炉，有的是组合于桌内的桌炉。服务也有其自身的特点。

图 1-3-17　烧烤厅

(8) 旋转餐厅：这是一种建在高层酒店顶楼一层的观景餐厅。一般提供自助餐，但也有点菜的或只喝饮料吃点心的。旋转餐厅一般 1 个小时至 1 小时 20 分钟左右旋转一周，客人用餐时可以欣赏窗外的景色。

图 1-3-18　旋转餐厅

（六）西式餐厅

西式餐厅是向客人提供西式菜品、饮料及服务的餐厅。西餐大体上分为西欧和东欧两大类，西欧以法式最为著名，此外还有英式、意式等；东欧以捷克、俄罗斯为代表。西式餐厅的种类有：

1. 扒房

这是酒店里最正规的高级西餐厅，也是反映酒店西餐水平的部门。它的位置、设计、装饰、色彩、灯光、食品、服务等都很讲究。扒房主要供应牛扒、羊扒、猪扒、西餐大菜、特餐。同时还可以举办西餐宴会等。

图 1-3-19　扒房

2. 咖啡厅

这是酒店必须设立的一种方便宾客的餐厅。根据不同的设计形式，有的叫咖啡间、咖啡廊等，其以西餐为主，在中国也可以加进一点中式小吃，如粉、面、粥等。通常是客人即来即食，食物供应一定要快捷，使客人感到很方便。菜单除了有常年供应的品种外，还要有每日的特餐，供应品种可以少点，但质量要求要高。客人可以在这里吃正式的西餐，也可以只饮咖啡、吃冷饮，随客人自便。咖啡厅营业时间较长，一般从早晨 6 时到凌晨 1 时。价格相对较便宜，但营业额却很高。

图 1-3-20　咖啡厅

3. 酒吧

这是专供客人饮酒小憩的地方，装修、家具设施一定要讲究，因为它也是反映酒店水平的场所，通常设在大堂附近。酒吧柜里陈列的各种酒水一定要充足，名酒、美酒要摆得琳琅满目，显得豪华、丰富。调酒和服务都要非常讲究，充分显示出酒店水平。

图 1-3-21　酒吧

4. 茶室

茶室又称茶座，是一种比较高雅的餐厅，一般设在正门大堂附近，也是反映酒店格调水准的餐厅。它是供客人约会、休息和社交的场所。供应食品和咖啡厅略同，但不提供中式餐饮。营业时间比咖啡厅收市稍早一些。早市可供应较高级的西式自助餐。早、晚安排钢琴或小乐队伴奏，营造一种高雅的气氛。

图 1-3-22　茶室

【任务反馈】

怎样才能设计出环境优雅、空间布局合理的餐厅呢？

释疑：首先，你要懂得不同类型的餐厅对环境布局的要求是不同的；其次，你要掌握餐厅空间布局的基本原则与方法，不要犯愚蠢的错误，比如客人的洗手间在厨房旁边等；最后，根据餐厅的类型、档次、规模、顾客需求等特点合理选择装修风格、餐桌规格，并进行顺畅、高效的动线设计。

任务四　餐饮服务类型

【任务目标】

你要了解六种餐饮模式的特点以及服务特点。

【案例聚焦】

一天晚上，几位外国客人到深圳某四星级酒店的西餐扒房点了一瓶香槟酒和牛扒等食品。过了五六分钟，服务人员回来告诉客人这种香槟酒已经卖完。客人并不太介意，又点了另一种香槟酒。但七八分钟过后，服务人员回来又抱歉地告诉客人这种香槟也没了，查看了仓库也无存货。客人听后有点不快，感觉服务人员怎么对餐厅所售物品酒店有无都不清楚，而且连续发生两次。稍后，一位客人所点的牛扒送了上来，客人尝后感觉牛扒太生，未按其要求烹制，于是叫来服务人员拿走重新加工，可能是服务人员没有听懂客人的要求，几分钟后牛扒重新端上来，客人觉得并没有什么改变，连续发生的几件事，使客人非常不满。

扒房是高档次的西餐厅，服务人员在接待、点餐、销售等服务过程中要特别注意客人的要求，尤其是客人对牛扒烹制程度的喜好。对餐厅菜单和酒水牌的内容，服务人员应熟知基本情况，对客人较少点用的酒水，更要清楚有无存货。

西餐厅中外国客人较多，对服务人员的英语水平要求较高，员工平时须加强英语口语训练，尽量避免因沟通不畅而导致的服务不周。

【任务执行】

①学习形式	分小组进行
②获取资料	通过调查研究的方式,总结不同餐饮服务的特点以及不同之处
③成果展示	各小组汇报成果,在课堂上展示
④学会总结	提交工作记录单和案例分析报告

一、中餐零点服务

(一)什么是中餐零点服务

饭店或餐厅通常将到中餐厅用餐的散客服务称为中餐零点服务,指餐厅为接待零散客人而进行的服务工作。中餐零点服务的特点是客人多而杂,人数不固定,口味需求不一,用餐时间交错,致使餐厅接待量不均衡、服务工作量较大、营业时间较长。所以,餐厅服务人员服务时,在突出热情、周到、细致、体贴的同时,还要做到迅速、快捷而不紊乱。

(二)零点服务的特点

宾客多少不定、需求标准不一、需求菜品种类分散、就餐时间交错,这些就是零点服务工作的特点。

由于零点服务是餐馆、酒店最普通、最经常、最大量的日常工作,是餐厅服务的主要环节,所以做好零点服务工作是很重要的。

零点服务包括早餐、午餐、晚餐等每个饭时。每一饭时又可能会连续接待几批顾客而需要"翻台"。"翻台"是指一批顾客用完餐,服务人员即时清理餐台,并安排另一批顾客就餐的过程。

(三)零点服务的程序

1. 餐前准备

(1)环境准备。服务人员应该先检查餐厅是否按要求摆好了餐位,包括:餐台、餐椅是否摆放整齐美观;餐桌椅是否完好无损,发现问题及时更换、修理;台布铺放是否符合标准;还要检查餐厅的环境是否清洁卫生。

餐厅的清洁卫生工作是:先清洁空气;掸净天花板和墙壁等各物上的灰尘,清洁地面;检查整理墙饰、装饰物;擦亮门窗玻璃及手柄;清洁桌椅,使之光亮、无尘,并摆放整齐。每日开餐前都应做详细的餐厅清洁工作,使之处于清洁、卫生的状态。

(2)备齐餐具、佐料和服务用品。将消毒好的碗筷、盘碟、茶具等整理备齐,放置有序。检查放酱油、醋等佐料的容器,看是否清洁、装满,不足的要及时补上,还要根据当天的食物供应品种配制、备足其他辅助佐料。把牙签、火柴、烟灰缸、热毛巾等备好。

(3)了解当天的食物供应品种和其他原材料的情况,并将与平日不同的菜品视情况写于通知板上,其内容的顺序要有规律,名称、价格要写清楚,字迹要端正。

(4)整理个人仪容,并自查着装情况。

2. 问位开茶

问位开茶是餐厅服务开始的程序,包括服务到桌、餐后结账和前台售票等服务方式。

餐前饮茶的习惯流行于中国南方,特别是"早茶",更具有特定的含义。在东南沿海一带,问位开茶成为餐前必不可少的环节。在中国北方不太注重,但南方风味的餐厅不可忽视这一环节。具体做法是:

见宾客到来时,迎宾员要面带笑容接待,为宾客拉门,并致问候。问清人数后,服务人员将宾客带到合适的餐台安排就餐。

服务人员主动为宾客拉椅让座,送上香巾后开茶。由于各人饮茶习惯不同,要向宾客问茶,征询意见,也可根据宾客的喜好介绍适宜的品种，然后按需开茶。

开茶时注意卫生，不能手抓茶叶往茶壶里放，应用茶勺按茶位放茶，茶量准确。斟茶时，在宾客的右侧斟倒第一杯礼貌茶。倒茶时使用手执壶，左手自然下垂或托托盘，杯中茶水一般斟八分满为宜，不宜太满。

根据宾客的人数填写点餐单，向宾客介绍品种，写清宾客要求的每一份点餐的品种和数量，记好台位、茶位，签上服务人员的名字或工号后，把点餐单送到账、货台。需要加位或撤去餐桌餐位的，要左手托盘，右手摆放或取走餐具。

以上所述是茶杯、餐具预先摆好的台式服务的餐厅服务程序。另一种是迎宾员把宾客人数告知服务人员，由服务人员把茶具、餐具按宾客人数摆上台，然后开茶。如果客多繁忙，无暇接待后到的顾客时，也要热情打招呼，做到“人未到声先到”，说一声“先生/女士请稍候，马上就来”，以稳定顾客情绪。在北方，没有开茶这个环节，更要对宾客热情地打招呼，这是接待宾客的第一个见面礼，使宾客一进门就感到亲切温暖。

3. 开餐服务

茶位开好后，向宾客介绍当天的点餐品种时，要有意识地推销适当的品种。这要根据问位开茶时和宾客的接触、对宾客的要求和一般需要的了解进行有针对性的介绍。

宾客确定点餐品种后，要迅速开单。复写的点餐单，一份交账台结算，一份交点餐台备货，一份存底。服务人员给宾客送上点餐时，要把专用的餐具、佐料等一同上台，使宾客便于用餐。在宾客用餐时，服务人员要勤巡视，看宾客有什么新的要求，注意斟水、换烟灰缸和清理台面，主动照顾好老幼、残疾人和坐在边角位置的宾客，做到有问必答，态度和蔼、语言亲切。

4. 结账收款

宾客要结账时，服务人员应迅速取回账单送到宾客餐台，小心提示宾客需付的金额，同时把账单让宾客过目，收款时要向宾客道谢。

结账时，要注意同座有无搭台的另份宾客，如果有，就要分清账单，不可造成错单、漏单或跑单。如果宾客有多余的或未吃完的食物，服务人员要主动询问，打包需用食品盒或食品袋包装妥帖后，交宾客带走。

在服务工作中，送客与迎客一样重要。宾客用餐完毕，服务人员要坚持做到礼貌送别，要虚心征求和听取宾客的意见，对服务不周之处应表示歉意，对误会可作解释，以便消除误解。宾客离座时，要提醒他们不要忘带自己的东西，要说“欢迎再来”之类的礼貌语。如因工作忙不能抽身相送时，也要打个招呼，或招手注目致意，表示相送，切不可置之不理，以免使宾客不快，使整个接待工作功亏一篑。

5. 清理台面

零点服务中“翻台”是常事，及时清理台面是一项很重要的工作。

客人走时，服务人员应先查看是否有客人遗落的东西。如有，应立即交还客人。如客人已离去，应交服务台并告知值班经理，以免被损坏或被他人冒领。最好等客人已经离开餐厅再动手清理台面，以表示尊重客人。撤就餐用具，撤台布，摆放桌椅，动作都要轻、稳，尽量不发出大的声响，以免影响邻座客人就餐。

清理台面应该先收毛巾、餐巾，并收饮具，后收餐具，烟灰缸、牙签、佐料容器等专门收捡。对所有属于重复使用的餐具和物件，要及时清洗消毒，擦拭干净，分类保管，以备再用。

将桌椅摆放于原处，铺好台布，准备接待下一批客人。如早餐饭时已过，要把各种餐具和物件清洗消毒，分类存放。最后一名客人走后，开始清洁餐厅，将桌椅排列整齐。

二、中餐团队餐服务

目前，大众旅游通常是以团队包餐的形式出现，团队在向酒店预订后，统一而集中的用餐称为团队餐，或称团体包餐。一般在旅游团到达前一周，旅行社就已经向酒店发出预订传真，其内容包括：团队名称、国籍、人数、到达时间、停留天数、离店时间、就餐标准、宗教信仰及特殊要求等。团队指一个具有一定人数的集体，包餐指一种按固定就餐标准、就餐规格定时用餐的就餐形式，团队包餐也称为集体包餐。除了旅游团队实行包餐外，还有各种会议、大型休闲活动等，一般也采取团体包餐的服务方式。

其用餐及服务特点如下：

1. 用餐人数多，但要求上菜迅速

旅游少则十几人，多则几十人甚至上百人，有时甚至多个团队同时到达饭店，大批宾客集中进入餐厅，并且用餐速度较快，总是要求迅速上菜。这给餐厅的接待工作带来挑战，因此，要求考虑周全、准备充分。集中人力做好餐前准备工作，有条不紊地进行接待，加强与包餐单位经办人的联系，与厨房密切配合，科学合理地组织供餐服务工作，尽最大努力缩短宾客候餐时间，做到无论宾客什么时候来，都能迅速、满意地就餐。这对整个餐厅管理层和服务人员的技能要求和体力要求都较高。

2. 口味差异大，但餐厅供给能力有限

旅游者具有不同的客源地、不同阶层、不同职业、不同年龄、不同的饮食习惯、不同的口味要求、旅途长短不同等客观因素，而酒店餐饮供给能力有限，因此很难全面兼顾，团队中个别特殊的宾客，如佛教徒、素食者、伊斯兰教徒、糖尿病患者等，还要做特殊情况处理，另行供餐。

3. 用餐标准固定，但要求提供不同的花色品种

旅游团队通常是一个固定的用餐标准，但必须为其提供不同的花色品种，确保餐食质量，最大限度地满足宾客的求新需求。虽然团队包餐并不以品尝美味佳肴为主要目的，但绝不能因就餐标准不是很高而忽视菜肴质量。还有些包餐宾客在就餐时往往临时提出饮酒加菜的要求，对此，应从方便宾客出发，给予满足，主动送上所加酒水食物，另记账款，注意结算。

4. 进餐时间固定，但不乏推迟、取消现象

包餐团队一般是集体行动，按照事先安排好的日程进行活动，所以就餐时间比较固定，特别是早餐，基本上能准时到达。会议包餐的进餐时间都是固定的，无特殊情况，很少改动。旅游团队有时因航班或车船误点，宾客不能按时到达；有时外出活动不能准时归来用餐；有时甚至临时改到其他饭店进餐等都会造成进餐提前、推迟甚至取消等现象。

三、中餐宴会服务

宴会是为了表示欢迎、答谢、祝贺、喜庆等举行的一种隆重的、正式的餐饮活动。

宴会具有就餐人数多、消费标准高、菜点品种多、气氛隆重热烈、就餐时间长、接待服务讲究等特点。宴会一般要求格调高雅。在厅堂布置及台面上既要舒适、干净，又要

突出隆重热烈的气氛。在菜点选配上有一定格式和质量要求，按一定的顺序和礼节递送上台，讲究色、香、味、形、器、质、名，注重菜式的季节性，用拼图及雕刻等形式烘托喜庆、热烈的气氛。在接待服务上强调周到细致，讲究礼节礼貌，讲究服务技艺和服务规格。

宴会的种类很多。从规格上分，有国宴、便宴。从进餐形式上分，有立式宴会和坐式宴会。从宴会的餐别上分，有中餐、西餐、自助餐和鸡尾酒会等。从举行宴会的时间上分，有早宴、午宴和晚宴。从礼仪上分，有欢迎宴会、答谢宴会等。此外，还有各种形式的招待会及民间举办的婚宴、寿宴、筵席等。

（一）国宴

国宴是国家领导人或政府首脑为国家庆典活动或为欢迎来访的外国元首、政府首脑而举行的正式宴会。这种宴会规格最高，庄严而又隆重。宴会厅内悬挂国旗，设乐队演奏国歌及席间乐，席间有致辞或祝酒，代表性强，宾主均按身份排位就座，礼仪严格。

（二）正式宴会

正式宴会通常是政府和团体等有关部门为欢迎应邀来访的宾客，或来访的宾客为答谢主人而举行的宴会。这种形式除不挂国旗、不演奏国歌以及出席者规格低于国宴外，其余的安排大致与国宴相同。宾主同样按身份就座，礼仪要求也比较严格，席间一般都有致辞或祝酒，有时也有乐队演奏席间乐。

（三）便宴

便宴多用于招待熟识的亲朋好友，是一种非正式宴会。这种宴会形式简便，规模较小，不拘于严格的礼仪，不用排席位，不做正式致辞或祝酒，宾主间较随便、亲切，用餐标准可高可低，适用于日常的友好交往。

（四）招待会

招待会是一种灵活便利、经济实惠的宴请形式，常见的有冷餐会、鸡尾酒会、茶话会。

（1）冷餐会（自助餐）。冷餐会是一种立餐形式的自助餐，不排座位，但有时设主宾席。冷餐会供应的食品以冷餐为主，兼有热菜。食品有中式、西式或中西结合式，分别以盘碟盛装，连同餐具陈设在菜台上，供宾客自取。酒水饮料则由服务人员端至席间巡回敬让。冷餐会对宾主来说都很方便，特别是省去了排座次步骤；消费标准可高可低，丰俭由人，参加人数可多可少；时间亦灵活，宾主间可以广泛交际，也可以与任何人自由交谈，拜会朋友。这种形式多为政府部门或企业界举行人数众多的盛大庆祝会、欢迎会、开业典礼等活动时所采用。

（2）鸡尾酒会。鸡尾酒会也是一种立餐形式，它以供应鸡尾酒为主，附有各种小食，如三明治、小串烧、炸薯片等。鸡尾酒会一般在正式宴会之前举行。鸡尾酒会与冷餐会一样，也不需要排座次。宾客来去自由，不受约束，既可迟到又可早退。整个酒会气氛和谐热烈、轻松活泼，宾客交际面广。近年来，庆祝各种节日、欢迎代表团访问以及各种开幕和闭幕典礼、会议公布要闻、文艺和体育招待演出前后等，往往都采用鸡尾酒会这种形式。

（3）茶话会。茶话会也是一种简便的招待形式，多为社会团体单位举行纪念和庆祝活动时所采用。会上备茶、点心和数种风味小吃。茶话会对茶叶、茶具的选择要有讲究并具地方特色。外国人一般备红茶、咖啡和冷饮。茶话会不排座次，但在入座时有意识地将主宾和主人安排在一起，其他人则随意入座，宾主共聚一堂，饮用茶点、亲切交谈，席间还常安排一些短小的文艺节目助兴。

四、西餐零点服务

西餐是各国人民对欧美各国菜肴的总称，常指欧洲、北美和大洋洲各国的菜肴。在西餐中较有名气的菜式有法式菜、英式菜、美式菜、俄式菜、意式菜等。另外，德国、奥地利、匈牙利、西班牙、荷兰、葡萄牙等国的菜点也都各具特色。不同国家的人有着不同的饮食习惯，有种说法非常形象，说“法国人夸奖着厨师的技艺吃，英国人注意着礼节吃，德国人考虑着营养吃，意大利人痛痛快快地吃”。

（一）西餐之首：法式大餐

法国人一向以善于吃并精于吃而闻名，法式大餐至今仍名列西餐之首。法式菜肴的特点是：选料广泛（如蜗牛、鹅肝都是法式菜肴中的美味），加工精细，烹调考究，滋味有浓有淡，花色品种多；法式菜肴还比较讲究吃半熟或生食，如牛排、羊腿以半熟鲜嫩为特点，海鲜的蚝也可生吃，烧野鸭一般六成熟即可食用等；法式菜肴重视调味，调味品种类多样，如用酒调味，什么样的菜选用什么酒都有严格的规定，如清汤用葡萄酒，海味品用白兰地酒，甜品用各式甜酒或白兰地等；此外，法国人还十分喜爱吃奶酪、水果和各种新鲜蔬菜。法式菜肴的名菜有：马赛鱼羹、鹅肝排、巴黎龙虾、红酒山鸡、沙福罗鸡、鸡肝牛排等。

（二）简洁与礼仪并重：英式西餐

英式的饮食烹饪有家庭美肴之称。英式菜肴的特点是：油少、清淡，调味时较少用酒，调味品大都放在餐台上由客人自己选用。烹调讲究鲜嫩，口味清淡，选料注重海鲜及各式蔬菜，菜量要求少而精。英式菜肴的烹调方法多以蒸、煮、烧、熏见长。

英式菜肴的名菜有：鸡丁沙拉、烤大虾苏夫力、薯烩羊肉、烤羊马鞍、冬至布丁、明治排等。

（三）西餐始祖：意式大餐

在罗马帝国时代，意大利曾是欧洲的政治、经济、文化中心。就西餐烹饪来讲，意大利可谓是始祖，可以与法餐、英餐相媲美。意式菜肴的特点是：原汁原味，以味浓著称，烹调注重炸、熏等，以炒、煎、炸、烩等方法见长。意大利人喜爱面食，做法吃法甚多。其面条制作有独到之处，各种形状、颜色、味道的面条至少有几十种，如字母形、贝壳形、实心面条、通心粉等。意大利人还喜食意式馄饨、意式饺子等。

意式菜肴的名菜有：通心粉素菜汤、馄饨、奶酪通心粉、肉末通心粉、比萨饼等。

（四）营养快捷：美式菜肴

美国菜是在英国菜的基础上发展起来的，沿袭了英式菜简单、清淡的特点，口味咸中带甜。美国人一般对辣味不感兴趣，喜欢铁扒类的菜肴，常用水果作为配料与菜肴一起烹制。美国人对饮食要求并不高，只要求营养、快捷。

美式菜肴的名菜有：烤火鸡、橘子烧野鸭、美式牛扒、苹果沙拉、糖酱煎饼等。

（五）西餐经典：俄式大餐

沙皇俄国时代的上层人士非常崇拜法

国，饮食和烹饪技术主要学习法国。但经过多年的演变，特别是俄国的气候要求食物要高热量的特点，俄式菜肴逐渐形成自己的烹调特色。俄国人喜食热食，爱吃鱼肉、肉末、鸡蛋和蔬菜制成的小包子和肉饼等，各式小吃颇负盛名，制作也简单。口味以酸、甜、辣、咸为主，酸黄瓜、酸白菜往往是饭店或家庭餐桌上的必备食品。烹调方法以烤、熏、腌为特色。俄式菜肴在西餐中影响较大，一些地处寒带的北欧国家和中欧南斯拉夫民族的饮食习惯与俄罗斯人相似，大多喜欢腌制的各种鱼肉、熏肉、香肠、火腿以及酸菜、酸黄瓜等。

俄式菜肴的名菜有：什锦冷盘、鱼子酱、酸黄瓜汤、冷苹果汤、鱼肉包子、黄油鸡卷等。

（六）啤酒、自助：德式菜肴

德国人对饮食并不讲究，喜欢吃水果、奶酪、香肠、酸菜、土豆等。他们不求浮华、只求实惠有营养，因此而首先发明了自助快餐。德国人喜欢喝啤酒，每年的慕尼黑啤酒节大约要消耗100万公升啤酒。

五、西餐宴会服务

和中餐相比，西餐宴会有许多不同之处，它讲究礼仪，服务环节较多。餐桌一般用长台或腰圆台，在某些场合也有用圆台的。摆台是按事先预定的菜单，根据不同的菜式摆不同的餐具，采用每人每份的分餐制，吃一道菜，更换一套餐具，一般是同上同撤。派菜时，要用服务勺、服务刀、服务叉进行。在酒水的选用上，强调酒与菜、酒与杯具的和谐搭配，吃什么菜，饮什么酒，配什么样的酒杯。例如吃鳗鱼，配白葡萄酒，用白葡萄酒酒杯。整个服务过程都要按照西餐操作程序和礼节进行，并在席间播放或现场演奏音乐，灯光柔和、偏暗，可以点蜡烛，使气氛温馨、轻松、舒适。

（一）优雅的餐厅环境

西餐消费的发展是同西方国家的经济发展相适应的，因此西方发达国家的人们在餐厅消费时，除了要得到可口的饮食和优质的服务外，享受优雅的进餐环境也是一种消费需求。西餐厅一般都是设在交通便利的地方，并与它周围的环境相协调；同时餐厅还要具有独具特色的建筑设计，美观大方、和谐雅致的装修与家具，以及风格独特的菜单、餐具、酒具与摆台等。

（二）优质的菜肴和酒水

西餐厅经营的主要项目就是菜肴和酒水。菜肴和酒水的要求是卫生、新鲜、有营养、有特色，热菜应非常热，凉菜应凉爽。菜肴和酒水的数量和重量、气味和味道、颜色和造型、装饰和包装都应达到客人的要求，达到餐厅的规格和标准。必须对各种开胃菜、沙拉、汤、三明治、主菜、面包和甜点的开发、设计、制作、质量及成本等进行严格的管理。

酒水服务是西餐服务中的一个重要项目，它不仅每年为西餐厅和咖啡厅带来巨大的利润，还可以为餐厅赢得良好的声誉。西餐酒水的品种非常多，不同的酒适合不同的饮用温度、饮用时间，有着不同的配制方法、服务方法等。除此之外，西餐还提供各种果汁、软饮料、茶和咖啡等。因此，酒水单的设计和筹划，各种鸡尾酒和饮料的开发、设计、生产和配置与服务也是西餐厅服务的重点。

（三）优质的接待服务

接待服务是西餐厅服务的开始。好的开端是成功的一半，西餐厅的服务要达到优质，西餐管理人员必须以身作则，重视服务态度、礼节礼貌以及服务的程序和方法，对餐厅员工亲切友善，对客人热情周到。服务是西餐无形的产品，它和有形产品同等重要。此外，西餐厅的设计、布局、装饰、风格、温度、色调都是西餐厅服务不可忽视的内容，这都是优质服务的必要条件。

西餐厅经营争取回头客是非常必要的。西餐厅的消费水平总体上很高，但生意很好，这主要是因为有很多回头客，这些回头客带来了许多新的客人。因为，尽管它的菜肴和酒水的价格高了一些，但菜肴和酒水的质量高、服务好，客人觉得物有所值，甚至是物超所值。因此，西餐厅相对于一些一般档次的餐厅而言，利润会高出很多。此外，客人光临某家餐厅的原因还来自其他许多方面：是否具有方便的停车服务、洁净的餐厅环境、清洁方便的卫生间，餐厅的气氛、情调和装饰如何等。而西餐厅依靠优质的、独具特色的经营管理，这些条件都是能够具备的，因而比较容易赢得客人的认可。

六、冷餐会服务

冷餐会又称自助餐会，是世界各国较为流行的一种宴会形式，适用于招待会、欢迎会、会议餐、团队早餐以及诸多的大型聚会，是中、西餐宴会都可以采用的服务方式。自助餐服务提供全部或部分菜肴，并在长桌上展示各种开胃品、热冷主菜、蔬菜和色拉等。桌子通常放在宾客从不同方位都能挑选菜肴的地方，以便宾客进行自我服务。

（一）冷餐会的种类

冷餐会一般分为坐式与立式两种形式，立式就餐一般不设座位，宾客可多可少，气氛热烈、随意、自由。坐式冷餐会的用餐标准通常比立式的高，每位宾客得到的服务更加周到。目前，设座的冷餐会较多。

（二）冷餐会的特点

（1）必须确保一个最低客流量，若宾客达不到门槛客流，会给餐厅带来较大的损失。

（2）宾客取自己偏爱的菜肴，体现了个性化服务的特点。

（3）就餐速度快，宾客进餐厅后无须等候，这样，一方面，节省了宾客的宝贵时间；另一方面，餐座的周转率较桌餐高，可以增加餐厅的营业收入。

（4）厨房只需要少量人手即可，缓和了高峰时期厨房的忙碌和厨师人手紧张的矛盾。因为各种冷盘菜肴均可事先准备好，而各种热菜又是固定的菜谱。

（5）摆台简单，不用太多的服务人员，节省了劳动力成本。服务人员的职责主要有：保证菜肴及餐具的添加，服务中始终负责督导宴会厅与厨房的配合情况，身着整洁的服饰站在供应台的后面，随时为宾客服务（如切分烤肉），检查器具保温性能，以保持菜肴应有的温度，当宾客不慎把地毯或台布弄脏时，应及时清扫或擦拭。

（6）菜肴按类别陈列，丰富、强烈的色彩视觉刺激，香醇气味的散发等，能够较快地唤起宾客的食欲。

（7）宾客可以较低的用餐标准，享受到品种繁多的中、西菜肴。

（8）不容易保持菜肴的新鲜和多样化，某些冷菜制作完毕，热菜出锅时间稍长，就会丧失掉原有的色、香、味、形。

（9）宾客享受到的正统的酒店式服务较少。

【任务反馈】

中餐宴会服务应该注意的问题有哪些？

释疑：中餐宴会服务可分为四步：准备

工作、迎宾工作、就餐服务、收尾工作。

一是准备工作:“八知”和“三了解”。

八知:知主人身份或主办单位,知宴会标准,知开餐时间,知菜式品种,知宴客国籍,知邀请对象,知烟、糖、酒、饮,知结账方式。三了解:了解宾客风俗习惯,了解生活忌讳,了解特殊要求。

二是迎宾工作:①站立于岗位,站姿优美。②客人到达时,服务人员面带微笑、热情问候。

三是就餐服务:①拉椅让座,观察谁是客人,谁是主宾。②倒茶水,上毛巾、落口布、撤筷套。③征询客人意愿,斟倒酒水。④征询主人意见,上菜。⑤撤茶杯、撤空盘。⑥征询客人味道是否合适。⑦三勤服务:勤换骨碟、烟缸、毛巾,勤撤空杯、空碗,勤斟倒酒、饮料、茶水。⑧征询客人是否添加菜品,征询客人对菜品的意见反馈。⑨清洁桌面,保持台面清洁。⑩撤剩余菜品,上水果,倒茶水。⑪退酒水。⑫结账,清点香烟、糖果,做好结账工作。

四是收尾工作:①客人离开为其拉椅,提醒携带物品是否遗忘。②检查桌面、地面是否遗留物品。③欢送客人离开,“请慢走,欢迎下次光临”。④还椅、收台,按收台顺序,先收布草、玻璃器皿,后收餐具。⑤翻台,恢复台面,做好落台柜清洁工作。

任务五　岗位制度

【任务目标】

你要了解各工作岗位的岗位职责或工作程序。

【案例聚焦】

饭店里2万多元营业款不翼而飞

原是“内鬼”作祟

近日,某饭店一名女性收银员监守自盗,窃走饭店营业款2万多元。而警方介入调查后,发现她留在饭店内的身份信息都是假的。

5月17日下午3点左右,该饭店领班王敏(化名)像往常一样在招呼客人,忙完手头事情后,就到饭店的收银台准备查点一下当日的营业额。然而当她打开收银台抽屉的瞬间,不禁心中一惊,里面的2万多元营业款居然不见了踪影。

王敏赶紧找当日的收银员卢小芳(化名)了解情况,可是她左找右找也不见“卢小芳”的踪影。王敏将此情况告诉了老板和店长。店内的监控录像显示,当天下午2时许,“卢小芳”从收银台抽屉内拿出所有营业款放进自带的一个塑料袋后,径直出了饭店,此后再也没有回来。

王敏立即拨打了“卢小芳”的手机,第一次,无人接听,第二次,已关机。店长立即报了警。

据民警调查发现,“卢小芳”是该店新招的收银员,到该店工作还不到一个月,当天唯一的一把收银台抽屉钥匙也交给了“卢小芳”保管使用。民警对“卢小芳”应聘工作时提供的身份证进行了查验,发现居然都是虚假信息。

启示:用人单位聘用相关人员一定要切实查证其身份,特别是一些关键岗位,一定要掌握其真实信息,以免引狼入室。

【任务执行】

①学习形式	分小组进行
②获取资料	通过访谈交流的方式,总结餐厅各个工作岗位的职责
③成果展示	各小组汇报成果,在课堂上展示
④学会总结	提交工作记录单和案例分析报告

岗位职责，指一个岗位所要求的需要去完成的工作内容以及应当承担的责任范围。岗位，是组织为完成某项任务而确立的，由工种、职务、职称和等级内容组成。职责，是职务与责任的统一，由授权范围和相应的责任两部分组成。确定员工责任需要有明确的岗位职责规定。岗位职责说明书并不是要面面俱到，而是对岗位职责进行合理有效的分工，促使有关人员明确自己的岗位职责，认真履行岗位职责，出色地完成岗位职责任务。

一、制定的依据与作用

（一）制定的依据

①根据工作任务的需要确立工作岗位名称及其数量；②根据岗位工种确定岗位职务范围；③根据工种性质确定岗位使用的设备、工具、工作质量和效率；④明确岗位环境和确定岗位任职资格；⑤确定各个岗位之间的相互关系；⑥根据岗位的性质明确实现岗位目标的责任。

（二）作用及意义

①可以最大限度地实现劳动用工的科学配置；②有效地防止因职务重叠而发生的工作扯皮现象；③提高内部竞争活力，更好地发现和任用人才；④是组织考核的依据；⑤提高工作效率和工作质量意识；⑥规范操作行为；⑦减少违章行为和违章事故的发生。

二、各岗位职责

（一）餐厅厅面人员岗位职责

1. 餐饮部经理岗位职责

全面负责制定并实施餐饮部工作计划和经营预算，督导餐饮部日常运转管理，确保为客人提供优质高效的餐饮服务并进行成本控制。

（1）负责制定餐饮部营销计划、长短期经营预算，带领全体员工积极完成和超额完成经营指标。

（2）主持制定和完善餐饮部的各项规章制度及服务程序与标准，并督导实施。

（3）定期深入各部门听取汇报并检查工作情况，控制餐饮部各项收支，制定餐饮价格，监督采购和盘点工作，进行有效的成本控制。

（4）检查管理人员的工作情况和餐厅服务规范及各项规章制度的执行情况，发现问题及时采取措施，出色地完成各项工作。

（5）定期同餐饮部副经理、行政总厨研究新菜点，推出新菜单，并有针对性地进行各项促销活动。

（6）负责下属部门负责人的任用及其管理工作的日常督导，定期对下属进行绩效评估。

（7）组织和实施餐饮部员工的服务技术和烹饪技术培训工作，提高员工素质，为饭店树立良好的形象和声誉。

（8）建立良好的对客关系，主动征求宾客对餐饮的意见和建议，积极认真地处理宾客的投诉，在符合饭店经营方向和控制成本基础之上，保证最大限度地满足宾客的餐饮需求，提高餐饮服务质量。

（9）重视安全和饮食卫生工作，认真贯彻实施《中华人民共和国食品卫生法》，开展经常性的安全保卫、防火教育，确保宾客安全和餐厅、厨房及库房的安全。

（10）做好餐饮部与其他各部门之间的沟通、协调和配合工作。

（11）参加每日的总经理工作例会，主持每日餐饮部例会，保证饭店的工作指令得到有效的执行。

(12) 完成总经理交给的其他工作。

2. 餐饮主管

(1) 了解客情、根据客情编排员工班次及休息日。

(2) 参与制定零点、宴会等的服务标准及工作程序，并组织和确保其程序与标准的实施。

(3) 负责与相关部门的工作协调，处理各种突发事件。

(4) 与厨师长保持良好的合作关系，及时将客人对菜肴的建议和意见转告厨师长，供厨师长在研究制定菜单时作为参考。

(5) 在开餐期间负责整个餐厅的督导、巡查工作，迎送重要客人并在服务中以特殊关注，认真处理客人的投诉，并将客人的投诉意见及时向上级报告。

(6) 负责对员工工作表现进行定期评估和奖惩，制定员工培训计划，并予以落实。

(7) 出席餐饮部召开的会议，主持餐厅内部会议。

(8) 督导员工遵守饭店的各项规章制度。

(9) 监督下属保持始终如一的餐厅卫生水准。

(10) 签署餐厅各种用品的领用单、设备维修单、损耗报告单等，保证餐厅的正常运行。

(11) 建立物资管理制度，组织保管好餐厅的各种物品。

(12) 督导员工正确使用餐厅的各项设备和用品，做好清洁保养工作，控制餐具损耗。

(13) 督促餐饮部分管副经理的其他各项工作。

3. 餐厅服务人员

按照规范化、程序化的优质服务标准向宾客提供餐饮服务，了解宾客要求，积极推销餐饮产品，为提高饭店最佳的经济效益和社会效益努力工作。

(1) 服从餐厅领班的安排，严格遵守酒店及部门制定的各项规章制度，按质按时完成上级下达的任务。

(2) 每日准时到岗参加班前会，听取领班布置开餐任务，了解重要宴会。

(3) 负责开餐前的准备工作，按照规定要求布置餐厅和餐桌、摆台及补充各种物品。

(4) 了解当日厨房特荐及供应情况，做好菜肴、酒水的推销。

(5) 主动征询客人对菜肴和服务的意见，及时解决客人提出的问题，并将其上报于上级领班。

(6) 开餐过程中严格按照中西餐服务程序及标准，为客人提供高质量、高效率的服务。

(7) 了解客人的各种爱好，满足客人的不同需求，同客人建立良好的关系。

(8) 负责餐厅环境尤其是家具台面、地面清洁卫生，做好安全防火工作。

(9) 积极参加餐厅和餐饮部组织的各种培训活动，不断提高服务技能。

(10) 开餐结束，做好收尾工作，保证餐厅处于开餐状态，以便和下一班次做好交接工作。

(11) 完成上级布置的其他工作。

(二) 酒吧员工岗位职责

1. 酒吧经理

负责和其他部门的工作协调；负责本部门的工作会议及员工培训；检查开吧前的准备工作，酒水、杯具备量是否合理、是否到位，清洁是否达标；检查责任区域内是否有其他问题或安全隐患，如有异常情况应立即上报处理；检查每日报表是否准确，数量金额是否相符；负责安排本部门员工的日常工作及督导花式调酒的效果；督导员工并对吧员在工作中遇到的问题及时解决纠正；服从上级指挥，完成上级交给的其他任务。

2. 调酒师

在吧台经理的领导下，积极开展各项工作；全面负责吧台的各项监督检查；掌握各项设备设施的使用方法及维护保养知识；在日常工作中积极地推陈出新，并把握鸡尾酒的口感及配方；负责所有物品的清点、登记、统筹；做好每日销售报表；在吧台积极活跃地带动饮酒氛围，并适时地进行鸡尾酒促销；每日根据吧台经理的规定和要求进行花式调酒表演；勤练花式动作，减少失误并不断增加花式动作及提高观赏性。

3. 吧员

在规定时间内打扫区域卫生，检查吧台所有设备运行是否正常；开班前检查头天营业所剩酒水的数目，并根据所需及时补充货源；熟悉酒吧内所有酒水的货源、牌子及产地并知其口味，懂得其储藏方式、饮用方式以及鸡尾酒的调制方法；随时注意吧台内所有用具的清洁卫生，必须保证干净、无破损、无污点；出品时要保证快速、准确、高质量；前吧人员应与顾客积极交流并保持良好的关系，尽量了解和熟悉顾客的姓名、喜好等个人信息，以便更周到地为客人服务；严格执行见单出货的要求，杜绝酒水出货时的差错；前吧人员须确保花式调酒的高质量，以达到提升经营氛围的效果；下班前认真清点当日营业所剩酒水的数目并做好记录（盘点存货），根据经营预测提出第二天的酒水申购数量，并将吧台内清洁干净，一切恢复正常后方可下班。

（三）管事部岗位职责

1. 管事部主管

（1）负责编制餐饮部所需餐具和用具的年度预算。

（2）根据各餐厅餐具的盘点情况，负责与采购部门沟通，提出器具购置计划，保证及时补充餐具和用具。

（3）检查和管理各类餐具的使用情况，分析造成损耗的原因，提出降低损耗的建议。

（4）负责安排管事部员工的工作班次。

（5）负责做好餐具和用具的保管、发放、回收工作，负责厨房区域的环境卫生。

（6）负责对下属员工的考勤与考核工作，督导员工做好安全防卫工作。

2. 管事部服务人员

负责做好每天的卫生工作，完成上级交办的任务。

（1）准时上班、不早退、不擅自离岗，认真检查上一班次记录，并做好交接班工作。

（2）服从领班的岗位工作安排，认真完成上级布置的各项任务。

（3）熟悉各种洗涤化学用品的配置方法及用途，并按规定方法操作，防止意外事故的发生。

（4）全面做好厨房内地面、墙面、地沟、隔油池、炉灶、铁板、烤箱、冰箱及蒸柜外壳的卫生清洁工作。

（5）严格按照日常工作、周工作的要求做好卫生清洁工作。

（6）及时洗涤撤下的厨具，按流程操作，并分类存放好餐具。

（7）熟悉、掌握洗碗机及各机械的使用方法，做好保养工作，发现问题及时上报。

（8）操作时轻拿轻放，减少餐具破损，协助领班做好每月盘点工作。

(9) 做好收尾工作,接受领班检查。

(四) 厨房人员岗位职责

1. 厨师长

(1) 全面负责厨房生产、组织工作,每天上班查阅报表,掌握并分析前一天接待人次,确保原料需要量,签发当日的领货单。

(2) 检查各部生产情况,落实生产任务,发现问题并及时纠正。

(3) 参加例会,汇报工作情况,听取上级命令,结合厨房实际情况组织贯彻落实。

(4) 正式开餐前督促各部主管做好食品材料的准备工作,检查食品的出成率,保证食品的质量和成本控制及生产需要。

(5) 保持与餐厅的采购、库房、餐饮办公室及财务成本核算的相关人员的联系,保证厨房生产协调开展。

(6) 开餐结束后检查各部原料消耗情况和剩余数量及保管措施,检查炊具、厨具的清理工作,保证下一餐时的生产需要。

(7) 每日下班前做好工作总结,了解餐厅的销售情况,制定次日工作安排。

2. 冷菜、面点厨师

准确传达上级的工作指令,完成厨师长布置的工作任务。

3. 头锅厨师

在厨师长的领导下负责烹饪各式菜肴,保证出品质量。完成厨师长、行政总厨布置的工作。

4. 砧板厨师

在厨师长的领导下负责切配各式菜肴及刻花,保证菜品基础原料的标准供应,保证出品质量。完成厨师长、行政总厨布置的工作。

5. 洗碗工

服从行政总厨的工作安排,负责指定区域的洗涤清洁工作。完成行政总厨、餐厅经理布置的工作。

6. 清洁工

服从行政总厨的工作安排,负责指定区域的清洁工作。

(五) 采购部岗位职责

1. 采购主管

全面主持餐厅采购部工作,审核采购计划,督促采购、库存管理工作。

2. 仓库管理员

在管事部领班的领导下,做好仓库的盘点工作。

(1) 保持仓库的干净、整洁,各种物品排放整齐。

(2) 严格按照酒店规定程序办理物品的进出库手续,并做好账目。

(3) 定期盘点仓库,对低于最低库存数量的物品及时提出申购。

(4) 负责统计各餐厅每月的报损率。

(5) 认真做好大型宴会餐厅的物品借用工作,并及时催还。

(6) 负责本部门清洁用品的发放工作,并做好记录、统计费用。

(7) 做好仓库的消防安全工作,杜绝安全隐患。

(六) 营销人员岗位职责

1. 营销经理

餐饮营销经理在餐厅经理的领导下开展各项销售回访工作;深入了解本餐厅区域特征消费动态,即时把握用餐信息,向部门负责人反馈;负责完成部门下达的营销指标,积极做好客户回访工作,挖掘新客户,扩展酒店品牌;配合预定部门做好相关客户资料完善工作,并按部门规定填写相应预定信息,做好与各部门的沟通协调工作;协助部门制定总体市场发展战略及具体实施方案;每周需提供相应的资料,并将客户资料反馈于预定台;每月拜访公司签单客户,如挂账签单单位或个人应进行业务款项催收，催收期限按协议规定执行，特殊情况应上呈总经理报批；配合楼面经理对宾客投诉进行追踪，建立与客人的良好关系。

2. 营销职员

在餐厅经理和营销经理的领导下负责酒店的市场开发、客源组织和餐厅产品的销售工作；及时掌握国内外餐饮市场动态，定期分析市场动向、特点和发展趋势，拟订市场销售计划，报上级审批后组织实施；密切联系国内外客户，了解市场供求情况、客户意向和需求，积极参加国内外的餐饮宣传、促销活动，与各地区客户建立长期稳定的良好合作关系，不断开拓新市场、新客源。

（七）财务人员岗位职责

严格遵守《财务管理制度》，按规定办理现金收付和保管库存现金；按规定准确、及时地办理银行结算业务；登记现金日记账和银行存款日记账；保管有关印章、空白支票；妥善保管现金及转账支票，并按银行规定正确填写支票，不得签发空白及远期支票；使用时应填制"支票领用存登记表"，接受财务会计月终对空白支票的盘点检查；接受餐厅经理的业务质询、检查、考评等；按时完成财务会计交办的其他事宜。

【任务反馈】

岗位职责罗列太多，如何能让人更好地掌握呢？

释疑：描述岗位职责内容是为了让员工对未来所从事职业的工作任务做预先的了解。只有在入职培训及工作岗位上你才能够逐渐地掌握工作任务与岗位职责，毕竟岗位职责是针对某个岗位而设定的。

任务六　服务素质要求

【任务目标】

①你要了解优秀餐饮服务人员应具备的基本素质；②你要掌握优秀餐厅服务人员必备的七个要求；③你要掌握优秀餐厅服务人员必须具备的四种能力。

【案例聚焦】

某餐厅晚间开餐生意火爆，服务人员小王忙得手脚不停，直到闭餐时间。这时，小王看到一位先生与小姐正坐在那儿聊天，盘子里的菜已没有多少了，小王以为客人不吃了，便撤去盘子，为客人提供更好的谈话环境。于是小王说："如果您不吃了，我可以把盘子拿掉吗？"谁知客人一听非常生气，认为是赶他们走。小王连声道歉，客人才消气，不久便离开了餐厅。

某餐厅一桌吃火锅的客人正在就餐，客人看锅下的火小了，就招呼服务人员添些酒精。服务人员走过来看火像是"灭"了，就直接把酒精添加进去，火苗"呼"地一下蹿了出来，客人吓得急忙跳开，险些把桌子碰翻，服务人员忙拿湿毛巾压在上面，才把火熄灭。

思考：你觉得上面两个案例中的服务人员应吸取哪些教训？

【任务执行】

①学习形式	分小组进行
②获取资料	通过访谈的方式，获得企业管理人员对优秀员工的理解，总结优秀餐饮人员的共同之处
③成果展示	各小组汇报成果，在课堂上展示
④学会总结	提交工作记录单和案例分析报告

餐厅服务人员在餐饮业中的地位是相

当重要的，因为餐厅服务人员直接代表企业接待每一位顾客，而服务水平的高低、服务质量的好坏，是通过餐厅服务人员的综合素质表现出来的，直接影响着企业的声誉和经济效益。所以，对于餐厅服务人员来说，素质方面的培养和训练是必不可少的。

一、优秀餐厅服务人员应具备的基本素质

餐厅服务作为一项知识面广、技术性强、道德修养高的工作，对服务人员的要求也是较高的。作为一名优秀的餐厅服务人员应具备良好的素质、高尚的道德和健康的体魄，具体内容如图 1－6－1 所示。

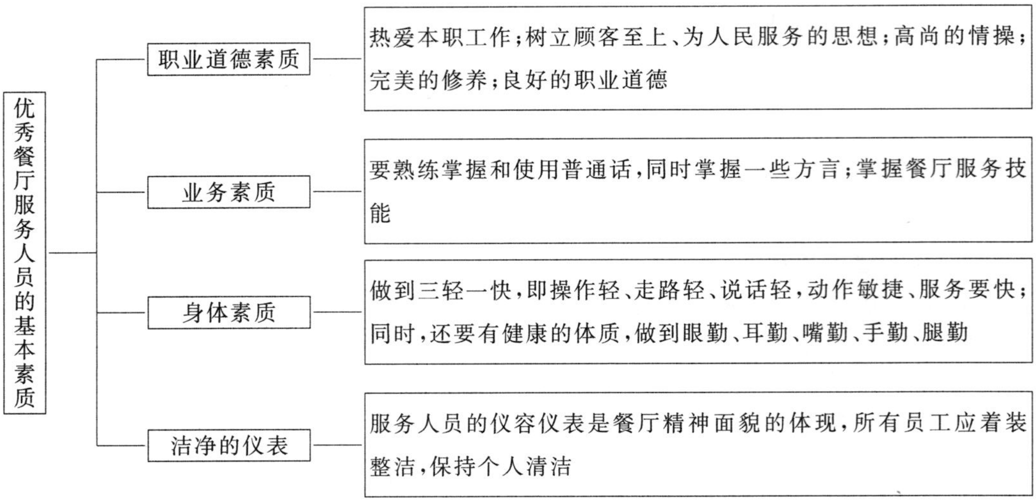

图 1－6－1　优秀餐厅服务人员的基本素质

二、优秀餐厅服务人员必备的七个要求

在中国的餐饮业中，广大从业人员通过实践，总结出餐厅服务人员必备的七个基本要求，具体内容如表 1－6－1 所示。

表 1－6－1　餐厅服务人员必备的七个要求

必备要求	说明	具体做法
热情友好、宾客至上	热情友好、宾客至上是餐厅服务人员职业道德中最基本和最具特色的一项道德规范，是餐厅服务人员敬业、乐业精神的具体表现	谦虚谨慎，尊重客人；热情友好，不卑不亢；牢记服务宗旨，以道德规范行为
真诚公道、信誉第一	真诚公道、信誉第一是正确处理餐厅与客人之间利益关系的一项行为准则	推荐介绍，恰如其分；信守承诺，履行诺言；按质论价，收费合理；诚实可靠，拾金不昧；实事求是，知错就改
文明礼貌、优质服务	文明礼貌、优质服务是餐饮业极其重要的道德规范和业务要求，也是餐厅服务人员职业道德的一个最显著的特点	仪表整洁，举止大方；微笑服务，礼貌待客；保质保量，尽心尽责

续表

必备要求	说明	具体做法
团结协作、顾全大局	团结协作、顾全大局是餐厅经营管理成功的重要保证，是餐厅内部处理同事之间、岗位之间、部门之间以及局部利益与整体利益、眼前利益与长远利益等相互关系的行为准则	团结友爱，互相尊重；密切配合，互相支持；学习先进，互相帮助；发扬风格，互相关心
遵纪守法、廉洁奉公	遵纪守法、廉洁奉公是餐饮业从业人员正确处理个人与集体、个人与国家关系的行为准则，既是法律和行政法规的要求，也是道德规范的要求	自觉遵守职业纪律；严格执行政策法令；反对不正之风，抵制精神污染；坚持集体主义，维护国家利益
钻研业务、提高技能	钻研业务、提高技能是餐厅服务人员职业道德不可缺少的基本规范之一，是餐饮业从业人员做好本职工作的关键	要有强烈的职业责任感；要有崇高的职业理想和坚强的意志；要有正确的途径和方法
平等待客、一视同仁	平等待客、一视同仁作为餐厅服务人员的道德规范，就是尊重客人的人格和愿望，主动热情地去满足客人合理的需求，使客人感到处在平等、友好的气氛中，自我尊重的需求得到满足	在接待服务中，服务人员要做到“六个一样”：“高、低”一样；“内、外”一样；“华、洋”一样；“东、西”一样；“黑、白”一样；“新、老”一样 “六个一样”要求服务人员态度上必须做到普遍平等。在一视同仁的前提下，尽可能在细节行为上灵活变通，做到“六个照顾”：照顾先来的客人；照顾外宾和华侨、华裔以及港、澳、台客人；照顾贵宾和高消费的客人；照顾常住客人和老客人；照顾黑人和少数民族客人；照顾妇女、儿童和老弱病残客人

注：“高、低”一样，即对高消费客人和低消费客人一样看待，不能重“高”轻“低”；

“内、外”一样，即对国内客人和国外客人一样看待，不能重“外”轻“内”；

“华、洋”一样，即对境外华人（华侨、外籍华人和港、澳、台客人）和外国客人一样看待，不能重“洋”轻“华”；

“东、西”一样，即对东方国家的客人和西方国家的客人一样看待，不能重“西”轻“东”；

“黑、白”一样，即对黑种人客人和白种人客人一样看待，不能重“白”轻“黑”；

“新、老”一样，即对新来的客人和老客人一样看待，不能重“老”轻“新”。

三、优秀餐厅服务人员必须具备的四种能力

一名优秀的餐厅服务人员，应该具备足够的亲和力、自如的语言驾驭能力、敏锐的观察能力及较强的记忆能力。

（一）培养足够的亲和力

餐厅服务人员应培养“超强”的亲和力。从给顾客良好的第一印象开始到以周全的礼仪结束，要使顾客有完美的感觉，一名优秀餐厅服务人员要用亲和力使顾客感到自己可亲可信。亲和力的培养具体包括的内容如图 1－6－2 所示。

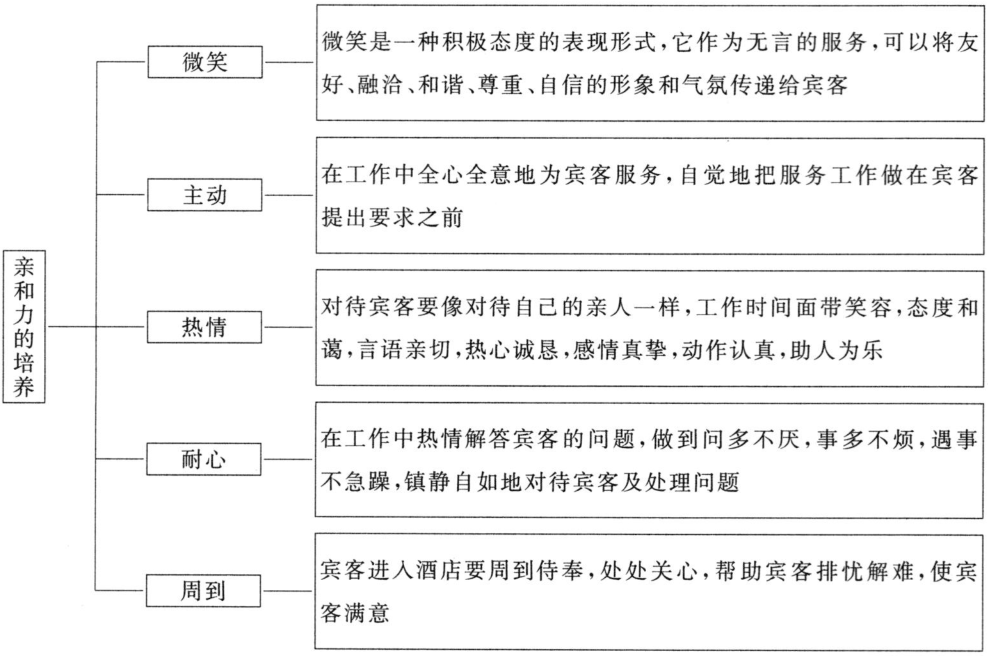

图 1－6－2　亲和力的培养

（二）培养自如的语言驾驭能力

语言是传达情感、态度、观点的工具，是服务中的重要组成部分，服务人员的内在素质需要通过恰当的语言来表达和彰显。能不能对顾客把话说好、说恰当，对服务的优秀与否影响非常大。如何培养自如的语言驾驭能力，具体内容如图 1－6－3 所示。

- 自如的语言驾驭能力
  - 充分运用『五声十一』
    - 五声：宾客来店有欢迎声；宾客离店有告别声；宾客表扬有致谢声；宾客欠安有问候声；服务不周有道歉声
    - 十一：请，您，您好，谢谢，对不起，再见
  - 谈话技巧
    - 在与宾客谈话时，要看着对方的“三角区”。所谓“三角区”就是鼻子与双眼之间
    - 不要大声讲话，震惊四座，也不要凑到宾客身边小声嘀咕
    - 能用语言表达的，一般不用手势，即使必须用手势，动作也不宜太大，更不要用手指人
    - 与宾客谈话，不议论时政，不随便谈论宗教问题
    - 谈话要察言观色，如果对方已流露出倦意，就要尽快结束谈话
    - 谈话中遇有急事需要离开或及时处理，应向对方打招呼，表示歉意
    - 不要轻易打断别人的谈话；谈话时要给别人发表意见的机会
    - 宾客与自己谈话时，要专心听，眼睛注视对方，不要表现出不耐烦的样子
    - 如果与宾客有不同意见，不要固执己见，蔑视他人，要保持协商的口吻
    - 不许背后指手画脚，议论宾客
    - 别人在谈话时，不要趋前旁听，更不要随便插嘴；若有事要与其中某人谈话，应等别人讲完
    - 有时因为自己有事要办，想早点结束谈话，但对方谈兴正浓，这时不要无礼地打断对方的谈话，而要抓住对方谈话的空隙，立即接过话茬，表示这个问题留在以后再谈

图 1-6-3　自如的语言驾驭能力

（三）培养敏锐的观察能力

每天就餐的顾客来自四面八方，性别、国籍、职业、年龄、受教育程度、职务、宗教信仰等不尽相同，其需求自然存在差异。所以餐厅服务人员要善于观察周围的环境及领会顾客的心理活动和需求，即一名优秀餐厅

服务人员要有敏锐的观察能力。其主要内容及示例如图 1－6－4 所示。

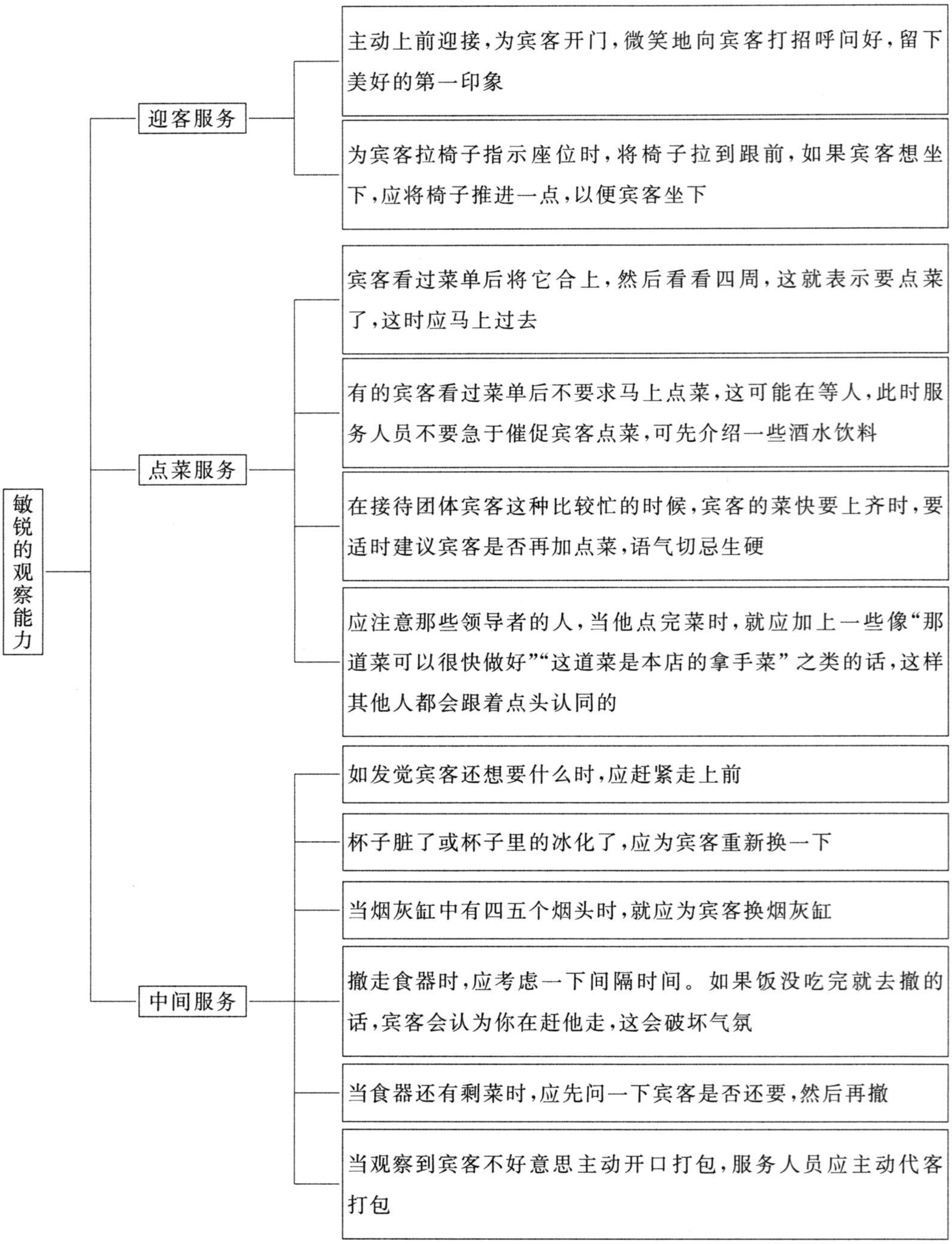

图 1－6－4　敏锐的观察能力

（四）培养较强的记忆能力——“姓名辨认”服务

餐饮服务人员应在实践中不断总结经验，力使自己有较强的记忆能力，特别是时间、人名、人的特征等，能够迅速、准确地记住，以便服务工作的顺利进行。

现代酒店的营销专家十分推崇“姓名辨认”，认为餐厅服务人员如在第二次或第三次见到客人时，便能在先生或小姐之间冠认姓氏，将会使客人感到异常亲切，这是一种人情味很浓的服务。“姓名辨认”服务的关键有三点，如图 1－6－5 所示。

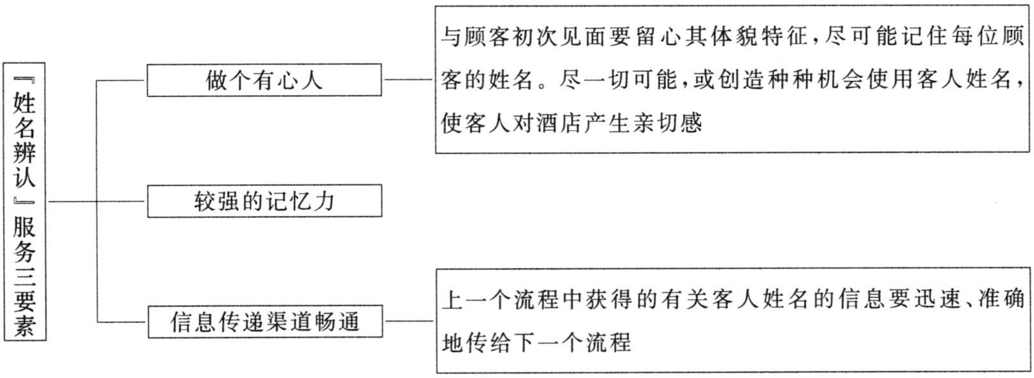

图 1－6－5 “姓名辨认”服务三要素

【任务反馈】

为什么说成为优秀服务人员说起来简单，做起来却很难？

释疑：优秀服务人员所具备的素质总的来说包括两个部分，一是性格、情感等与生俱来的素质，一是后天的身体和技能素质。后天的素质能够通过努力达到，而先天的心理因素改变却比较困难，比如性格内向、不善言谈的人一般不能成为优秀的服务人员，但也可以通过后天心境的改变，比如经常与性格开朗的人在一起等，也可能会成功改变。

任务七 岗位安排

【任务目标】

你要了解餐厅各岗位的班次安排情况。

【案例聚焦】

某餐饮公司采用纯中式正餐管理模式，在全国已有十几家直营店，由于管理到位、业绩骄人，从而被外国风投公司看中，并注资控股，在北京连开 4 店，由于业绩出色，大量招聘服务人员，但就在前途一片大好的时候，出现了一个瓶颈问题，由于服务人员难招，现有服务人员无奈之下都承担了 2 到 3 个人的工作份额，结果造成大量员工提出离职。等下批服务人员招聘到位时，上一批服务人员已满一月，自动离职，结果不但服务人员压力没有得到缓解，而且一下子都变成了新员工，离职率继续攀高。尽管公司运用各种手段，如增加福利、提高工资、派人沟通等，但处境依然在持续恶化。经过一段时间的观察，发现其实员工的工作效率极低，原因有三：

一是训练不到位，每个人都无法胜任自己的工作，但又缺乏主动学习的精神；

二是当某个员工由于工作量的问题而抱怨，就会带动一片员工产生共鸣，大家将大量时间用在抱怨及消极抵抗上，结果是“见人不见活”；

三是工作时间长，员工认为工作时间和收入不匹配，开始抱怨，造成工作效率更加低下，同时也坚定了离职的念头。

其实很简单，只需要减少员工的抱怨，所有的问题就会迎刃而解，但绝对不能以单纯地增加员工工资来解决问题，因为这种方法会助长员工的不良心态，造成局势的进一步恶化。

措施各有针对，但都是为了在不增加人力成本的基础上降低离职率及提高员工工作效率，主要是引入“月薪工资小时计算”的方法，措施有四：

一是服务组现有工资不变，但超出8小时的额外工作报酬均以小时计算，并以工资形式发放；

二是对管理组进行培训系统指导，并记录管理组加班时间，作为晋级培训的一项重要指标，优先安排职业生涯规划；

三是服务组加班由管理组指派，心态端正、工作积极、效率高的服务人员优先；

四是管理组对排班系统进行学习，将单店人力成本纳入绩效考核。

不到一个月，开始出现了一连串的“多米诺效应”。管理组为了降低离职率，主动培训员工，并与员工沟通，而员工为了得到额外的加班报酬，主动学习岗位知识，并积极配合管理组工作，从而大大提高了工作效率。到了月底，有个别员工拿到了比初级管理组还要高的工资，起到了积极带头作用。由于付出与回报成正比，员工离职率大大降低，抱怨减少。

【任务执行】

①学习形式	分小组进行
②获取资料	实践调查访谈，了解餐厅各岗位的班次安排情况
③成果展示	各小组汇报成果，在课堂上展示
④学会总结	提交工作记录单和案例分析报告

由于餐厅员工岗位差别大，班次的安排也有较大的区别。同时，由于餐厅对服务人员的依赖及营业时间的特殊性，导致餐厅员工的岗位班次安排与非服务行业的正常上班制有区别。此外，非24小时营业餐厅和24小时营业餐厅员工的岗位班次也有区别。

一、管理人员

餐厅管理人员通常上正常班，即“朝九晚五”，周一到周六上班，周日休息。特殊情况加班者通常也能“补休”或得到加班工资。

二、服务人员

常见的餐厅服务人员的班次安排方法有两种：一是“两班制”，二是“插班制”。“两班制”即将所有餐厅服务人员对半分，一部分上早班，开早餐和午餐，另一部分上晚班，开晚餐和宵夜，隔周调换，这种方法简便、好记，但在非营业时间会出现人浮于事的现象，而在就餐的高峰期，人手又显得不足，故对人手较少、接待任务重的餐厅不太适合。“插班制”是以一天三餐中的高峰时间为依据，将餐厅服务人员分成人数不同的多个小组，高峰时人员比较集中，非营业时间只留少量几个服务人员做准备和收尾工作，而让大部分服务人员休息。这种排班方法能够适应大多数餐厅服务活动的需求，充分利用现有的服务人员，保证经营活动的顺利进行。

服务人员每周休息一天，但休息时间不固定，根据排班表而定。具体如表1-7-1所示。

表 1-7-1　2014 年 4 月某餐厅服务人员排班表

工号＼日期	1	2	3	4	5	6	7	8	9	10	11	12	13	14	15	16	17	18	19	20	21	22	23	24	25	26	27	28	29	30
	日	一	二	三	四	五	六	日	一	二	三	四	五	六	日	一	二	三	四	五	六	日	一	二	三	四	五	六	日	一
01	B	A	B	A	休	A	B	A	B	A	B	休	B	A	B				休							休				
02	A	B	A	B	A	B	A	休	A	B	A	B	A	B	休							休							休	
03	A	A	A	B	休	B	A	B	A	B	A	休	A	B	A	B	A	B	休	B	A	B	A	B	A	休	A	B	A	B
04	A	B	A	A	A	B	A	B	B	B	休	B	A	A	B	B	A	休	A	B	B	A	B	A	休	A	B	A	B	A
05	B	A	B	休	休	A	B	A	B	A	A	B	A	B	A	B	休	A	B	A	B	A	B	休	A	B	A	B	A	A
06	B	A	B	A	B	A	B	休	A	A	B	A	B	B	休	A	A	A	B	A	B	休	A	B	A	B	A	B	休	A
07	休	A	B	B	A	B	A	A	B	A	休	A	B	A	B	A	B	休	A	B	A	B	B	A	休	A	B	A	B	A
08	休	休	休	A	B	A	B	A	B	A	B	A	B	A	B	A	B	A	B	A	B	A	B	A	B	A	B	A	B	A
09	A	B	A	休	A	B	A	B	A	休	A	B	A	B	A	B	休	B	A	B	A	B	A	休	A	B	A	B	A	B

注：A 班(7:00—15:00)　B 班(15:00—21:00)　营业时间(7:00—21:00)

三、厨房员工

餐厅厨房员工通常上正餐班，即中饭班和晚饭班。值班员工跟单尾。每周休一天。具体如表 1-7-2 所示。

表 1-7-2　某餐厅厨房员工班次安排

工号＼日期	1	2	3	4	5	6	7	8	9	10	11	12	13	14	15	16	17	18	19	20	21	22	23	24	25	26	27	28	29	30	31
	六	日	一	二	三	四	五	六	日	一	二	三	四	五	六	日	一	二	三	四	五	六	日	一	二	三	四	五	六	日	一
01	B	B	休	B	B	B	B	B	B	休	B	B	B	B	B	B	休	B	B	B	B	B	B	休	B	B	B	B	B	B	休
02	C	C	C	休	C	C	C	C	C	C	休	C	C	C	C	C	C	休	C	C	C	C	C	C	休	C	C	C	C	C	C
03	A	A	A	A	休	A	A	A	A	A	A	休	A	A	A	A	A	A	休	A	A	A	A	A	A	休	A	A	A	A	A
04	A	A	A	A	A	休	A	A	A	A	A	A	休	A	A	A	A	A	A	休	A	A	A	A	A	A	休	A	A	A	A
05	C	休	C	C	C	C	C	C	休	C	C	C	C	C	C	休	C	C	C	C	C	C	休	C	C	C	C	C	C	休	C
06	A	A	休	A	A	A	A	A	A	休	A	A	A	A	A	A	休	A	A	A	A	A	A	休	A	A	A	A	A	A	休
07	B	B	B	休	B	B	B	B	B	B	休	B	B	B	B	B	B	休	B	B	B	B	B	B	休	B	B	B	B	B	B
08	C	C	C	C	休	C	C	C	C	C	C	休	C	C	C	C	C	C	休	C	C	C	C	C	C	休	C	C	C	C	
09	A	A	A	A	A	休	A	A	A	A	A	A	休	A	A	A	A	A	A	休	A	A	A	A	A	A	休	A	A	A	A
10																		B	B	B	B	B	B	休	B	B	B	B	B	B	休

注：A 班(7:00—15:00)　B 班(15:00—23:00)　C 班(10:00—22:00)　营业时间(7:00—23:00)

四、24 小时营业餐厅班次

24 小时营业的餐厅通常是快餐厅，最典型的如肯德基、麦当劳、必胜客等国外引进餐厅及一些特色的中式餐厅。此类餐厅与其他餐厅的最大区别就是夜班也要安排管理人员、服务人员及厨师进行夜班工作。

下面就以某快餐厅为例，介绍24小时营业餐厅的岗位班次安排，如表1－7－3所示。

表1－7－3　某24小时营业餐厅排班表

日期 工号	1	2	3	4	5	6	7	8	9	10	11	12	13	14	15	16	17	18	19	20	21	22	23	24	25	26	27	28	29	30	31
	六	日	一	二	三	四	五	六	日	一	二	三	四	五	六	日	一	二	三	四	五	六	日	一	二	三	四	五	六	日	一
01	B	B	休	B	B	B	B	B	B	休	B	B	B	B	B	B	休	B	B	B	B	B	B	休	B	B	B	B	B	B	休
02	C	C	C	休	C	C	C	C	C	C	休	C	C	C	C	C	C	休	C	C	C	C	C	C	休	C	C	C	C	C	C
03	A	A	A	A	休	A	A	A	A	A	A	休	A	A	A	A	A	A	休	A	A	A	A	A	A	休	A	A	A	A	A
04	A	A	A	A	A	休	A	A	A	A	A	A	休	A	A	A	A	A	A	休	A	A	A	A	A	A	休	A	A	A	A
05	C	休	C	C	C	C	C	C	休	C	C	C	C	C	C	休	C	C	C	C	C	C	休	C	C	C	C	C	C	休	C
06	A	A	休	A	A	A	A	A	A	休	A	A	A	A	A	A	休	A	A	A	A	A	A	休	A	A	A	A	A	A	休
07	B	B	B	休	B	B	B	B	B	B	休	B	B	B	B	B	B	休	B	B	B	B	B	B	休	B	B	B	B	B	B
08	C	C	C	C	休	C	C	C	C	C	C	休	C	C	C	C	C	C	休	C	C	C	C	C	C	休	C	C	C	C	C
09	A	A	A	A	A	休	A	A	A	A	A	A	休	A	A	A	A	A	A	休	A	A	A	A	A	A	休	A	A	A	A
10																		B	B	B	B	B	B	休	B	B	B	B	B	B	休

注：A班（8:00—16:00）　B班（16:00—24:00）　C班（24:00—8:00）

【任务反馈】

餐饮门店应如何进行科学合理的工作排班？

释疑：排班管理有两个步骤：科学列班、分组。如：24小时营业的门店分三班（8小时一个班，早、中、晚三班），在早高峰、午高峰阶段可以另增加一个早插班、中插班（插班制的目的是应对早、中班高峰时段人员不足的补位）。针对三班制加一个插班的四班制服务人员部署，可根据每班人数的实际需求进行分组，可以分为五到六组，这样安排的话，即使每天有一个组4～5人休息也不会影响门店营业的正常运作；当然，即使遇到节假日高峰，也可以适当调整与调动班组人员的作业。

◆项目评价

【知识/技能评价】

①不同规模餐饮企业的组织机构有何区别？

②餐厅空间由哪几部分组成？每部分应如何布局？

③餐饮服务类型有哪些？

④餐饮企业各岗位的岗位职责是什么？

⑤餐厅优秀服务人员的素质有哪些要求？

⑥餐厅各岗位员工班次如何安排才合理？

【实训演练】

分小组进行情境模拟演练：每个小组4～5人，其中1人扮演餐厅服务人员，其余人员扮演餐厅客人，设计一般客人投诉或抱怨的服务过程情境，观察服务人员的处理方式。

【项目链接】

餐饮空间设计流程

首先是调查、了解、分析现场情况和投资大小;其次是进行市场的分析研究,做好顾客消费层面的定位和经营形式的决策;第三是充分考虑并做好原有建筑、空调设备、电器设备、照明灯饰、厨房、燃料、环保、后勤等因素与餐厅设计的配合;然后确定主题风格、表现手法和主体施工材料,根据定位进行空间功能布局,并做出创意方案效果图和意向图;再和业主一起会审、修改、定案;最后进行施工图的深入设计和图纸的制作。如平面图、天花图、立面图、剖面图、大样图、轴测图、效果图、灯位图、五金配件表、灯具灯饰表、室内装饰陈列品选购和设计说明。

项目二　餐饮服务技能

◆项目目标

【行业要求】

服务质量是餐饮业生存与发展的根本，因此要加强餐饮业从业人员的服务技能培训，尤其是服务礼仪，以及餐前、餐中和餐后的服务技能。

【学习目标】

①掌握餐饮服务的基本礼仪；②掌握餐前、餐中和餐后的服务技能；③掌握保洁服务的相关知识 。

◆项目任务

餐饮业对服务质量要求非常高，本项目要求掌握相关的服务技能。

任务一　服务礼仪

【任务目标】

①你要了解什么是餐饮服务礼仪；②你要了解仪容仪表标准；③你要掌握餐饮礼仪；④你要掌握餐饮服务语言。

【案例聚焦】

在一个秋高气爽的日子里，迎宾员小贺着一身剪裁得体的新制服，第一次独立地走上了迎宾员的岗位。一辆白色高级轿车向饭店驶来，司机用他那熟练而标准的姿势，目视客人，礼貌亲切地问候，动作麻利而规范、一气呵成，准确地将车停靠在饭店豪华大转门的雨棚下。小贺看到后排坐着两位男士、前排副驾驶座上坐着一位身材较高的外国女宾。小贺上前一步，以优雅的姿态和职业性动作，先为后排客人打开车门，做好护顶关好车门后，小贺迅速走向前门，准备以同样的礼仪迎接那位女宾下车，但那位女宾满脸不悦，使小贺茫然不知所措。通常后排座为上座，一般凡有身份者皆在此就座。优先为重要客人提供服务是饭店服务程序的常规，这位女宾为什么不悦？小贺错在哪里？

分析提示：在西方国家流行着这样一句俗语："女士优先"。在社交场合或公共场所，男子应经常为女士着想，照顾、帮助女士。诸如：人们在上车时，总要让女士先行；下车时，则要为女士先打开车门，进出车门时，主动帮助她们开门、关门等。西方人有一种形象的说法："除女士的小手提包外，男士可帮助女士做任何事情。"迎宾员小贺未能按照国际上通行的做法先打开女宾的车门，致使那位外国女宾不悦。

【任务执行】

①学习形式	分小组进行
②获取资料	走访观察，了解餐饮服务的相关知识，找出在服务中容易出现的一些问题，并提出解决对策
③成果展示	各小组汇报成果，在课堂上展示
④学会总结	提交工作记录单和案例分析报告

一、餐饮服务礼仪

现代社会餐饮服务业日益发展，人们与餐饮业的联系越来越多，对服务水平的要求越来越高，餐饮业的服务礼仪是服务质量、服务态度的直接表现，其中餐厅服务水平更是餐饮业服务水平的缩影，讲究礼仪更为重要。餐饮服务礼仪主要由领台、值台、走菜、账台、厨台等服务人员礼仪构成。

（一）领台服务人员礼仪

领台服务人员包括门卫礼仪服务人员和引领服务人员。

领台服务人员营业前一定要了解本店的概况和当天预约客人的情况，做好仪容、仪表和精神准备，营业前站在餐厅门口两侧或里面，便于环顾四周的情况，等待迎接客人。客人到来时要热情相迎，主动问候。在引领客人时，应问清是否预约、几位，然后把客人引到合适的座位。这主要根据客人的身份、年龄等来判定。宾客就餐完毕离开时，要礼貌地欢送，并致告别语，目送宾客离开。

（二）值台服务人员礼仪

值台服务人员礼仪主要包括开菜、点菜、斟酒、派菜、分菜时的服务礼仪。

客人被引到餐桌前，要主动问好，并给客人拉椅让座，递香巾。递香巾时，可双手捏住香巾递到客人面前，也可以用不锈钢夹夹起香巾送给客人。

客人如点饮料，应打开饮料瓶盖，然后放在客人的右侧。同时需注意要用右手握瓶，露出商标，左手托瓶子上端，将饮料徐徐倒入饮料杯中，不宜倒得太满，也不可倒得太快。拉开易拉罐时，不要将罐口面向客人，如客人没点饮料，则一定要上茶，茶杯轻轻放于桌上的垫盘上，把茶杯把手转向客人右手方向。

客人如预先没有定菜，值台服务人员要站在主宾的左侧，躬身双手将菜单递上，请客人点菜。点菜时可适当地向客人推荐本店名菜。菜单一般先递给主宾、女宾或者长者。点好的菜名应准确迅速地记在菜单上，一式两份，一份送给厨台值班，一份送给账台买单。

快开席时，值台服务人员应将主宾、主人的口布从水杯内取出递给他们围上。从第一道菜开始，值台服务人员应为客人斟上第一杯酒。斟酒、分菜的顺序是：男主宾、女主宾，从正主位左侧开始，按顺时针方向逐位斟酒，最后再斟主位。当主人、主宾祝酒或讲话时，服务人员应停止一切活动，站在一旁的适当位置。斟酒时，应先斟烈性酒，然后是果酒、啤酒、汽水饮料。

服务人员在斟酒、上菜、分菜时，左臂应搭一块干净的餐巾，以备擦酒滴、饮料滴等用，但不可擦自己的手。斟酒时，一般右手拿酒瓶，左手拿杯子徐徐倒入，特别是啤酒，开始倒时要把瓶口放到杯子的正中内快点倒入，一面倒，一面把瓶口慢慢移向杯边，而且倒的速度也由快变慢，以防啤酒的泡沫上升溢杯。啤酒倒好一般以 7 分液体、2 分泡沫为宜。

（三）走菜服务人员礼仪

走菜主要指上菜、端菜、撤换餐具。

（1）上菜，一般在十分钟内把凉菜送上台，二十分钟内把热菜送上台。上菜要求快，特别是午餐。主食由服务人员用右手放于客人的左侧。最后一道菜是汤，饭后上茶。

上菜时动作要轻，看准方向，摆放平稳，不可碰倒酒杯、餐具等。上菜还要讲究艺术。服务人员要根据菜的不同颜色摆成协调的图案。凡是花式冷盘，如孔雀、凤凰等冷盘，以及整鸡、鸭、鱼的头部要朝着主宾。上好菜后，服务人员退后一步，站稳后报上菜名。

(2) 端菜一定要用托盘，不可用手直接端拿，更不允许大拇指按住盘边或插入盘内。端菜的姿态要既稳又美，具体要求是用五指和手掌托起，托盘不过耳，托盘不能太低，托盘边太靠近耳及头发是不雅的，重托时可用另一只手扶着托盘。

(3) 撤换餐具时要先征得客人同意。撤换时一定要小心，不可弄到其他新上的菜、汤。撤换的餐具一般要从客人的右侧平端出去。如果菜汤不小心洒在同性客人的身上，可亲自为其揩净；如洒在异性客人身上，则只要递上毛巾，并表示歉意。

(四) 账台服务人员礼仪

主要包括收款、买单、转账时的礼仪。

当把客人用餐的细目送到收款台后，账台服务人员一定要准确、迅速地把食品的单价标上，一并合计好用款总数。合计好后，在客人用毕主餐饮茶时，由值台服务人员用托盘将账单送到客人面前，并且应站到负责买单客人的右后侧，轻声告之，然后用钱夹把钱放进托盘送回账台，并把找回的余款送到买单客人面前，叙说清楚。

买单时如客人转账，一定请客人填定账号并签字。账台服务人员一般正坐在账台内，可戴两只套袖。坐姿要娴雅、自如、端庄、大方，面带微笑。

(五) 厨台服务人员礼仪

上岗前首先要整理工作环境卫生和个人卫生。厨台卫生主要包括厨台、砧板、刀、地面和墙壁卫生。厨台要清洁、整齐、美观。服务人员要彻底洗手，梳理头发，整理面容，戴上工作帽，穿上白上衣，系上围裙，工作服一定要清洁。在操作时，一定要养成良好的卫生习惯。如不用袖子擦脸、擦汗，不在工作现场打喷嚏，也不边操作边吸烟等。

二、仪容仪表标准

员工必须经常保持整齐清洁，并应注意下列各点：

(一) 头发

(1) 保持头发清洁，经常洗发。

(2) 前发不可遮挡眼睛，发式不可吹得过于夸张。

(3) 男员工长发侧面不可以盖过耳部。

(4) 女员工穿制服时，头发必须束起，发夹必须为黑色。

(二) 鼻

经常留意及修剪鼻毛。

(三) 胡须

男员工不准留胡须并且每天必须剃胡须。

(四) 指甲

(1) 所有员工指甲应短而干净。

(2) 女员工不能涂色彩艳丽的指甲油。

(五) 首饰

(1) 女员工不可佩戴垂下来或夸张的耳环。

(2) 项链不可露出制服外。

(3) 不能佩戴任何质地的戒指和手链，以免影响食物卫生。

(六) 袜子和鞋

(1) 袜子必须为黑色。

(2) 必须穿着由酒店发给的工鞋或皮鞋上班。

（七）名牌

必须佩戴名牌上班。

（八）服装

必须穿着干净制服上班，且穿着整齐。上班时必须戴工作帽。必须系围裙及佩戴净布。

三、餐饮礼仪

餐厅是宾客的用餐场所，餐厅服务人员不但要掌握业务技能，还要遵守服务中的各种礼仪，使宾客不但吃得饱，而且吃得愉快。

（1）脸迎宾客，自然大方并亲切问候："您好，欢迎光临！请问一共几位？"如果是男女结伴而来，应先问候女宾，再问候男宾。对老弱病残宾客，应主动上前照料。

（2）根据宾客的不同情况把他们引入座位。如重要宾客光临，应把他们引领到餐厅中最好的位置；夫妇、情侣就餐，应把他们引领到安静的角落位置；全家、亲朋好友聚餐，应把他们引领到餐厅中央的位置；对老弱病残宾客，应把他们安排在出入比较方便的位置。

安排座位应尽量满足宾客的要求，如果该座位已经被先到的宾客占用，服务人员应解释致歉，求得谅解，并推荐其他令宾客较满意的座位。

（3）宾客走近餐桌，服务人员应按先女宾后男宾、先主宾后一般宾客的顺序用双手拉开椅子，招呼宾客入座；宾客屈膝入座的同时，轻轻推上座椅，使宾客坐好、坐稳。

（4）给宾客送上茶水，切忌用手接触茶杯杯口。适时主动恭敬地递上菜单，不能随意将菜单扔在桌上。顾客点菜时要耐心等候，不能催促，让宾客有考虑的时间。

点菜时，拿好纸、笔随时记录。如宾客犹豫不决，服务人员应当好参谋，热情介绍菜肴品种和特色。应注意语言艺术，礼貌委婉，不要勉强或硬性推荐，以免引起宾客反感。如宾客点的菜已经无货供应，应礼貌致歉，求得谅解。

如宾客点的菜菜单上没有，不要拒绝，可以说："请允许我与厨师商量一下，尽量满足您的要求。"宾客点菜时，服务人员应面带笑容，上半身略微前倾，身体不能靠在餐桌边，不能把手放在餐桌上，要认真倾听，准确记录，避免出错。

（5）有儿童就餐，可给儿童加上儿童椅，方便儿童入座。

（6）宾客不慎掉落餐具，应迅速为其更换干净的餐具，不能在宾客面前一擦了事。

（7）有宾客的电话，应走近宾客轻唤，不能在远处高喊。

（8）工作中必须随时应答宾客的召唤，不能擅离岗位或与他人聊天。

（9）给宾客斟酒上菜要讲究程序。上菜时手指不能触碰菜肴，每上一道菜要报菜名，简要介绍其特色，说话时不能唾沫四溅。斟酒时手指不能触摸酒杯杯口，应按酒的不同种类决定斟酒的程度。倒香槟或冰镇饮料时，酒瓶应用餐巾包好，以免酒水滴落到宾客身上。

（10）宾客吸烟，应主动上前点火。宾客的物品不慎掉落到地上，应主动上前帮助拾起，双手捧上。

（11）对宾客应一视同仁，不论生意大小都应服务周到。逢年过节，要对每一位宾客致以节日的问候。

（12）在全部宾客离去后，再进行清扫，不能操之过急。

（13）结账时，应把账单放在托盘中，正面朝下递给宾客。宾客付账后，要致谢。宾客起身后，服务人员应拉开座椅，并提醒宾客不要忘记随身携带的物品。帮助宾客穿大衣戴帽子，在餐厅门口与宾客友好话别：“再见，欢迎您再次光临。”

(14) 餐厅服务人员要与食物、餐具打交道，所以要对服务人员的个人卫生严格要求。应穿着干净整洁的制服，勤洗澡，勤理发，勤剪指甲，勤刮胡须，勤刷牙，勤洗手，不佩戴首饰，不浓妆艳抹，不梳披肩发。在宾客面前不掏耳朵，不剔牙，不抓头发，不打哈欠，不掏鼻孔。如不得已要打喷嚏、咳嗽，应背转身体，用手帕遮住口鼻，并向宾客致歉。工作前不吃有刺激性气味的食品。

四、体态语言

要成为好的服务者，首先要成为一个善于沟通的人。服务人员整天与客人打交道，时时刻刻离不开沟通。在服务过程中，与客人沟通经常使用的方法是听、说、写及体语，体语就是体态语言。服务人员的一个动作、一个眼神及面部表情都将影响到他与客人之间的每一次沟通过程是否完美。

体态语言也称为视觉沟通，在沟通过程中占据55%的信息量，它包括目光、身体的姿态、手势动作及面部表情。

(一) 关于目光

沟通过程中用目光注视对方，是体态语言沟通方式中最有力的一种。当你在交流过程中使用目光接触时，实际上是你在说，“我对您感兴趣，我在关注您。”目光接触是对对方的尊重。反之，当你避免目光接触时，一般对方会认为你对自己没有把握、在说谎或者对他们毫不在意等，因此会产生负面影响。

(二) 关于身体的姿态

含胸塌背、无精打采，都在告诉客人你或是疲倦或是缺乏自信或是感到无聊，这些都将给客人留下不良印象，影响饭店的整体形象。服务人员的姿态应该潇洒自信，要显得自我感觉良好，对工作充满信心。

(三) 关于手势动作

手势动作包括你讲话时手、臂、肩甚至头部的动作，借助手势动作可辅助你解释问题或支持你的说法。手势动作能够传递信息并表现个人的情绪变化，能够反映出一个人的自身修养程度及心理素质是否良好，如服务人员摆弄头发、咬嘴唇等都会使人觉得你正在感到不自然或过于随便，这样就会使客人产生疑虑。

(四) 关于面部表情

面部表情在很大程度上显示出一个人的态度。大多数人在沟通时会注意对方的表情，他们能从对方的面部表情里看出其是喜是忧、是怒是惑。面部表情是非常自然的东西，呆板的面部表情让人难以接受。面部表情不是总与言语一致，出现不一致时，人们往往相信面部表情，而不是言语。由此可见，面部表情在沟通过程中起着很重要的作用。

【任务反馈】

在为客人引座的过程中，有时按照不同对象进行相应的引座服务，客人却不满意，这是为什么呢？

释疑： 在餐厅服务过程中一个核心的原则就是“灵活处理”。通常客人有自己的喜好，他对座位的选择会受经验、习惯、心情、面子等因素的影响，因此，在掌握引座基本原则的基础上，还要加强自己在工作岗位上经验的不断丰富。

任务二　餐前服务

【任务目标】

你要了解餐前服务注意事项。

【案例聚焦】

一天中午，一位客人打电话到餐厅预订，并说明半小时后来吃"T骨牛扒"，希望餐厅能为其预留位置。当时，接电话的预订员正准备去用午餐，考虑到客人要半小时后才能过来，而这段时间餐厅生意都不旺，肯定有空位，且自己用餐的时间不用半个小时，于是她在未向其他同事交代的情况下便吃饭去了。大约一刻钟后，客人来到餐厅，询问另一名当值的服务人员，刚才已打电话来预订，午餐是否准备好？当值的服务人员称没有接到客人电话，不知此事。客人听后非常生气，于是向餐厅经理投诉。

案例评析：准确的沟通是酒店服务之魂，没有沟通就没有服务。案例中存在三个方面的问题需要引起注意：一是第一位服务人员对客人的需求理解有误。客人称半小时后进餐，其实是希望餐厅马上准备好食物，待会来餐厅就可以吃到预订的午餐，因为他可能要赶时间或是不愿意在餐厅等待，而不是半小时后再来餐厅点菜。二是沟通的方式问题。作为餐厅服务人员，要注意客人口头承诺的随意性，比如该客人说半小时后来进餐，却在一刻钟后就来了。所以无论遇到什么情况，服务人员都要尽快做完自己手中的服务项目，而不要根据客人口头所说来安排自己的工作。脱岗时则一定要将工作及时移交同事，避免出现服务真空或盲点。三是当值服务人员与客人的沟通问题。在未弄清情况时，餐厅服务人员随便对客人说"不"。要知道，把责任推给客人是很容易引起客人不满和投诉的。

【任务执行】

①学习形式	分小组进行
②获取资料	观察餐饮企业服务人员在餐前服务的准备工作，记录下操作程序及事项，找出存在的问题并提出解决方式
③成果展示	各小组汇报成果，在课堂上展示
④学会总结	提交工作记录单和案例分析报告

餐前服务注意事项包括如下六点：

一、提前准备

餐前服务要做的准备工作很多，具体体现为：形象准备，即仪容仪表的自检及互检等；物品准备，即将服务过程中要用到的物品提前备好，以提高服务效率；业务准备，即提前了解客人的相关就餐信息、习俗禁忌，做好各类准备等。

二、技巧引领

引座是客人进入酒店餐厅后接受服务的开始，规范优质的引座能使客人对酒店餐厅留下良好的第一感觉，同时，引位技能恰到好处的运用，可以使酒店餐厅的空间得到很好的利用，方便餐厅员工的服务，衬托出餐厅环境不同一般的感观印象，增加客人的满意度。符合礼仪规范的引座技巧有：

第一，根据客人的人数安排相应的地方，使就餐人数与桌面容纳能力相对应。这样可以充分利用餐厅的服务能力。

第二，酒店的引座应当表现出向客人诚意的推荐，在具体的引座、推荐过程中应当尊重客人的选择，使双方的意见能很好地结合起来。

第三，第一批客人到餐厅就餐时，可以将他们安排在比较靠近入口或距离窗户比较近的地方，使后来的客人感到餐厅人气旺盛，构造出热闹的氛围，避免给客人留下门庭冷落的印象。

第四，对于带小孩的客人，应尽量将他们安排在离通道较远的地方，以保证小孩的安全，同时，也利于餐厅员工的服务。

第五，对于着装鲜艳的女宾，餐厅可以将其安排在较为显眼的地方，可以增加餐厅的亮色。

第六，对于来餐厅就餐的情侣，可以将其安排在较为僻静的地方。

第七，餐厅经营高峰时，引座员工要善于做好调度、协调工作，及时灵活地为客人找到位置，掌握不同桌面客人的就餐动态。

三、整体配合

餐桌服务需要引领员、传菜员、餐桌服务人员、点菜员等不同岗位的配合，所有服务人员都应养成问候客人以表示尊重的职业习惯，让客人所到之处、所见之人敬语服务不绝、欢迎声不断，以此来营造餐厅良好的服务氛围。

四、专业推荐

具体体现为：给客人推荐菜肴时的意见专业；为客人点菜时的姿势专业等。从递送菜单的手势，到站立的位置、与客人保持的距离、上身的前倾、聆听的表情、书写的体态，无疑不是服务人员展现自身良好专业素养的时机。

五、注意座次

第一，中餐桌次排位。中餐的排位，具体又涉及桌次与席次两个方面。举行中餐宴会时，若所设餐桌不止一桌，便有桌次之别。排定桌次时，主要有下述常规：以右为上。即餐桌若有左右之分时，应以位于右侧的餐桌为主桌。需要指明的是，此时的左右，是依照“面门为上”的规则来确定的。以远为上。即餐桌距离餐厅正门若有远近之分时，则为距门远者高于距门近者。居中为上。即多张餐桌并排排列时，居于中央者通常高于居于两侧者。许多时候，上述三条桌次排位的常规是交叉使用的。

第二，中餐席次排列。所谓席次，是指每一张餐桌上的具体座次。在排定中餐的席次时，通常有以下惯例：面门为上。即主人之位应当面对餐厅的正门，有时可以由女主人居第二主位。有两位主人时，双方应对面而坐。主宾居右。即一般应请主宾在主人右侧就座。好事成双。即在正常情况之下，每桌就座之人应为双数，并以六人、八人、十人为最佳之数。各桌同向。即除主桌外的其他各张餐桌上的主位，可与主桌上的主人之位方向相同。以上四条惯例，通常交叉使用，共同发挥作用。

六、针对服务

餐厅员工要能够根据客人的特点，开展针对性服务，特别是在点菜时，方能显示“以客为尊、顾客至上”的服务礼仪。

餐厅员工在为客人进行点菜服务时要注意以下一些方面：

第一，按客人的居住地点和具体生活习惯为其点菜。

①对于老年客人，可以向他们推荐一些比较松、软，不含胆固醇，油脂较低的食品。

②对于赶时间急于用餐者，餐厅可以向他们推荐一些制作方便、快捷的食品。

③北方人喜欢面食，口味较重，偏于浓郁、咸味较重的食品。

④湖南、贵州的客人口味较重，比较喜欢带有辣味的食品，而四川的客人则喜欢麻

辣食品。

⑤江浙沪一带的客人比较喜欢甜食，口味清淡。

⑥广东、港澳地区客人喜欢生、脆、鲜、甜的食品，口味清淡，喜欢在用餐前喝老火汤。

第二，考虑客人的消费能力。

①普通消费者。这类客人构成了餐厅消费人群中的大部分，点菜时更多地考虑经济实惠，餐厅员工可以向他们推荐一些家常菜。

②工薪阶层消费者。此类客人虽然并不追求高消费，但有一定的消费能力，餐厅员工可以适当地向他们推荐一些档次较高的菜。

③高消费者。这类客人追求高消费、高享受，点菜时既要考虑到营养价值又要考虑到观赏价值。餐厅员工可以向其推荐一些比较名贵的菜肴或新鲜野味。

第三，注意各色菜种的搭配组合。

①烹调方法的组合：在炒菜的同时，可以推荐客人兼顾到用煮、扒、烧、煲、炖、扣、蒸等方法所烹制的菜品。

②冷菜与热菜的组合：一般用餐的时候既要有冷菜又要有热菜，当客人点冷菜较多而热菜较少的时候，可向客人作适当的提醒。

③上菜速度的组合：有些菜(如东坡肘)做的时间相对要长一些，可以向客人推荐一些烹制速度较快的菜肴，以免使其久候。

④菜肴颜色的组合：点菜时可以考虑不同颜色菜品的适当搭配，绿、黄、红、白几种颜色兼有，能增加视觉上的愉悦和心理上的轻松，增加客人的食欲。

⑤荤与素的组合：太多的油性食品不利于身体健康，可以建议客人在点菜时注意到荤菜与素菜的恰当搭配。

⑥形状的组合：食品的形状有条、块、片、粒、茸等，不同形状的菜的组合同样有助于构成视觉的美感，欣赏到食品烹制方法的多样性。

第四，就餐人数与菜的分量相宜。

餐厅员工在向客人推荐菜肴的时候要考虑到客人的就餐人数，据此来确定为其点菜的分量。但最终确定菜的分量要尊重客人的意愿和实际情况。

通常每道菜的分量是既定的，但也有一些特殊的菜是根据客人的需求而有不同的分量。

【任务反馈】

怎样才能为客人点出搭配好的一桌菜？

释疑：点菜其实是一门大学问，对服务人员有较高的要求。点菜服务人员应该能够对厨房制作的菜肴有充分的了解，包括原材料、加工工艺、成菜色泽与形状等，要想为客人点一桌色泽、荤素、形状等组合美妙的菜肴，需要服务人员不断努力。

任务三　餐中服务

【任务目标】

①你要掌握托盘、摆台、折花等服务技能；②你要掌握中西餐服务程序；③你要掌握酒店知识及酒店服务技能。

【案例聚焦】

某饭店中餐宴会厅，饭店总经理宴请一位西藏高僧。中午 11 点，一群人簇拥着西藏高僧步入厅堂，两名服务人员上前迎接，引领客人入席，并麻利地做好了餐前服务工作。菜是预订好的，按照程序依次上菜，一切服务在紧张有序地进行。食之过半，宾客要求上主食，三鲜水饺很快被端上了桌面。在大家的建议下，高僧用筷子夹起一个水饺放入口中品尝，很快就吐了出来，面色仍旧温和地问："这是什么馅的？"服务人员一听马上意识到问题的严重性，心想坏了！事先忘了确认是否是素食。三鲜水饺虽是清真，但仍有虾仁等原料，高僧是不能食用的。服务人员忙向高僧道歉："实在对不起，这是我们工作的失误，马上给您换一盘素食水饺。"服务人员马上通知厨房上一盘素食三鲜水饺。由于是重要客人，部门经理也赶来道歉。高僧说："没关系，不知者不为怪。"这次失误虽然很严重，但是由于高僧的宽容大度，得以顺利解决了。但留给服务员的是一个深刻的教训。

案例评析：第一，信仰佛教的人和僧侣，是严格的素食主义者。素食起源于宗教寺庙，供佛教徒、道教徒及忌荤腥者食用，以豆制品、蔬菜、植物油为主要原材料。而清真菜多以牛、羊肉和蔬菜等为主要原材料，烹制成各种适合伊斯兰教徒饮食习惯的菜肴。二者是有很大区别的。

第二，由于服务人员工作粗心，忽略了"素食"与"清真"的不同，以致为高僧上了有荤腥原料的食品，触犯了客人禁忌，是严重的失误。这么严重的失误发生在对重要客人的接待中，是个沉痛的教训。

第三，本案例使我们认识到，服务人员必须加强业务知识的学习，准确掌握客人禁忌，不论工作多么繁忙，都要细心地检查每一个环节，认真对待每一位客人，以避免触犯宾客的忌讳，引起不必要的麻烦。

【任务执行】

①学习形式	分小组进行
②获取资料	通过在餐饮企业走访观察，了解不同餐饮企业餐中服务的相同点及不同点，进行对比并总结
③成果展示	各小组汇报成果，在课堂上展示
④学会总结	提交工作记录单和案例分析报告

一、餐厅服务基本技能

（一）掌握托盘的服务技能

1. 托盘的种类及其用途

（1）托盘的种类。按照托盘的制作材料，可以分为木托盘、金属托盘和胶木防滑托盘。按照用途差异，可以分为大、中、小三种规格的长方托盘和圆托盘。圆托盘的直径大于 36 cm 的为大圆托盘，直径在 32～36 cm 之间的为中圆托盘，直径在 20～32 cm之间的为小圆托盘。长方托盘也按此规格分大、中、小三种。

（2）托盘的用途。方盘和中方盘，用于装运菜点、酒水，收运餐具和盆、碟等重的器具。小方盘和大、中圆盘，一般用于摆台、斟酒、上菜、上饮料等。小圆盘和 6 寸小银盘主要用于送账单、收款、递信件等小物品。

2. 托盘的使用方法

按所托物品轻重，有轻托和重托两种方式。物品重量在 5 000 克以内的，适宜采用轻托方式；物品重量在 5 000 克以上的，则采用重托方式。

轻托又称胸前托，此法多用中、小型托盘，有便于工作的优点。轻托的动作要领如下：

①两肩平行，用左手。

②上臂垂直于地面，下臂向前抬起与地面平行，上臂与下臂垂直成 90°。

③手掌掌心朝上，五指张开，指实而掌心虚。大拇指指端到手掌的掌根部位和其余四指托住盘底，手掌自然形成凹形，掌心不与盘底接触。

④手肘离腰部 15 cm。

⑤右手自然下垂或放于背后。

重托又称肩上托，此法多用大型托盘。重托的动作要领如下：

①用左手。

②左手向上弯曲臂肘的同时，手掌向左向后转动手腕 90°至左肩上方。手掌略高出肩 2 cm，五指自然张开，用五指和掌根部控制托盘的平衡。

③托盘的位置以盘底不压肩、盘缘不近嘴、盘后不靠发为准。

④手应自然下垂摆动或扶住托盘的前内角。

目前，为了安全、省力，餐饮企业一般不采用重托盘，多用小型手推车递送重物。

3. 托盘行走

托盘行走时，要盘平、肩平、头正、身正，两眼注视前方，留意周围，以免发生意外碰撞。脚步轻捷稳健，托盘在胸前随着行走的节奏自然摆动，但要避免托盘上液体物品的外溢。

(1) 托盘行走的步伐。托盘行走的步伐通常可以分为常步、快步、碎步、垫步等。常步即常用步伐，指步距均匀、快慢适中的步伐；快步是急行步，步距加大，步速较快，但又不能变为跑步；碎步是小快步，步距小，步速快，上身保持平稳；垫步是当需要侧身通过时，左脚侧一步，右脚跟一步，一步紧跟一步。

(2) 托盘下蹲。在日常生活中，人们对掉在地上的东西，一般是习惯弯腰将其捡起，但在托盘过程中弯腰拾物是不合适的。正确的做法是：上体保持托盘姿势，下体采用交叉式或高低式蹲姿。值得注意的是，无论采用哪种下蹲方式，左脚均在前，这样才不至于使托盘挡住视线，看不到掉在地上的物品。

(3) 甩盘。这个动作是在托盘靠近客人，为客人撤换餐具时用得最多的一个动作，目的是避免托盘碰到客人的头部。动作要领：伸出右脚踩在两把椅子之间，移动重心到右脚，同时以手肘为轴心将托盘由胸前平行移动至胸左侧，右手拿去餐桌上的物件。做这个动作时，要求服务人员要保持左手托盘的平衡，特别是在托盘上的物件较高而重心不稳时或盛器内有汤汁时。如果不练好扎实的基本功、操作时不谨慎都有可能造成重大失误。

4. 托盘注意事项

(1) 理盘。根据所托物品选择好托盘，洗净、擦干，非防滑托盘应在盘内垫上干净的餐巾或专用托盘垫布。整理好的托盘应整洁美观，并且每使用一次托盘都应及时清理盘内杂物。

(2) 装盘。根据物品的形状、体积和使用的先后顺序合理装盘。装盘的原则是：将较重、较高的物品摆放在内侧(靠近身体的一侧)；将较轻的、较低矮的物品摆放在外侧；将先用的物品摆放在外面或上面，后用的物品摆放在里面或下面。

(3) 起盘。在一般的平台上装盘后，用右手将托盘拉出台面 1/3，脚一前一后站立，上身前倾，左手托住盘底，掌心位于底部中间，右手协助将托盘托起。假如托盘较重，则先屈膝，双腿用力使托盘上升而不是直接用臂力，然后用左手掌托住盘底、右手协助起盘。

(4) 卸盘。若是轻托，卸盘时，由于盘中物件减少，重心发生转移，所以要随时移动托盘在左手上的重心点，使左手托盘保持平衡；若是重托必须先放在落菜台上或其他空桌上，再徒手端送菜盘上菜或其他物品上桌。如果托盘上装有重物要卸盘时，需注意不能用力过猛，应当先将托盘前端 1/3 放在台面上，再将整个托盘推进去放好，这个动作刚好与起盘动作相反。

(5) 托盘安全。托盘时要量力而行，不要勉强，宁可多走几次也要保证安全。

(二) 掌握餐巾折花服务技能

餐巾折花是饭店或特定的地方用餐巾折叠成不同样子的花朵。折花应美观而大方，尽显礼仪，给人以良好的印象。即服务人员将餐巾折成各式花样，插在酒杯或水杯中，或者放置在盘碟中，既美化了餐桌，体现了宴会的等级，又可供宾客就餐时使用。

1. 餐巾折花的作用

(1) 装饰美化餐台。形状各异的餐巾花摆放在餐台上，既美化了餐台，又增添了庄重热烈的气氛，给人以美的享受。

(2) 烘托餐台气氛，突出宴会目的，起到一定的无声语言的作用，会对交流思想感情产生良好的效果。不同的餐巾花型，蕴含着不同的宴会主题。例如，喜宴上，如用餐巾折出比翼齐飞、心心相印的花型送给一对新人，可以表示出永结同心、百年好合的美好祝愿。国宴上，如用餐巾折成喜鹊、和平鸽等花型，则表示欢快、和平、友好，给人以诚悦之感。

(3) 卫生保洁的作用。餐巾是餐饮服务中的一种卫生用品，它可以用来擦嘴或防止汤汁、酒水弄脏衣物。宾客用餐时，餐厅服务人员可将大餐巾折起(一般对折)，供宾客折口向外平铺在腿上，小餐巾可伸开直接铺在腿上，不可将餐巾挂在胸前(但在空间不大的地方，如飞机上可以如此)。避免用自己的手帕。拭嘴时需用餐巾反折的内侧的上端，并用其内侧来擦嘴，而不是弄脏其正面，这是应有的礼貌。餐巾决不可用来擦脸部或擦刀叉、碗碟等。手指洗过后也是用餐巾擦的。若餐巾脏得厉害，请服务人员重新更换一条。另外，现在一般不用把餐巾压在餐盘底下进餐的这种做法，因为这样容易不小心带动餐巾，从而使餐盘滑落。在用餐期间与人交谈之前，先用餐巾轻轻地揩一下嘴；女士进餐前，可用餐巾轻抹口部，除去唇膏。在进餐时需剔牙，应拿起餐巾挡住口部。

(4) 餐巾花型的摆放可标出主宾、主人的席位。在折餐巾花时，应选择好主宾的花型，主宾花型高度应高于其他宾客花型高度，以示尊贵。

(5) 沟通宾主之间感情的作用。它象征着一定的意义和寓意，是基本的礼仪、习俗的表现与要求。

(6) 在西餐宴会中，餐巾有传递信号的作用。在正式宴会上，女主人把餐巾铺在腿上是宴会开始的标志。这就是餐巾的第一个作用，它可以暗示宴会的开始和结束。中途暂时离开，将餐巾放在本人座椅面上。

(7) 饭店服务艺术和情感化的表现之一。

2. 餐巾折花的方法

餐巾折花有很多种类，折叠的方法有的简单，有的复杂。餐巾折花大概有这样几个形态：风筝、蝴蝶、王冠、心花、雪橇、鱿鱼、令箭荷花、玫瑰花蕊、鸟、单瓣荷花等。

餐巾折花的方法大概是：

（1）叠。它是餐巾折花中最基本的技法，将餐巾一折二、四或折成长方形、三角形、正方形、梯形等。

要领：算好角度，一次叠成，如重复折叠，会使餐巾留下折痕，影响餐巾花的效果。

（2）推。推是打折时将餐巾折成不同的褶所运用的方法。

要领：两个大拇指相对成一线，指面向外，指侧面紧按餐巾向前推折，两手食指将推折好的褶挡住，两手中指控制好下一个褶的距离，三个手指互相配合作往返运动。推出的褶要均匀整齐。

（3）卷。用大拇指、食指、中指三个手指相互配合，将餐巾卷成各种圆筒状，分直卷和螺旋卷（如立体孔雀）两种。直卷分单头卷、双头卷（如马蹄莲）、平头卷等。

要领：卷紧、卷挺。

（4）翻。翻是指在餐巾花的折制过程中，把餐巾折、卷的部位翻成所需花样的方法。

用右手大拇指、食指、中指三个指头配合，把初具形状的餐巾翻成所需形状，分紧翻和松翻两种。

要领：注意大小适宜，自然美观。

（5）拉。拉是指在翻的基础上，为使餐巾花造型挺直而用的一种方法。一般在餐巾花半成形时进行，把半成形的餐巾花攥在左手中，用右手拉出一只角或几只角来。

要领：大小比例适当，造型挺括。

（6）穿。将餐巾先推好后攥在左手掌心内，用筷子一头顶在自己身上，一头穿进餐巾褶缝里，然后用右手大拇指和食指将筷子上的餐巾一点点向后拨，直至把筷子穿出餐巾为止，穿好后先把餐巾花插入杯子内，然后再将筷子抽掉，否则容易松散。一般可穿一根、两根、三根或四根筷子，视需要而定。

要领：穿好的褶裥要平、直、细小、均匀。

（7）掰。掰是用于用餐巾叠花束的方法。

将餐巾做好的褶用右手按层次一层一层掰出层次成花蕾状，掰时不要用力过大，以免松散。

要领：层次分明，间距均匀。

（8）捏。这种方法主要是用于做动物（如鸟）的头部造型。

操作时先用右手食指将餐巾角用力向上顶出一只顶角，然后用食指从顶角上方向下压，用大拇指和中指夹着两边，接着一面抽出食指，一面将大拇指和中指用力捏紧，并同时将捏在手指中的巾角向上拉直成鸟头状。

要领：棱角分明，头顶角、嘴尖角到位。

（9）攥。攥是为了使餐巾花型不至于走样或脱落而使用的手法。

一般使用左手攥住餐巾的中部或下部，再用右手操作其他部分。

要领：攥在手中的餐巾不能挤散。

（三）掌握摆台服务技能

1. 中餐宴会摆台设计

摆台主要指餐台、席位的安排和台面的摆设。摆台技术是餐厅服务人员必须掌握的一项基本技能，也是宴会设计的重要内容。摆台设计得好，能为客人就餐增添舒适高雅的气氛，给客人带来赏心悦目的感觉，给宴会增加喜庆隆重的气氛。

摆台又称铺台、摆桌，是将餐具、酒具以及辅助用品按照一定的规格整齐美观地铺设在餐桌上的操作过程，包括餐台排列、席位安排、餐具摆放等。摆台要求做到清洁卫生、整齐有序、各就各位、放置得当、方便就餐、配套齐全。

(1) 中餐宴会摆台席位安排。通常以10人为标准,选用直径180 cm的圆台,台布规格为220 cm或240 cm见方。确定主人席位应根据餐厅具体环境而定。一般主人位应在面朝餐厅门正中位置,或餐厅里最突出醒目的位置,重要装饰面的面前正中位置。主宾的位置安排在主人席位的右侧,以示对主宾的尊重;副主人的位置安排在主人位的对面。就一张餐台的具体座位来说,目前中餐通行的规范是:主人坐于上方的正中,主宾在其右,副主宾居其左,其他参宴者依次按从右至左、从上向下排列。

1) 宴席位次的设定,既属约定俗成,故其时空差异性较大,而依我国时下理念习尚,则首论职务尊卑,次叙年齿,后及性别(先女后男)。当然,这都是首席座位确定之后始循行的一般模式。举办正式宴会,应当提前排定桌次和席次,或者只排定主桌席位,其他只排桌次。桌、席排次时,先定主桌主位,后排座位高低。

2) 中式宴会的席次安排。席次,指同一餐桌上的席位高低。排列席次的原则是:①面门为上。即主人面对餐厅正门。有多位主人时,双方可交叉排列,离主位越近地位越尊。②主宾居右。即主宾在主位(第一主位)右侧。③好事成双。即每张餐桌人数为双数,吉庆宴会尤其如此。④各桌同向。即每张餐桌的排位均大体相似。

(2) 铺台布。

1) 台布的种类。台布的种类很多,因纯棉台布吸湿性能好,大多数餐厅均使用纯棉提花、印花、绣花、织锦、VISA和布质台布。台布的图案有团花、散花、工艺绣花及装饰布等。台布的颜色有白色、黄色、粉色、红色、绿色等,但多数选用白色。所选台布的颜色,要与餐厅的风格、装饰、环境相协调。台布的形状大体有四种:正方形、长方形、圆形以及异形。正方形台布常用于方台或圆台,长方形台布则多用于西餐各种不同的餐台,圆形台布主要用于中餐圆台,高档的宴会则采用多层两种形状以上的台布。同时,还分为台布与裙布。

2) 台布的规格。台布的规格大小有多种,经常使用的有:

①140 cm×140 cm,可供2人餐桌使用,适用于90 cm×90cm的方台,少见。

②160 cm×160 cm,可供2~4人餐桌使用,适用于直径100 cm的圆桌,或110 cm×110 cm的方台,常见。

③180 cm×180 cm,可供4~6人餐桌使用,适用于直径150 cm和直径160 cm的圆台,常见。

④200 cm×200 cm,可供6~8人餐桌使用,适用于直径170 cm的圆台,少见。

⑤220 cm×220 cm,可供8~10人餐桌使用,适用于直径180 cm或200 cm的圆台,常见。

⑥240 cm×240 cm,可供12人餐桌使用,与⑦合用作为上层面布使用,常见。

⑦260 cm×260 cm,可供14~16人餐桌使用,适用于直径240 cm的圆台,少见。

除了正方形台布外还有长方形台布,如160 cm×200 cm、180 cm×300 cm等不同规格。这类台布用于长方台及西餐各种餐台,可根据餐台的大小与形状选用不同规格的台布,一块不够用时可随意拼接。在拼接时注意将接口处接压整齐。

圆形台布其规格各有不同,一般的圆形台布多见于定型特制,即根据餐台的大小将台布制成大于餐台直径 60 cm 的圆形台布,使台布铺于餐台上圆周下垂 30 cm 为宜。

3) 台布铺设准备工作。台布铺设是将台布舒适平整地铺在餐桌上的过程。

①应将所需餐椅按就餐人数摆放于餐台的四周,使之呈三三两两的并列状。

②然后服务人员应将双手洗净,并对准备铺用的每块台布进行仔细的检查,发现有残破、油液和皱褶的台布则不能继续使用。

③选择熨烫整洁的与餐桌大小相配套的桌布。

④应根据餐厅的装饰、布局确定席位。

⑤操作时,餐厅服务人员应将副主人处餐椅拉开至右侧餐椅后边,餐厅服务人员站立在副主人餐椅处,距餐台约 10 cm,将选好的台布放于副主人处的餐台上。

4) 铺台方式。

①推拉式。用双手将台布打开后放至餐台上,正面向上,左右两手捏住台布的一边,至距边缘 40～50 cm 处(这样可以防止台布边缘着地),两手离台布中缝线距离各约 50 cm(视台布大小而定),其余的台布分别夹在其余四指内,将台布贴着餐台平行推出(手不可过餐台的 2/5 处,否则台布边缘容易着地),再拉回来(视台布中心与餐台的中心而定,动作不能过快)。一次定位准确,铺好的台布中线缝正对正、副主人席位,十字中点落在餐台圆心上。四角离地面距离相等。

这种铺法多用于零点餐厅或较小的餐厅,或因有客人就座于餐台周围等候用餐时,或在地方窄小的情况下,选用这种推拉式的方法进行铺台。

②抖铺式。用双手将台布打开,平行对折后将台布提拿在双手中,身体呈正位站立式,利用双腕的力量,将台布向前一次性抖开,在台布落桌和向回拉动的过程中以中线为参照,调整台布的位置进行准确定位,并平铺于餐桌上。

这种铺法适用于较宽敞的餐厅,或在周围没有客人就座的情况下进行。

③推抖式。基本类似于推拉式,不同的是在推的过程中,增加了抖的动作,而不是平拉回来,或者介于推拉式与抖铺式之间。这主要适用于台面不太光滑的餐台。

④撒网式。用双手将台布打开,正面向上,用大拇指和食指抓住台布靠近身体的一边,其余三指快速抓住台布其余部分,平行打折,呈右脚在前、左脚在后的站立姿势,双手将打开的台布提起来至胸前,双臂与肩平行,上身向左转体,下肢不动,并在右臂与身体回转时,将台布斜着向前撒出去,如同撒渔网一样,将台布抛至前方时,上身转体回位,并恢复至正位站立,然后再将台布向自身拉回,一边拉,一边调整台布。这时台布应平铺于餐台上。撒网式铺台时要求动作干脆利落、优美,技艺娴熟,一气呵成。

抛撒时,动作应自然潇洒。这种铺台方法多用于宽大场地或技术比赛场合。两手间距与肩同宽,以台布的中线为轴,打开尽量完全,这关系到台布是否可以一次到位。

⑤注意事项。铺台布时,台布不能接触地面,拿捏在拇指和食指中的台布要适当,推、抖、撒时的距离要得当。

台布中间折纹的交叉点应正好在餐台的中心处,台布的正面凸缝朝上,中心线直对正、副主人席位,四角呈直线下垂状,下垂部分距地面距离相等,铺好的台布应平整无皱褶。

台布向自身拉回时，注意快慢得当，铺好台布后应将拉出的桌椅送回原位。挪动餐椅的动作是两手握住椅背上的两端，用膝盖顶住椅子的坐面横梁，脚步移动，尽量不要让椅子腿因摩擦地面而发出响声。

正式宴会多层台布的铺设，最底层台布铺设同上，最上层要两个人合作铺设，豪华包间的大餐台的台布铺设也要两个人共同完成。两块方形台布的铺设参见西餐台布的铺设。

⑥裙布的铺设。需要一人或两人配合；接缝不能对着客人，也不能对着门口，可在陪同位；接口要覆盖，要接牢。裙布的选择要与台布、餐厅气氛等一致。

⑦台布的熨烫。清洗后的台布要熨烫，铺设好台布后，也要熨烫，一般使用便携式熨斗、台式熨斗进行熨烫。基本方法是：先熨烫台面，后熨烫下垂部分或裙布。熨烫下垂部分或裙布时，将其翻上台面从背面进行熨烫，然后把其放下，一般先从副主人位按顺时针方向进行熨烫，在熨烫接口处要有一定的重叠；熨烫时注意熨烫的一般常识，不要出现明光等现象。

5）上转盘芯和转盘。其中心落于餐桌的中心上，试转灵活。一般地，这个程序在铺设裙布和熨烫台布、裙布之前进行。

6）中餐宴会摆台的程序与标准。中餐摆台就是在餐台上摆放各种餐具的过程。中餐餐台通常摆放的餐具、用具有骨碟、勺垫、瓷勺、筷子架、筷子、各种中式酒杯、牙签盅、烟灰缸等。

7）摆台需要的餐、酒具。以10人座位宴会台面所需物品为例，它在用餐摆台时所需餐、酒用具及物品如下：台布1块、餐巾10块、骨碟10～12个、筷子架10个、筷子10～12双、勺垫10个、瓷勺10～12把、葡萄酒杯10个、白酒杯10个、水杯10个、牙签盅2个、烟灰缸5个。

8）摆台的顺序。在摆放以上物品时，可以用托盘分6次托摆。第一托：骨碟10个。第二托：勺垫10个、瓷勺10把，筷子架10个、筷子10双。第三托：葡萄酒杯、白酒杯各10个。第四托：水杯10个（已插放好折叠成形的餐巾花）。第五托：烟灰缸（要单独一托）。第六托：花瓶、桌牌号。

9）餐、酒用具摆放的规则。

①摆定位（骨）碟。

②摆勺垫、瓷勺和汤勺、味碟。勺垫摆在骨碟的正前方。勺垫边沿距骨碟边沿1 cm，勺垫的中心置于骨碟的中心线上。瓷勺摆在勺垫的中央，勺柄朝右（有时也将味碟位于餐碟正上方，相距1 cm。汤碗摆放在味碟左侧1 cm处，与味碟在一条直线上，汤勺放置于汤碗中，勺把朝左，与餐碟平行）。

③摆筷子架和筷子、长柄勺、牙签。筷子架应放在骨碟的右侧，与勺垫或味碟的横向中心为一条线，注意造型、图案。如果是动物造型，头应朝左摆放。筷子放置于筷子架上，筷子上的图案或字要朝上对正（筷子套同样），筷子末端距离桌边1 cm，筷身距离勺柄末端1 cm，或距离骨碟1 cm，或距离长柄勺1 cm。如果使用双体筷子架和长柄勺，长柄勺搁摆在筷子架上，距餐碟3 cm。如果有分装的牙签，则牙签位于长柄勺和筷子之间，牙签套正面朝上，底部与长柄勺齐平。

④摆酒具。葡萄酒杯杯柱应对正骨碟中心，葡萄酒杯底托边距勺垫边1 cm，或距汤碗的边沿1 cm；白酒杯摆在葡萄酒杯的

右侧，杯口与杯口距1 cm。酒具的花纹要对正客人。摆放时，酒杯应扣放或直放于托盘内。操作时，手接触拿酒杯的杯座处，不能触碰杯口部位。

⑤摆公用碟、公用筷和公用勺。公用筷、公用碟应放置在正、副主人席位的正前方，碟边距葡萄酒杯底托2 cm。公用勺放在靠桌心一侧，公用筷放在靠桌边一侧，勺柄朝左，筷柄向右，成为对称形，勺与筷中间间距1 cm，筷离碟部分要两端相等。10人以下摆放2套公用餐具，12人以上应摆放4套，其中，另外两套摆在台布的十字线两端，应呈十字形。如果客人人数少，餐桌较小时，可在正、副主人餐具前摆放公用餐具即可。

⑥摆牙签盅。牙签盅应摆在公用碟的右侧，右不超出筷柄末端，前不超出碟边外切线。

⑦摆放水杯及餐巾。将叠好的餐巾折花插入水杯中，摆放于葡萄酒杯的左侧，三套杯子的中心应横向成为一条直线，水杯的上口距葡萄酒杯的上口1 cm。将餐巾折花的观赏面朝向客人。

⑧摆放烟灰缸。从正主人席位右侧开始，每隔2个座位摆放一个，烟灰缸前端应在水杯的外切线上，架烟孔要朝向两侧的客人。

⑨拉椅。从第一主人位开始按顺时针方向依次摆放，餐椅椅座边沿以靠近下垂台布为准，椅边与桌布间距1 cm。餐椅之间距离均等。拉椅声音要小，从主宾位开始，按照顺时针方向依次拉椅(按照上述拉椅的方法，基本上没有声音发出)。

有的操作是在铺好台布后，先把餐椅拉好，从餐椅的右侧进行摆放。

⑩ 摆火柴。火柴应摆在靠桌心一侧的烟灰缸上，火柴盒的封面朝上，火柴磷面向桌边一侧(有的餐厅，火柴像牙签、小毛巾等一样，进行小袋包装，每一餐位上放上一包，位于筷子右侧1 cm处)。

⑪摆菜单。一般10人以下摆放两张菜单，摆放于正、副主人位的左侧。平放时菜单底部距桌边1 cm，立放时菜单开口处分别朝向正、副主人，菜单边缘距桌边1 cm。12人以上应摆放4张菜单，并呈十字形摆放(同公用筷勺的摆放)。

⑫摆花瓶。花瓶放于餐台中心，正面朝向餐厅门。

⑬宴会应摆放台号。台号一般摆放在每张餐台的下首，台号朝向宴会厅的入口处，使客人一进餐厅便能看到(大型宴会还要摆放容易辨认的、引导性的台牌)。

⑭摆座位牌。正式宴会的主桌、大型宴会的餐桌，要摆放座位牌。一般选用双面座位牌，放置于酒具外1 cm处。如果是单面座位牌，座位牌要正面对着餐桌中心。

⑮摆台注意事项。摆台效果要求：台面各种餐具、用具摆放整齐一致，布局合理、美观，间距均等，摆放位置准确，花纹图案对正，台面用具洁净、无破损。

摆放餐具从主人位开始，按顺时针顺序摆放。

注意使用正确的托盘端托姿势。

装盘及餐具摆放时，注意手法、清洁、卫生，轻拿轻放，注意安全。

2. 西餐摆台

西式餐饮的餐具多为金属制造，其中，用途最广的就是餐刀、餐叉和汤勺这三类餐具。西餐由于餐式不同，食用方式有异，餐具的样式与规格也不尽相同。按大小规格来分，主菜刀叉最大，鱼刀、鱼叉次之，甜品、糕点叉、匙就更小一点，咖啡匙、黄油刀、奶油勺和葡萄柚匙，则是所有西式餐具中最小的金属餐具。

西餐摆桌的基本要领是：餐厅服务人员将展示盘与已经叠好的餐巾折花放置于餐位正中，左侧放置餐叉，右侧放置餐刀，刀刃向左，餐具与菜肴相配，摆放酒杯的数量及种类取决于客人要求的酒水服务，通常西餐宴会摆三种杯具，分别是水杯、红葡萄酒杯和白葡萄酒杯。餐桌中央放好胡椒盅、盐盅及蜡烛台，摆放好烟灰缸及火柴。

（1）西餐铺桌及摆放座椅。西餐厅餐桌有长方形和正方形两种。一般情况下，餐厅服务人员应在正方形餐桌周围摆放 2～3 把座椅，在长方形餐桌周围摆放 4 把座椅。同时，餐桌的规格由用餐客人人数的多少来决定。餐桌所用台布应干净、熨烫平整、无破损并且尺寸合适。铺桌时，餐厅服务人员站立于餐桌长侧边，将台布横向打开，双手捏住台布一侧边，将台布送至餐桌另一侧，然后向身体一侧慢慢拉。台布的正面向上，台布折叠线的凸线向上置于餐桌的中心位置，四周下垂部分匀称。

餐厅服务人员应将餐椅整齐地摆放于餐桌两侧的长边处，使座椅边与台布的下垂部分恰好能接触到。若是正方形餐桌，则一般将座椅摆放在两个相对的位置或是三个侧边。

（2）西餐摆桌需用的餐具、酒具及用具。

①餐具：冷菜刀、冷菜叉、主菜刀、主菜叉、鱼刀、鱼叉、汤勺、点心刀、点心勺、水果刀、水果叉、黄油刀、咖啡勺、龙虾叉、龙虾签、蜗牛叉、蚝叉、冷菜盘、主菜盘、面包盘、点心盘、咖啡垫盘、咖啡杯、黄油碟、汤垫盘、汤碗、牛奶罐、展示盘。

②酒具：冰水杯、饮料杯、红葡萄酒杯、白葡萄酒杯、香槟杯、啤酒杯、白兰地杯、利口杯等。

③用具：酒篮、冰桶、花插、蜡烛台、调料罐、烟灰缸等。

西餐摆桌所用餐具、酒具及其他各种用具一般需根据用餐菜单所列菜肴的内容及上菜顺序准备。西餐摆桌操作前，餐厅服务人员要洗手消毒。

（3）西餐不同餐式摆桌。

1）早餐摆桌。

①摆餐刀、餐叉：餐厅服务人员将餐叉放置于席位的左侧，将餐刀放置于席位的右侧，刀刃向左。餐刀与餐叉间的距离一般为 30 cm，以能够摆放一个装饰垫盘为宜，餐刀、餐叉的末端与餐桌边缘的距离为 1 cm。

②摆面包盘、黄油刀：餐厅服务人员应将面包盘摆放在餐叉的左侧，面包盘与餐叉相距 1 cm，与餐桌边缘相距 1 cm。黄油刀放置在面包盘的右侧，刀叉朝向面包盘的中心，或者也可将黄油刀横放在面包盘上，刀刃朝向餐桌边缘。若放置黄油碟，则将碟子摆放于面包盘上方，黄油刀搁置于黄油碟上。

③摆咖啡杯具：餐厅服务人员应将咖啡杯连垫碟摆放在餐刀上方，咖啡匙置于垫碟内，杯把和匙把均向右。

④摆调味架：胡椒盅、盐盅、牙签盅、口纸杯、烟灰缸摆在餐厅规定的位置上。

⑤摆水杯：餐厅服务人员可根据不同餐式的具体要求，决定是否在餐具上方放置水杯。

2）午餐、晚餐摆桌。

①摆餐盘：餐厅服务人员应将餐盘摆放

在席位正中的位置，餐盘的中心应正对椅背的中间，餐盘的边缘与餐桌的边缘相距1.5 cm。

②摆餐刀、餐叉、汤匙：餐厅服务人员应将餐刀、汤匙按由里向外的次序依次摆放于餐盘的右侧，餐刀的刀刃朝向餐盘。在餐盘左侧直摆餐叉，叉尖向上。

③摆面包盘、黄油刀：餐厅服务人员应将面包盘放于餐叉的左侧，面包盘的中心与餐盘中心的连线应与餐桌边沿保持平行。黄油刀放置在面包盘上，既可与餐桌边沿垂直，也可与之平行。

④摆茶匙、甜品叉：茶匙与甜品叉应平行地放置在餐盘的正上方，与餐桌边沿保持平行，茶匙把向右，甜品叉把向左。

⑤摆水杯：水杯应放置在餐刀的正上方，与餐刀相距 3 cm。

⑥摆餐巾：餐厅服务人员应将已经叠好的餐巾折花摆放在餐盘正中，其观赏面朝向客人。

⑦摆胡椒盅、盐盅、烟灰缸等。

3）西餐宴会摆桌。

摆桌前，餐厅服务人员应对所有摆桌时需要使用的餐具、酒具进行检查，发现不洁或有破损的餐具时要及时更换，一定要保证所有的餐具、酒具都符合完好无损、干净光亮的标准。

餐具、酒具摆放的顺序与标准如下。

①摆展示盘：餐厅服务人员既可用托盘端托餐盘，也可在左手垫上餐巾，直接用左手端托。服务人员先用餐巾垫在餐盘盘底，再把展示盘托起，从主人位开始，按顺时针方向用右手将餐盘摆放在餐位正前方，盘内的店徽图案要端正，餐盘的边缘与餐桌边缘相距 1.5 cm，餐盘间的距离要相等。

②摆面包盘、黄油碟：餐厅服务人员应将面包盘摆放于展示盘的左侧，面包盘与展示盘间的距离为 10 cm。面包盘与展示盘的中心连线与餐桌边沿保持平行。黄油碟摆放在面包盘右前方，距面包盘 1.5 cm，图案摆正。

③摆餐刀、餐叉、汤勺：餐厅服务人员应按照由里向外的次序分别将餐刀、餐叉和汤勺放置于展示盘的右侧。在摆放的时候，餐厅服务人员的手不可接触刀柄、叉柄、勺柄以外的部位。一般应从主刀开始摆放。

a. 主刀摆放于展示盘的右侧，与餐桌边呈垂直状，刀柄距餐桌边沿 1 cm，刀刃向左，与展示盘间的距离为 1 cm。

b. 头盘刀、鱼刀、汤勺等餐具应等距离摆放，间距为 0.5 cm，手柄与餐桌边沿间的距离为 1 cm，刀刃向左，勺面向上。

c. 主叉应放置于展示盘的左侧，距离展示盘 1 cm，叉柄与餐桌边沿相距 1 cm。

d. 摆放鱼叉时，鱼叉柄距餐桌边缘5 cm，叉头向上突出。头盘叉(开胃叉)叉面向上，叉柄与主叉柄平行。甜食叉放在展示盘的正前方，叉尖向左与展示盘相距 1 cm。

e. 甜食勺放在甜食叉的正前方，平行于甜食叉，勺头向右，与甜食叉的叉柄相距 0.5 cm。

f. 黄油刀应斜放于面包盘之上，刀刃向左，黄油刀的中心与面包盘的中心线吻合，刀柄朝向下方。水果叉尖指向右上方，叉柄指向左下方。餐厅服务人员也可将甜食勺放在水果刀、叉的上面，勺面向上，勺柄朝右。

④摆酒具：摆酒具时，餐厅服务人员只能接触酒具的杯托或杯底部分。

a. 餐厅服务人员可将水杯摆放于主刀的上方，使杯底中心在主刀的中心线上，杯底与主刀的刀尖相距 2 cm。

b. 红葡萄酒杯摆在水杯的右下方，杯底中心与水杯杯底中心的连线与餐桌边成 45°角，杯壁间距 0.5 cm。

c. 白葡萄酒杯摆在红葡萄酒杯的右下方，其他标准同上。

⑤摆放餐巾折花：餐厅服务人员应将已经叠好的餐巾折花放置于展示盘中，餐巾折花造型搭配适当，将观赏面朝向客人。

⑥摆蜡烛台和胡椒盅、盐盅：举行西餐宴会时，餐厅服务人员一般会在餐桌上摆放两个蜡烛台。蜡烛台应摆在台布的中线上或餐桌两侧适当的位置。胡椒盅、盐盅要在台布中线上按左椒右盐对称摆放，两瓶瓶壁间的距离为 0.5 cm，瓶底与蜡烛台台底之间的距离为 2 cm。

⑦摆烟灰缸、火柴：餐厅服务人员应将烟灰缸放置于正、副主人席位的正前方，它的中心在正、副主人展示盘的中心垂直线上，距胡椒盅、盐盅 2 cm。火柴平架在烟灰缸上端，画面向上。餐厅服务人员在摆放烟灰缸和火柴的时候，一般按照从第一主人右侧开始的次序摆放，每隔一位客人便摆放一个烟灰缸。

4）西餐午、晚餐摆桌。

餐厅服务中首先应摆放装饰盘，装饰盘应摆在餐位的正前方，与餐桌边缘的距离为 1 cm，然后摆餐刀与餐叉。餐刀摆在装饰盘右侧，餐叉摆在装饰盘左侧，餐刀与餐叉距装饰盘各 1 cm，刀柄端和叉柄端与餐桌边缘分别相距 1 cm，餐刀刃向左。再摆面包盘和黄油刀。面包盘摆在餐叉的左边，面包盘的中心线与装饰盘的中心线成一直线，距餐叉 1 cm。将黄油刀放在面包盘的右边，刀叉向左。接下来，餐厅服务人员的工作就是摆水杯，应将水杯放在餐刀的正前方，距餐刀 2 cm。最后摆餐巾，将餐巾折叠成具有观赏性的造型后摆在装饰盘上。

酒席、酒会的餐桌摆设，席位安排要突出主台、主人、主菜的席位。宾主席位的安排要根据各个国家、民族的传统习惯和民间风俗来决定。

二、中、西餐接待服务程序与要求

（1）不能打扰客人用餐，换烟灰缸、倒茶水、更换骨碟时动作要轻，不能把客人未吃完的菜撤走。一个包房的服务人员在包房内服务，反复斟茶、倒酒，服务中最忌讳的言语是“要”“不知道”“有事吗”。在席间服务要三轻：“轻说话”“轻走路”“操作轻”。

（2）上菜。上菜要在对着门的位置，上菜时双手托着盘边轻轻将菜放在转盘上，然后转到主宾面前，后退一步报菜名，并介绍菜的口味及特色，再后退两步转身出去，上完最后一道菜时先告诉客人菜已上齐，再说“请慢用”。

（3）摆菜。在上菜的过程中，要注意菜肴的摆放，使之对称、协调，一般为“一中心”“二平放”“三三角”“四四方”“五梅花”，其他菜式适当摆放使之均匀。

（4）上菜原则。首先考虑冷热荤素、色泽的搭配，花摆朝向客人，然后先冷后热，先精后粗，先咸后甜，先荤后素。

（5）操作位置。一般均为左上右撤，上菜和撤菜的时候要注意不要在主人和主宾之间进行，以免影响主宾用餐。

（6）分菜。是在宾客观赏后，由服务人员用服务叉、服务勺依次将菜分给宾客。

（7）台面服务。

①撤换骨碟：正常每上一道海鲜就应更换一次骨碟，根据实际情况，每餐必须更换

三次或三次以上的骨碟，必须先上干净的骨碟，后撤用过的骨碟。

②换烟灰缸：用托盘托着干净的烟灰缸，将干净的烟灰缸放在脏的烟灰缸上面，两个一起撤到托盘里，再把干净的烟灰缸放在原处，以免灰尘飞到台面上。烟灰缸内不许超过四个烟头。

③大盘和小盘换的原则：贵重菜换，摆不下换。

三、酒水服务

俗话说“无酒不成宴”，饮酒已经成为人们饮食习惯的一部分，而酒水服务也就自然而然的是餐厅为顾客提供的重要服务内容之一，那么，在为顾客提供酒水服务时，餐厅服务人员应当注重哪些服务的细节呢？下面就简要介绍“餐厅服务之酒水服务”。

（一）示瓶

示瓶是酒水服务的开始。宾客点用的整瓶酒，服务人员在开启前应让主人先过目一下，一来表示对客人的尊重，二来可以核实一下有无误差，三则证明商品的可靠性。

基本操作手法是：服务人员站立在主人的右侧，左手托瓶底，右手扶瓶颈，酒标面向客人，让其辨认。当客人认可时，才可进行下一步工作。若没有得到客人的认可，则去酒吧台更换酒品，直到客人满意为止。

（二）冰镇

许多酒水的饮用温度应远远低于室温，这就要求对酒品进行降温处理。

降温的方法有很多，可加冰块、碎冰及冷冻等。比较名贵的瓶装酒大都采用冰镇的方法来降温。冰镇需用冰桶，冰桶中放入中型冰块或冰水化合物，酒瓶斜插入冰桶中，大约十分钟后可以达到降温效果，之后用一盘子托住桶底，连桶送至客人的餐桌上，可用一块巾布搭在瓶身上。

（三）温烫

有些酒品的饮用温度应高于室温，这就要求对酒品进行温烫。

温烫有四种常用的方法：水烫、火烤、燃烧和冲泡。水烫即将饮用酒事先倒入烫酒器，再放入热水中升温。火烤即将酒装入耐热器皿中，放在火上烧烤升温。燃烧即将酒盛入杯盏内，点燃酒液以升温。冲泡即将沸滚饮料（水、茶、咖啡等）冲入酒液，或将酒液注入热饮料中去。

（四）开瓶

在上餐台斟酒前，应先开瓶（开塞），开瓶前应防止酒体的晃动（汽酒会造成冲冒现象，陈酒会造成沉淀物蹿腾现象），然后将酒水瓶拭干净，尤其是将塞子屑和瓶口部位擦干净。然后检查酒水质量，若发现瓶子破裂或酒水中有悬浮物、浑浊沉淀物等变质现象，应及时调换。

开启的酒瓶、酒罐原则上应留在客人的餐桌上，下面须用衬垫，以免弄脏台布，而开启后的封皮、木塞、盖子等不要直接放在桌子上，在离开时一并带走。准备齐的酒水要摆放整齐，注意将矮瓶和高瓶分别放置，前后错开，不仅便于观看和取用，而且美观大方。

1. 开葡萄酒

服务人员先用洁净的餐巾反包上酒瓶，再切掉瓶口部位的锡纸，并擦干净，用开酒钻的螺旋锥转入瓶塞，将瓶塞慢慢拔开，然后用餐布将瓶口擦干净。在开瓶过程中，动作要轻，防止摇动酒瓶时使酒瓶底的酒渣泛起，影响酒味。开瓶前，应持瓶向宾客展示。

2. 开香槟酒

先将锡纸剥除，然后用右手握住瓶身，按 45°的倾斜角拿着酒瓶并用大拇指紧压软木塞，右手将瓶颈外面的铁丝圈扭弯，一直到铁丝帽裂开为止，再将其取掉。此时用左手紧握软木塞，并转动瓶身，使瓶内的气压将软木塞弹挤出来。转动瓶身时，动作要既轻又慢，开瓶时要转动瓶身而不可直接扭转软木塞子，以免将其扭断而难以拔出。开瓶时，瓶口不要朝向客人，以免在手不能控制的情况下，软木塞冲出来。若已溢出酒味，应将酒瓶呈 45°斜握。

3. 开罐装酒品

在开启罐装酒品时，服务人员应将开口方朝外，不能对着任何人，并以手握遮，以示礼貌。开启前要防止摇晃。

（五）试酒

开瓶后，服务人员要先闻一下瓶塞的味道，用以检查酒质（变质的葡萄酒会有醋味）。然后，用干净的餐巾擦一下瓶口，先向宾客中的主人酒杯里斟少许酒，请主人尝一下是否够标准，主人同意后以座位先主宾后副主宾或先女客后男客的顺序斟倒，最后斟给主人。

（六）斟酒

1. 斟酒的姿势与位置

服务人员斟酒时左手拿一块干净的餐巾随时擦拭瓶口，右手握酒瓶的下半部分，将酒瓶的商标朝外让宾客一目了然。

斟酒时，服务人员站在宾客的右后侧，面向宾客，将右臂伸出进行斟倒；身体不要贴靠宾客，要把握好距离，以方便斟倒为宜；身微前倾，右脚伸入两椅之间，这是最佳的斟酒位置；瓶口与杯沿应保持一定距离，以 1～2 cm为宜，千万不可将瓶口搁在杯沿上或采取高溅注酒的方法。

斟酒者每斟一杯酒，都应更换一下位置，站到下一位客人的右首。左右开弓、探身对面、手臂横越客人的视线等，均是客人忌讳和不礼貌的做法。

凡使用酒篮的酒品，酒瓶颈背下应垫一块巾布或巾纸，可避免斟倒时酒液滴出。凡使用冰桶的酒品，从冰桶内取出时应以一块折叠的巾布护住瓶身，可避免冰水滴洒弄脏台布和客人的衣服。

2. 斟酒顺序

中餐斟酒通常在宴会开始前 10 分钟斟好；先餐前酒后烈酒；先高度后低度；先主宾后依次沿顺时针方向斟酒。

3. 斟酒量

中餐在斟倒各种酒水时，一律以八分满为佳，以示对客人的尊重；西餐斟酒不宜太满，通常红葡萄酒斟至酒杯的 1/2 或 2/3 处为佳，白葡萄酒斟至酒杯的 2/3 或 3/4 处为佳；斟香槟酒要分两次进行，先斟至酒杯的 1/3 处，待泡沫平息后再斟至酒杯的 2/3 处即可；啤酒顺杯壁斟，分两次进行，以泡沫不溢为标准，一般为八分酒二分沫；饮料一般为八分满；花雕专用杯斟八分满。斟完酒后，瓶塞不能塞住瓶口，除非客人自己要求。

4. 斟酒注意事项

（1）斟酒时，瓶口不可搭在酒杯口上，以相距 2 cm 为宜，避免将杯口碰破或将酒杯碰倒。但也不要将酒瓶拿得太高，太高则酒水容易溅出杯外。

（2）服务人员要将酒缓缓倒入杯中，当斟至酒量适度时停一下，并旋转瓶身，抬起瓶口，使最后一部分酒随着瓶身的转动均匀地分布在瓶口边沿上。这样，便可防止酒水滴洒在台布上或宾客身上。也可在每斟一杯酒后，即用左手所持的餐巾把残留在瓶口的酒液擦掉。

（3）斟酒时，要随时注意瓶内酒量的变化情况。用适当的倾斜度控制酒液流出的速度。因为瓶内酒量越少，流速越快，流速过快酒液则容易冲出杯外。

（4）斟啤酒时，由于泡沫较多，极易沿杯壁溢出杯外。因此，斟啤酒速度要慢些，也可分两次斟或使啤酒沿着酒杯的内壁流入杯内。

（5）因操作不慎而将酒杯碰翻，应向宾客表示歉意，立即将酒杯扶起，检查有无破损，若有破损要立即另换新杯，若无破损，要迅速用一块干净餐布铺在酒迹之上，然后将酒杯放还原处，重新斟酒。若是宾客不慎将酒杯碰破、碰倒，服务人员也要同样处理。

（6）在进行交叉服务时，要随时观察每位宾客酒水的饮用情况，及时添续酒水。

（7）在斟软饮料时，要按宴会所备品种放入托盘，请宾客选择，待宾客选定后再斟倒。

（8）在宴会进行中，通常宾主都要讲话（如祝酒词、答谢词等），讲话结束时，双方都要举杯祝酒。所以，在讲话开始前要将其酒水斟齐，以免祝酒时杯中无酒。

（9）讲话结束时，负责主桌的服务人员要将讲话者的酒水送上供祝酒之用。当讲话者要走下讲台向各桌宾客敬酒时，要有服务人员托着酒瓶跟在讲话者的身后，随时准备为其续添酒水。

（10）宾主讲话时，服务人员要停止一切操作，站在合适的位置（一般站立在边台两侧）。因此，每位服务人员都应事先了解宾主讲话时间的长短，以便在讲话开始时能将服务操作暂停下来。

（11）若使用托盘斟酒，服务人员应站在宾客的右后侧，右脚向前，侧身而立，左手托盘，保持平衡，先略弯身，让托盘中的酒水饮料展示在宾客的眼前，表明让宾客选择自己喜欢的酒水及饮料。同时，服务人员也应有礼貌地询问宾客需要何种酒水饮料，待宾客选定后，服务人员直起上身，将托盘托移至宾客身后。托移时，左臂要将托盘向外托送，防止托盘碰到宾客，不能从宾客的头顶过。再用右手从托盘上取下宾客所需的酒水进行斟倒。

（七）添酒

服务人员应时时留意客人的酒杯，当杯中酒少于1/3时，证得客人同意后，应马上给客人续酒。

四、餐中服务礼仪

餐中服务礼仪是指客人在就餐过程中餐饮服务人员所提供的服务。餐饮服务质量的好坏与客人在就餐过程中是否享受到优质的服务有着很大的关系。因此，餐饮服务人员提升餐中服务意识，注意餐中服务礼仪规范并妥善处理餐中问题，是维护餐饮酒店声誉，广揽客户的必要手段。

（一）餐中服务意识与服务态度

提供服务，即餐饮酒店行业向客人出售服务商品，因此就会与其他产品一样具有检验品质优劣的标准，这个标准是餐饮行业的服务质量。服务质量不仅是管理的综合体现，更多体现在餐饮服务人员的顾客服务意识与服务态度上。

餐饮服务人员在服务工作中，要以顾客为核心开展工作，满足顾客的需求，时刻准备着为客人提供优质的服务，把握自己的言行，形成良好的服务意识。

（二）餐中服务应具备的能力

（1）良好的沟通能力：餐饮服务中，能够清楚并简洁地与客人进行沟通，进而了解客人需求，是餐饮服务人员服务好客人的必备条件。

（2）未卜先知的能力：餐饮服务人员要能够从客人的细微动作及以往的经验积累中，把服务做到客人需要前面，以最便捷的服务赢得客人的青睐。

（3）迅速回应的能力：有效率的服务是迅速、适时地为客人提供服务，并通过客人的回应，能迅速知道产品与服务质量是否合乎客人所需及期望，从而加以改进及提高。

（4）满足要求的能力：应以用有效率的服务为客人提供所需为目的，而非以操作简便为目的。

（三）餐中服务礼仪规范

1. 准备用餐时的礼仪规范

（1）客人就餐时要及时为客人斟酒、茶，及时清理台面，确保台面卫生整洁。

（2）客人的菜品长时间不上要主动到厨房为客人催菜，如菜已上齐要询问客人是否添加菜品或主食，要主动推销，主动介绍，最后祝客人用餐愉快。

（3）厨房出菜后，厅面应及时上菜。传菜时应使用托盘。托盘应干净完好，端送平稳。传菜员要行走轻盈，步速适当，遇客礼让。

（4）西餐的上菜速度应与客人的用餐速度相适宜。热菜和冷菜应分别放入经过加热或冷却处理的餐盘中。

（5）值台服务人员应根据餐桌、餐位的实际状况，合理确定上菜顺序。上菜时，应用双手端平放稳。跟配小菜和作料的，应与主菜一并上齐。报菜名时应吐字清晰，音量适中。

（6）摆放菜肴应实用、美观，并尊重客人的选择和饮食习惯。

（7）所有菜肴上齐后，应告知客人菜已上齐，并请客人慢用。

【任务反馈】

中、西餐服务程序如何区别？

释疑：中、西餐的饮食文化具有一定的差异，中餐通常是共餐制，而西餐是分餐制。因此，服务人员首先应该了解一些中、西餐的饮食文化，在此基础上提供的服务就有因有果。

任务四　餐后服务

【任务目标】

①你要了解餐后服务的内容；②你要掌握餐后服务的注意事项。

【案例聚焦】

圣诞节，在一家五星级酒店里，实习生小红收到 8 号台客人的投诉："打包给错了。"

接到客人的投诉，小红回忆起当时的情景。8 号台和 10 号台同时要求打包，一个打包的是锦绣石斑鱼和粽子，一个打包的是松鼠鲤鱼和虾饺。小红正在分别打包，这时候，就听到 12 号台的客人叫服务人员要求服务。小红暂且把正在打包的食品放下，去为 12 号台客人服务。服务完后，小红马上回来把这两份包打好，分别交给了 8 号和 10 号台的客人。结果打包给错了，因而被客人投诉。

案例评析：第一，“打包”就是服务人员为就餐客人把吃不完的菜点包装好，方便客人带回家的一项服务。这项服务既为客人节约又方便周到。

第二，本案例中的小红由于粗心大意，将为8号台与10号台打的包调了包，结果使两桌客人都带走了别人吃剩下的食品。8号台客人投诉了，10号台客人自认倒霉。这给错的食品，都会被客人扔掉，造成很大的浪费，给客人带来损失，还破坏了客人节日里的欢乐心情。小红的这个打包服务反而给客人找了麻烦。这种事发生在五星级酒店，是很严重的问题，势必会影响酒店的声誉。

第三，就餐客人多，工作繁忙，12号台客人要求服务，小红立即前去服务，同时热情为客人打包都是服务意识较强的表现。如果小红在为其他客人服务完后，再仔细地查看一下为两个台打的包给的是否正确，就不会在打包这件小事上捅大娄子了。可见，认真细致的工作作风对服务人员而言多么重要。

【任务执行】

餐后工作程序包括如下23条：

(1) 客人走后，尽快清理台面，以迎接下一批客人的到来。

(2) 餐后收台工作尽量一次性完成。

(3) 餐后收台所需工具：托盘、烟灰缸、纸巾、毛巾等。

(4) 餐后收台时，将高的、重的、玻璃器具尽量放在托盘里面和靠向自己身体处。

(5) 餐后收台时，若有厨房器具，须先收厨房器具，再收吧台水杯、茶杯、咖啡杯等，最后收壶具等其他器具。注意不要将厨房有油渍的器具和吧台器具放在一块。

(6) 餐后收台要双手同时进行，讲究效率。餐后收台时不得将手指放入食器中，例如：不可同一只手拿五个水杯。

(7) 餐后收台的桌台在不是很显眼处，可将托盘放在桌上，将一些器具归类，尽量提高效率。但在客人较多较显眼处时，也应注意餐后收台时的形象。

(8) 最后左手持托盘，右手用干毛巾将台面擦拭干净，保持台面干燥、无异物。如时间允许，在拿走托盘后，可再拿干毛巾将桌子擦干净。

(9) 餐后收台清理完后，将台面摆设按规定摆放整齐。同时把一些如便笺纸、牙签、糖包等原材料进行补充。

(10) 台面清理完后再检查桌椅、地面卫生，沙发垫须翻过来检查，沙发须移动清扫底部。

(11) 注意沙发的归位，一般沙发距桌子的距离以一个人刚好能站在中间为准(一尺左右)。

(12) 擦桌子的规范动作：先将垃圾清理，然后用毛巾朝同一方向擦拭，最后擦拭桌子边沿。

(13) 餐后收台时，须需注意可回收物品的归类，如纸巾、杯垫、水果叉等。

(14) 餐后收台时，将所有残羹剩汁拨到一个盘子中，大盘及大碟要置于托盘或手推车底部，然后再将小件餐具置于大盘之上。

(15) 餐后收台时，银质的器具应持其把手，所有的把柄应朝向同一个方向，置放在托盘一边，如此可避免沾污了手，且宜于用洗碗机处理。

(16) 餐后收台时，不要将盘碟堆叠过高，并小心轻放，以免发出噪声。

(17) 餐后收台时，玻璃水杯不可套叠，要分开放置。

(18) 餐后收台时，将脏台布向后折半，再将干净台布向前展开一半，铺上桌子，抽去脏台布后，将干净台布慢慢拉至定位。

(19) 餐后收台时，将相关用具重新摆放好。

(20) 餐后收台清扫地面时，如果有客人尚未离开，暂时不要清扫或善意地请客人让开。

(21) 餐后收台清扫完毕后，座椅归还原位，如座椅有垫布，应置平，避免褶皱。

(22) 餐后收台时，多留意台面、地面及沙发是否有顾客遗忘的物品，以便及时交还于客人。如果发现桌面上有一些看似文件、发票、收条之类的纸物，应交于收银台让领班鉴定并作处理。

(23) 餐后收台完毕，做好迎接下一批顾客到来的准备。

【任务反馈】

餐厅已快打烊而客人还未打算离开时应怎么办？

释疑：通常情况下，客人不离开是因为对餐厅的打烊时间不清楚或者是聊得尽兴忘记了时间，极少的客人会故意找茬不离开。若是客人忘记了时间，那服务人员可以上前将账单给客人核对，间接提醒客人该离开了，当然语气要委婉，提醒要善意。

任务五　保洁服务

【任务目标】

①你要掌握清洁流程及标准；②你要了解保洁服务的基本知识。

【案例聚焦】

以下是一家餐饮企业的卫生检查表。

	序号	质量项目	检查标准	检查结果
房间检查标准	1	地面	①地板和地毯彻底无水迹、无油迹、无杂物、无烧焦、无破损 ②大理石地面无杂物、无水迹、无油迹	
	2	墙面	①粉刷墙面无手印、无污渍、无灰尘、无擦伤破损、无蜘蛛网、无任何非统一规定装饰品 ②壁纸无开裂、无划痕	
	3	台面	音响柜、窗台等台面无污渍、无灰尘、无规定外的物品	
	4	暖气罩	无灰尘、无损坏、无粘贴物	
	5	门	①门干净明亮，无灰尘、无污渍、无手印 ②门牌号光亮清晰 ③门合页开关灵活、无响声，门锁能正常使用	
	6	窗	①玻璃干净明亮，无灰尘、无污渍、无手印 ②窗扇开关灵活 ③窗槽无杂物、无灰尘	
	7	椅子	①擦拭干净，无灰尘、无油迹、无损坏 ②摆放整齐	

续表

	序号	质量项目	检查标准	检查结果
房间检查标准	8	衣架	无油渍、无灰尘、无破损	
	9	接桌	①表面干净明亮，无油渍、无灰尘、无异味 ②内部餐具摆放整齐 ③桌门开关灵活，餐具配备表清晰 ④备用餐具数量充足、无个人物品	
	10	沙发	沙发无灰尘、无杂物、无污渍、无破损，摆放整齐	
	11	玻璃器皿	① 干净明亮，无水迹、无油迹、无手印、无口红印 ②无异味、无食物残渣、无灰尘、无纤维 ③无破损、无划痕 ④按规定位置摆放	
	12	瓷器餐具	①干净明亮，无水迹、无油迹、无手印、无口红印 ②无异味、无食物残渣、无灰尘、无纤维 ③完好无损、无划痕 ④按规定位置摆放	
	13	不锈钢器具（含分餐用具）	①干净明亮，无水迹、无油迹、无手印、无口红印 ②无异味、无食物残渣、无灰尘、无纤维 ③无破损、无划痕，按使用说明正确清洗、保养 ④摆放整齐	
	14	暖瓶	表面、壶托无水迹，瓶内无水垢	
	15	盆景	①无枯枝败叶，盛器干净，盆内无杂物 ②绿色植物枝叶干净，无尘土	
	16	壁画	①表面及边框无灰尘、无手印 ②悬挂端正、牢固	
	17	装饰灯	开关灵活、无损坏，灯罩洁净无灰尘，安放牢固	
	18	电器开关	表面干净无灰尘、无手印，控制灵活，标识开关标志	
	19	空调	风口、网罩洁净，无灰尘，能正常使用，定期保养	
	20	环境	①房间及卫生间空气清新，无异味 ②光线充足、温度适宜	
	21	垃圾桶	洁净无污渍、无油迹、无水迹，垃圾袋及时更换	
	22	托盘	洁净无污渍、无掉漆、无损坏现象	
	23	桌布、口布	无污渍、无水迹、无油迹、无烧洞、平整无褶皱	
	24	天花板及排风口	①无污渍、无灰尘、无擦伤破损、无蜘蛛网 ②无粘贴非统一规定的装饰品	
	25	菜谱	无污渍、无褶皱，摆放规范	

【任务执行】

①学习形式	分小组进行
②获取资料	深入餐饮企业，协助完成餐厅保洁工作，在工作中了解保洁的相关知识及程序，并进行总结
③成果展示	各小组汇报成果，在课堂上展示
④学会总结	提交工作记录单和案例分析报告

清洁流程与标准可分为如下九个方面。

一、清洁过程中避免发生的事

（1）清洁工具不用时，不可散落在服务区，应放在工作间或指定的地方，并保持干净。

（2）禁止将化学用品放在食品容器内，如水杯或碗中。

二、认识清洁所需工具和物品

（1）拖把：生产区、服务区应严格区分。

（2）扫把、簸箕、喷壶、水车。

（3）玻璃清洁工具、水桶、铲刀。

（4）“小心地滑”“暂停使用”牌。

（5）一次性手套、擦手纸、卷筒纸、垃圾袋。

（6）清洁剂、消毒水。

三、生产区和服务区的拖布使用

1. 干拖方式（主要在餐期的时候）

（1）将“小心地滑”牌放在需要清洁处。

（2）用喷壶喷湿地面。

（3）用干燥的拖把拖地，拖把以“S”形运动，确保地面被全部拖到，并能避免碰到迎面走来的客人。

（4）喷壶挂在“小心地滑”牌上，若服务人员离开时，需随手带走喷壶。

2. 湿拖方式（通常在非营业期或在地面非常脏的时候）

（1）在拖地前，彻底清扫地面上所有的杂物。

（2）把拖把洗干净并在压水器中拧干，用拖把以“S”形动作拖地。

（3）在该区域放置一块“小心地滑”牌。

3. 拖地时应注意的事项

（1）清扫地面时不要影响顾客用餐。

（2）使用拖把拖地动作不要太大，以免阻碍顾客行走。

（3）当有客人路过时，停止拖地，礼让顾客。

（4）当顾客走到已经拖过的地面时，及时提醒顾客“小心地滑”。

四、检查设施

（1）所要检查的设施，在检查发生故障时，须及时汇报给区域主管。

（2）检查喷香器、照明灯、烘手机、坐便器、水龙头是否正常运作。

（3）检查洗手间是否有异味。

（4）检查卫生纸与洗手液是否充足，皂液盒是否可以正常使用。

（5）门锁故障的检查。

五、清洁洗手间时注意事项

1. 清洁洗手间时应注意

（1）在洗手间清洁时不与其他服务人员聊天。

（2）不可以在洗手间打电话、吸烟。

（3）不可以在洗手间清洗抹布。

（4）不可以在洗手间更换工服。

2. 用餐期洗手间清洁应注意

（1）随时保持洗手台镜面、台面、地面、烘手机干净无水渍。

（2）随时保持坐便器无堵塞，抽水良好，废纸篓清洁无溢出。

（3）保持卫生纸与洗手液充足。

3. 非餐期洗手间清洁

（1）用清洁剂和洗手间专用的抹布清洁。

（2）使用干抹布擦拭水龙头，保持水龙

头干净光亮。

（3）清洁洗手间时，要在门口有牌子提醒。

（4）做设备清洁时，如有顾客要使用，优先让顾客使用。

六、维护服务柜时注意事项

（1）空的玻璃杯不能叠放。

（2）不能将盘子、碗、玻璃杯和铁器一起摆放。

（3）叉、吸管不能放在玻璃杯内，其他杂物不能放在玻璃杯上。

（4）清理和补充物品时不可以不带一次性手套。

（5）更换垃圾袋时，袋内垃圾不应超过2/3。

（6）检查服务柜。

（7）保持服务柜内的餐盘、骨碟、茶杯等数量足够。

（8）留意干净和待洗的餐具摆放的位置是否正确及方便拿取。

（9）如发现服务柜抽屉设施（如抽屉的滑轨）有问题，须立即向主管或值班经理汇报。

七、回收餐具

清理员要回收服务柜里的脏餐具。

八、补充物品

（1）发现餐具、用具不够，应立即补充。

（2）补充物品时，要戴一次性手套。

（3）补充有容器盛放的餐具，同时更换容器。

（4）补充餐盘时，应放在餐具篮里，避免直接用手搬运。

（5）更换服务台抹布时，从洗碗房将已消毒干净的抹布拿至服务台更换脏的抹布，把脏的抹布送到洗碗房。

（6）补充不锈钢餐具时，要“整进整出”，避免发出声响，影响顾客。

九、清洁服务柜

（1）使用抹布及清洁剂擦拭服务台、菜单箱、抽屉、垃圾桶。

（2）使用干净的抹布和餐巾纸擦拭调味瓶。

【任务反馈】

餐厅清洁卫生工作应避免在客人面前进行，但为什么在餐厅就餐还会看到拖地的行为？

释疑：餐厅的清洁工作分为日常清洁和定期清洁两类，通常日常清洁时间安排在晚餐过后，但在早、中餐之后的2～3个小时内也需进行拖地等维持环境的清洁工作，因此，若客人的就餐时间超过了正常的供餐时间就可能看到清洁人员。

◆项目评价

【知识/技能评价】

①餐厅服务人员在仪容仪貌上应注意什么？

②餐前服务应做好哪些准备？

③中、西餐服务的程序是什么？

④餐后服务程序及标准是什么？

⑤保洁服务的程序及标准是什么？

【实训演练】

分小组进行情境模拟演练：每个小组4～5人，其中1人扮演餐厅服务人员，其余人员扮演餐厅客人，进行餐前、餐中服务情境模拟训练。

【项目链接】

全国旅游院校服务技能大赛是由中国旅游协会旅游教育分会发起组织的全国性、

行业性的大型赛事，以“重交流、展风采、促发展”为主题，旨在深入学习贯彻国务院的《关于大力发展旅游业的意见》，推动旅游院校的自主创新，提升核心竞争力，提高旅游院校导游专业教育水平，培育技术过硬、素质全面、符合时代要求的旅游专业人才，扩大旅游院校的社会影响力。自2009年首次在杭州举办后，每年一届，至2019年5月已成功举办了11届。

世界技能大赛是世界技能组织举办的全球顶尖级赛事，被誉为“世界技能奥林匹克”，每两年举办一届，是展示和交流职业技能水平、构建加强技能合作的重要国际平台。这里既有火花飞溅的焊接，也有香气四溢的烹饪；能看到大开大合的汽车维修，也能观赏细致入微的插花艺术；还有表面上波澜不惊、实则大量代码在电脑中飞速流动的网站设计……在这个技能展示大舞台上，年轻人担当着主角。因为世界技能大赛规定，除了飞机修理等少数需要项目经验特别丰富外，绝大多数项目的参赛者年龄都必须为22岁及以下。对于一些年轻观众来说，来到本次世界技能大赛有可能帮助他们发现自己未来的职业道路。世界技能大赛的一个特点就是开放式比赛，比赛区域周围只有一个半人高的围栏，观众可以一览无余地看到比赛选手的每一个动作。

项目三　餐饮服务协作

◆项目目标

【行业要求】

餐饮服务业是一个协作性很强的行业，作为餐饮企业人员，不管是管理层还是基层员工，在工作之中都必须发挥团队精神，相互协作，为顾客提供全面周到的服务。

【学习目标】

本项目共讲述六个任务，包括工作流程、表格运转、服务质量控制、投诉处理、突发事件和人员配备。其中，需要重点掌握的知识是：餐饮企业岗位工作流程、餐饮企业服务售前、售中、售后质量控制、餐饮企业投诉处理、餐饮企业人员配备要求等。

◆项目任务

餐饮服务工作涉及面较广、工作流程较多，不可能是单独一个人完成，只有各部门人员相互协作，才能把整个服务完成，为顾客提供相关的服务或产品。同时，企业服务协作程度，也影响着企业提供的服务或产品的品质，甚至影响到顾客对该服务或产品的满意度。因此，不管是服务开始，还是服务过程、服务结束，服务协作是餐饮行业的关键步骤。此项目从企业管理和企业员工两个角度出发，主要论述了影响服务协作过程中的人员配备、工作流程、服务质量控制、投诉处理等知识。

任务一　工作流程

【任务目标】

①你要了解企业主要岗位为客人提供各种类型的服务；②你要理解不同岗位部门之间的协作；③你要掌握餐饮企业员工的协作节点；④你要掌握工作流程中的服务关键点。

【案例聚焦】

一个星期六的中午，餐厅很忙，迎宾员带着约15位客人(家宴)到许都宴堂用餐，当时没有大桌面，餐厅临时用两张桌子拼在一起，客人点了很多菜和几瓶啤酒。结束后客人走去收银台结账，服务人员跟随其后，客人看过账单后对服务人员小陈说："这账单上怎么有个花都水煮鱼啊，我们没有见到这个菜，也没吃啊？"服务人员小陈回答客人说："这个菜是另外一位先生点的。"客人还是很迷惑："就算是我们点的菜，可这个菜我们就没见啊，也没吃啊？"正从一旁路过的经理看到客人和小陈在争执，就过去询问小陈："这个花都水煮鱼到底上了没有？"小陈说："上了"，于是经理对小陈说："那你现在就带着客人去看看桌子上有没有这道菜吧。"小陈理直气壮地说："好的，先生，你跟我来吧。"客人就随小陈去了，经理也跟随其后。到了餐桌旁，经理看到小陈指着桌上一盆满满的水煮鱼对客人说："先生，这就是你们点的水煮鱼，这个菜本身做得就比较慢，端过来的时候，您的客人都走了。”没等客人说话，经理就问小陈：“你看客人走的时候知不知道还有一个菜没上，为什么不提醒客人说还有一道菜呢？”小陈说：“当时很忙，还盯着其他的餐桌，等过来后看到客人已经走去结账了”。客人说：“就算这个菜做得慢你们服务人员也要提醒我们啊，我们知道的话肯定会等着菜上来后吃了再走啊。何况，我们米饭早就上过了，吃好了，也忘了我们点的还有一个菜呢，因为中间时间也太长了。”服务人员在客人用餐的过程中没有给客人解释这道菜着出品时间比较长，需要客人等候，最起码让客人知道他们还有一道菜没有上。了解了这件事后，经理给客人道歉：“对不起，先生！这个是我们工作的失误，这道菜我帮您退掉。再打一张账单，因为我们工作疏忽打扰您这么长时间，还请原谅。”客人很客气地结了账，并补充解释道：“不是我不结账，这道菜真的没吃，现在我们的人都走了，如果在没走之前，我们有人尝一口我就结账。”

思考：该案例中小陈有什么过错？如何做好不同岗位的接待工作？

【任务执行】

①学习形式	分小组进行
②获取资料	通过查找资料的方式，了解餐饮工作不同岗位的岗位职责，总结其主要协作的节点
③成果展示	各小组汇报成果，在课堂上展示
④学会总结	提交工作记录单和案例分析报告

一、餐饮服务工作要求

(1) 有礼貌，行为合乎情理；

(2) 保持个人清洁卫生，注意个人形象；

(3) 工作守时，有时间观念；

(4) 服从管理，绝对听从餐厅管理人员的工作安排；

(5) 按实际营业需要做好餐前准备工作，摆好台面及其他用具；

(6) 做好餐具的保洁工作，做好餐厅的卫生清理工作，并时常保持餐厅环境及各项用具的整洁，使其符合卫生规定标准；

(7) 对餐厅食物及饮品应有深入的了解，遵照餐厅的营业方针、计划，按照规定的标准为顾客服务，做好服务工作；

(8) 盛情款待新旧顾客，满足顾客的合理需求及要求，热情主动地为顾客点菜，并准确无误地把顾客所需要的食物、饮料送到顾客的台面上；

(9) 顾客离开后，应尽快清理顾客用过的餐具，并重新摆好台面；

(10) 遇到客人抱怨或投诉时，无法及时解决或是在个人权限范围外，应立即报告餐厅管理人员；

(11) 关心同事，乐于助人，具有合作、团体精神，为达到共同的目标，最大限度地发挥自己的作用；

(12) 与管理者、同事和宾客建立良好的关系，努力保持安全、有效、成功的服务，以便更好地保持餐厅运转。

二、服务流程及标准

工作流程	标准
站姿	开餐前站立在各岗位上，随时迎接客人的到来。标准：不倚不靠，挺胸收腹、两脚后跟并拢，平视前方，双手自然交叉放在体前

工作流程	标准
问候客人	当客人走至迎宾台 3 m 左右，应 30°鞠躬表示欢迎，热情礼貌地问候客人(标准用语)，并尽量称呼客人的姓氏，确定客人是否已预订，并清点人数
引客人座	左手拿菜单，右手为客人指示方向(必须五指并拢，掌心向上)，同时说“这边请，先生(女士)”；引领客人进餐厅时，和客人保持规定的距离——1 m 到 1.5 m 之间，步速要适中，三步一回头；根据人数将客人带到相应的餐桌前，征询客人的意见：“这个桌位可以吗，先生(女士)？”
拉椅让座	让座秩序为先女后男，先老后幼，先宾后主；按规范动作拉椅让座：双手抓住椅背两边，用肘骨紧椅背退后半步，请客人入座，将餐椅轻轻往前推，到舒适位置即可；为小孩添置儿童椅
领位与服务人员的交接	领位员须告知服务人员就餐人数及主人的姓氏；给客人介绍盯台员
菜单的展示	用双手从客人右边递上菜单，翻开菜单的第一页，并朝向客人；同时用礼貌的语言对客人说：“打扰了，请看菜单。”
上香巾	客人入座一分钟上香巾(香巾的温度适中，湿度适宜，无异味)；香巾放置于客人的左手边，并对客人说：“请用香巾，小心烫。”
斟茶	问茶：向客人主动介绍餐厅所提供茶叶的品种；客人入座两分钟内上茶；斟茶时，应站在客人的右边，将客人的茶杯撤到托盘上，放于托盘上斟倒，统一八分满；上赠送小菜，从客人右边上
铺扣布	应站在客人的右边，沿顺时针方向有序进行，并对客人说：“对不起，打扰了。”
撤筷套	应站在客人的右边，拿出配有筷子套的筷子，将筷子从筷套中倒出；拿住筷子下端三分之一以下部分，将筷子放在筷架上
点菜	A. 征询 应站在客人的右后侧 0.5 m 处询问客人是否可以点菜 B. 推销 ①主动向客人介绍菜单内容、特色菜肴风味等 ②推销从中档菜肴起，及时推销高档菜品及厨师特荐 ③向客人提出合理化建议，如菜量的多少、食品的搭配 ④了解当天的供货情况及海鲜时价 ⑤对赶时间的客人要推销一些简便、快捷的菜肴 ⑥需较长时间烹饪的菜肴，应及时提醒客人 ⑦询问客人有无特殊要求，例如清真、吃素、忌用原料等 C. 填写定单 ①定单上写清服务人员的姓名、人数、台号、日期及送单时间 ②将客人所定的食品整齐地写在定单上 D. 点酒水 ①根据客人所点的菜肴询问客人是否需要饮品或酒水

续表

工作流程	标准
点菜	②主动向客人介绍本餐厅提供的酒水 ③填写好酒水单 ④复述所点饮料单的内容 E. 送出定单 ①将客人的菜单收回放在迎宾台上 ②用最快的速度把定单分送到厨房、备餐间、收银处
倒酱汁	在客人右边撤出味碟，放于托盘上斟倒；斟倒味碟的三分之一即可
酒水服务	取用酒水时间不得超过5分钟；开启含气体的饮料时，不应面对宾客，应侧身开启；斟倒饮料时，要对客人说："对不起，打扰了。"斟倒饮料速度不宜过快，饮料商标要朝向客人；斟倒完饮料后，在征询客人意见后，从客人右边将茶杯撤走；随时观察客人的饮料杯，当发现客人杯中仅剩下三分之一饮料时，应立即询问客人是否需要添加，如客人不需要，等客人喝完后，应从客人右侧撤走空饮料杯
上菜	上菜时间：点菜后八分钟上冷菜，十分钟上第一道热菜；上菜时，应报菜名，并跟上服务用语："请慢用。"上汤、羹、煲类要分派(应站在客人左边分派)；新上的菜摆中间，保持餐桌美观；当餐桌上菜已占满，而又要上下一道菜时，应征询客人的意见把桌上所剩最少的一道菜肴撤下换成小盘；及时把用完的菜肴撤走，撤走时应征求客人意见；留意客人所点的菜是否上齐，上齐菜后应说："先生(女士)菜上齐了，请慢用。"菜上齐后，征询客人是否需要甜品、水果
餐中服务	A. 骨碟的更换 ①用餐过程中，随时观察客人的餐桌，当预计需给客人换骨碟时，应立即做相应的准备 ②一般情况下，不超过两道菜为客人换一次骨碟 ③换骨碟按顺时针方向，从客人右边更换 ④换骨碟时，应得到客人许可，礼貌地对客人说："对不起，为您换个骨碟。" B. 烟灰缸的更换 ①当客人的烟灰缸内有2个烟蒂时，必须为客人更换烟灰缸 ②用干净的烟灰缸盖住需要更换的烟灰缸，右手将两个烟灰缸同时拿起放在托盘里，将干净的烟灰缸放回到餐桌原位置上 C. 小毛巾的更换 ①上有带壳类食品，当用完后应为客人更换一道小毛巾 ②上甜品、水果前，应为客人更换一道小毛巾 ③整个就餐过程中，小毛巾的更换次数不得少于三次 ④标准同上所述上香巾的标准 D. 服务中要讲究"三轻" 说话轻、走路轻、操作轻 E. 客人桌面的情况 ①客人用餐过程中，餐桌上不能出现空盘、空碗、空酒杯，当发现客人餐桌上有空盘、空碗、空酒杯时，应征询客人同意后及时撤走 ②客人用餐完毕，应征得客人同意后清洁台面，清洁餐桌时应站在客人右侧，身体侧站，左手托盘应在客人背后，不得拿到客人面前，不得影响客人交谈，

续表

工作流程	标准
餐中服务	撤餐具时，托盘内物品分类归放，撤完餐具后，如餐桌上有污迹，应在上面铺一块口布，然后为客人上一杯热茶 F. 餐厅地面的清洁：随时保持餐厅地面的清洁，发现地面上有纸屑、牙签等应及时拣起 G. 接待台面清洁：随时把接待台面上脏的餐具撤到备餐间，及时补充干净的餐具 H. 客人脸面：盯台员服务期间，应随时注意观察宾客的面部表情，把服务做到客人未开口之前 I. 如客人用餐过程中有离席，服务人员应为客人拉椅，并把客人的口布叠成正方形放在骨碟的右边，待客人回来时协助客人入座，并为客人铺口布
结账	A. 为客人拿账单 ①当客人要求结账时，服务人员应让客人稍等，并立即去收银处为客人取账单 ②服务人员告诉收款员所结账单的台号，并检查账单台号、人数、食品及饮料的消费额是否正确 ③将取回的账单夹在收银夹内，走到客人的右侧，打开收银夹，右手持收银夹上端，左手轻托收银夹下端，送至客人面前并对客人说："打扰了，这是您的账单。" B. 请客人签单 ①如果客人是住店客人，请他出示欢迎卡，服务人员在为客人送上账单的同时为客人送上笔，并礼貌地提示客人需写清房间号、姓名及签字 ②客人签好账单后，服务人员将账单重新夹在收银夹内，拿好收银夹，并对客人表示感谢 ③将账单送回收银处 C. 信用卡结账 ①如客人使用信用卡结账，服务人员请客人稍等，将信用卡、身份证、账单送回收银处 ②收银员做好信用卡收据后，服务人员检查正确无误后，将收据、账单及信用卡夹在收银夹内，送至宾客面前 ③将收银夹打开，从主人右侧递给主人并为其送上笔请他分别在账单和信用卡收据上签字，并检查签字是否和信用卡上的签字一致 ④确认无误后，将账单第一联、信用卡、收据中的客人存根页及信用卡给客人，并向客人表示感谢 ⑤将账单及信用卡收据另外三联送回收银台 D. 现金结账 ①如客人现金结算，应在客人面前清点钱数，并请客人稍候，将账单及现金送到收银台 ②收银员收完钱后，服务人员将账单第一页及所找零钱夹在收银夹中，送回给客人 ③服务人员站在客人的右侧，打开账单夹将账单第一页及所找零钱递给客人，同时向客人表示感谢

续表

工作流程	标准
结账	④客人确定钱数后，服务人员应迅速离开餐桌 E. 支票结账 ①如客人支付支票，应请客人出示身份证及联系电话，然后将账单及支票、证件同时送到收银台 ②收银员结完账并记录下客人的身份证号码及联系电话，然后将账单第一联及支票存根核对无误后还给客人，并向客人表示感谢 F. 无论采用以上哪一种结账方式，当结完账后，服务人员都必须在账单上签字注明结账方
送客	当客人结账完毕并有意离开餐厅时，服务人员应迅速来到客人身后，帮助客人拉椅，便于客人站立。服务人员应将客人送至门口，并面带微笑地对客人说："谢谢光临，欢迎下次再来。"客人离开餐厅后，服务人员方可清理台面。迎宾员向客人30°鞠躬并再次对客人的光临表示感谢
餐后工作	A. 收台 ①动作轻而麻利 ②先对齐餐椅，收集口布，以免餐厅杂乱，然后把易碎的玻璃杯、金器、瓷器餐具等先后撤下 ③用托盘根据餐具类别合理摆放：遵循重、高物品放于托盘里边，轻、低物品放于托盘外边，不得将玻璃器皿重叠摆放 ④小物品不得放于汤鼓内 B. 更换台布 ①将大骨头和牙签拣出来以免刺破台布 ②注意：卷脏台布时，将菜肴、碎屑等包卷起来，避免其撒在座位或地面上，并放入布草车 ③铺上干净的台布，台布中间折缝与餐桌中线重合，将台布完全打开铺平，台布四角均匀对称 ④按中餐零点规定摆台 C. 整理工作台 ①将工作台各类餐具、瓷器、玻璃杯调味品容器放回工作柜 ②将工作台面擦干净

三、餐饮具体岗位的工作流程

（一）各班次服务人员工作流程

1. 餐饮早班服务人员工作流程

（1）更换好工作服到岗，并检查仪容仪表。

（2）自助餐台的菜品及用品配备齐全。

（3）站在门前迎客，并查收早餐券。

（4）正式投入到自助早餐的服务工作当中。

（5）轮流吃饭、自助早餐的收餐及昨日晚餐布草的送洗。

（6）中餐的开档工作。

（7）准时参加餐前会，了解客情和分配的工作区域以及工作内容。

（8）餐前准备工作（房间卫生、用具及

工具的准备)。

(9) 站位迎客。

(10) 正式投入到中餐服务工作当中。

(11) 席间服务。

(12) 客人用餐结束后,将客人送至餐厅出口。

(13) 包房收尾工作。

(14) 员工轮流用餐。

(15) 跟中班做好工作交接。

(16) 完成领导交给的其他任务。

2. 餐饮两头班服务人员工作流程

(1) 更换好工作服到岗,并检查仪容仪表。

(2) 准时参加餐前会,了解客情和分配的工作区域以及工作内容。

(3) 餐前准备工作(房间卫生、餐具及工具的准备)。

(4) 站位迎客。

(5) 正式投入到中餐服务工作当中。

(6) 席间服务。

(7) 客人用餐结束后,将客人送至餐厅出口。

(8) 包房收尾工作。

(9) 员工轮流用餐。

(10) 完成领导交给的其他任务。

3. 餐饮中班服务人员工作流程

(1) 更换好工作服到岗,并检查仪容仪表。

(2) 准时参加餐后会,了解分配的工作区域以及工作内容。

(3) 正式投入到餐厅收尾工作当中及午餐布草的送洗领取工作。

(4) 餐厅准备工作及茶吧客人的接待服务工作。

(5) 餐厅中班的开档工作。

(6) 准时参加餐前会,了解客情和分配的工作区域以及工作内容。

(7) 餐前准备工作(房间卫生、用具及工具的准备)。

(8) 站位迎客。

(9) 正式投入到中餐服务工作当中。

(10) 席间服务。

(11) 客人用餐结束后,将客人送至餐厅出口。

(12) 包房收尾工作。

(13) 员工轮流用餐。

(14) 餐饮部晚餐的收档工作。

(15) 填写交接工作本。

(16) 完成领导交给的其他任务。

(二) 迎宾员工作流程

(1) 更换好工作服到岗,并检查仪容仪表。

(2) 准时参加餐前会,了解客情和分配的工作区域以及工作内容。

(3) 接待的准备工作(客情的熟知、区域卫生、用具及工具的准备)。

(4) 站在指定位置迎客。

(5) 正式投入到中餐引领服务工作当中。

(6) 做营业人数统计及收尾工作。

(7) 员工轮流用餐。

(8) 完成领导交给的其他任务。

(三) PA(公共区域)岗位工作流程

(1) 更换好工作服到岗,检查自己的仪容仪表。

(2) 准时参加餐前会,了解客情和分配的工作区域以及工作内容。

(3) 检查好各种清洁工具及清洁用具,正式开始工作。

(4) 做好前厅地面的清洁及保持工作,并对大厅门外的台阶进行清理。

(5) 擦拭大厅茶几、烟缸、书报架、擦鞋机、指示牌、墙面并保持其卫生。

(6) 对楼梯地面进行推尘、除渍并保持地面清洁。

(7) 清洗楼梯口，擦洗楼梯口镜面、壁画及窗台并保持其卫生。

(8) 把楼梯扶手擦拭干净。

(9) 给大厅及楼层所有花草浇水及修剪并抹尘。

(10) 负责客用洗手间的打扫和保洁。

(11) 保持负责区域卫生直至下班。

(12) 员工轮流用餐时间。

(13) 完成领导交给的其他任务。

(四) 传菜员工作程序

1. 开餐服务

(1) 接到厅面入单，迅速入夹，并送至各生产部门。

(2) 根据入单，应事先备好服务用具及特殊配料。

(3) 厨房出菜时，应马上给该菜配上合适的配料，并报上菜名、台号，划菜员在点菜单上勾销该菜。

(4) 出菜必须用托盘，冷热菜分开摆放。

(5) 出菜时，注意核对台号、菜肴名称，避免上错菜肴。须将菜送到所属的餐台边(厅房到房门)，由服务人员端菜上台，并等服务人员将菜盖拿起放回托盘才能离开，顺便将撤下的餐具一并带去，送到管事部清洗。

(6) 如厨房出炖盅、甜品等分客菜，必须配上茶碟作垫底，有汤汁盅类需附带匙调羹。

(7) 如上煲仔类菜肴，必须跟上湿的毛巾。

(8) 若有菜很长时间没出来时，应向厨房询问，若漏单应马上通知厨房补上，或通知领班处理，若属沽清品种，按退菜程序处理。

(9) 将沽清品种及时通知厅面。

(10) 必要时，协助对前台的餐具进行补充。

(11) 负责将厅面撤出的托盘清洗干净，把杯架下栏盘整理好。

(12) 随时保持备餐间及传菜通道的干爽、清洁。

2. 餐后服务

(1) 整理所有点菜单，并装订、汇总以备查。

(2) 将所有托盘全部清洁干净、整齐摆放。

(3) 将所有银器清洁、清点后，整齐入柜。

(4) 将所有服务用具全部清洗入柜。

(5) 将所有脏布草清点捆扎。

(五) 布草送洗流程

(1) 各包房把房间需要更换的布草全部撤掉。

(2) 归类清点布草，检查布草有无破损、重污，并认真做好送洗布草数目的记录。

(3) 把清点好的布草整理好后，分类装入塑料袋里。

(4) 认真清点数目，如实填写布草送洗单，不得多写、漏写，如发现多写、漏写、数目不符，送洗员负全部责任，接受经济处罚。

(5) 应按要求送到指定的接收点。

(6) 新布草领取后，要在领取地点数清所领新布草的数目，确认无误后方可离开，否则出现差错自行负责。

(7) 新布草领取到工作间后，要认真整叠，归整分类，补充布草。如发现有破损、未洗干净的布草，及时报告领班，去仓库进行更换。

（六）布草接收员

（1）进入布草接收地点，布置、清理接收点的环境，为布草接收做好准备工作。

（2）仔细检查清点各房间送洗的布草，核对数目是否属实，检查送洗的布草是否有破损、重污，并追查破损、重污的原因。

（3）仔细清点洗涤公司所送净布草的数目，仔细检查所送净布草是否干净、有无破损，发现问题及时与洗涤公司交涉。

（4）按照各包房前一天所送布草的数目，分发新的布草。

（5）核算当日所收脏布草的数目，并认真填写各种单据。

（6）如因布草送洗员个人失误造成布草数目短缺，由布草送洗员负责赔偿。

【任务反馈】

如何理解不同岗位部门之间的协作、工作流程中服务的关键节点？

释疑：首先，要了解企业部门岗位为客人提供各种类型的服务；其次，认识不同岗位部门之间的服务协作；然后，掌握企业岗位协作节点；最后，通过对不同岗位服务的认识，认识到工作流程中的服务关键节点。

任务二　表格运转

【任务目标】

①你要了解餐饮服务工作过程中需要运用的表格；②你要掌握具体岗位服务节点需要运用的表格；③你要能够适时适当地运用相关表格，促使服务工作及时完成。

【案例聚焦】

海景酒店管理检查表

名称：经理（主管）　　　　年　　月　　日

类别	检查内容
岗位餐后收档	检查员工出勤情况；值班检查表执行情况；客户档案的记录情况；单店户外灭蚊蝇打药记录；优质服务工具使用记录；客户预订信息取消记录/消费登记情况；夜值安全检查记录/管理人员确认；翻台/酒水/传菜提成记录情况；餐后收档检查（墩布、卫生工具、摆台、卫生清洁）；菜品意见反馈/退菜意见记录；包房/厅面的应备检查；包房/厅面/厨房餐具合格率。
餐前应备检查	总则：8:50 和 9:00 例会召开内容程序/记录；点评上一餐出现的菜品质量问题、诵读《弟子规》；10:50 和 16:20 例会召开、仪容仪表、流程、点评、优劣质事例的评说、鞠躬问候演练、诵读《弟子规》、岗位三带。 保安：保安车辆记录情况，保安区域卫生状况达标。 迎宾：餐前要进行预订情况确认（11:00 和 17:00 前）以及卫生清理。 洗手间：洗手间工具挂放和清洁情况，客用啫喱水/梳子、洗手液等充足，厕纸、厕香、纸篓、便池卫生。
餐前检查 9:00 至 11:30 及 16:30 至 17:30	大厅餐台摆放（茶杯、酒杯、骨碟、小碗、小勺、桌花、桌号牌、粥单、牙签、茶壶、餐具卫生、存物筐）。包房餐台摆放（茶杯、酒杯、骨碟、小碗、小勺、鱼缸、垫碟、粥单、牙签、茶壶、餐具卫生、酒水单、一语千金卡、服务监督卡、湿巾、烟灰缸、期刊）。 管理人员、员工站位的执行情况，包房、大厅工作储备量检查，包房、大厅暖水瓶热水的准备。

类别	检查内容
9:00 至 11:30 及 16:30 至 17:30	大厅、包房、点菜区各区域墩布、物码的整改。预订信息的公示情况，各区域灭火器的消防安全检查。冰镇啤酒、果汁的准备，餐具消毒合格率，点菜人员的调配，掌握沽清菜品、推荐菜的情况。 烟灰缸祝福语/水量/烟灰缸水瓶的配备。桌面鱼缸清洁/七彩石荷花/水质/金鱼数量。店面立式垃圾桶，顶部加水/包间小垃圾桶加水/垃圾清理宣传栏的信息张贴/公示，楼梯、走廊等公共区域卫生。

思考：餐饮部门都有哪些表格？如何运用表格加强不同部门之间的服务协作？

【任务执行】

①学习形式	分小组进行
②获取资料	通过查找资料，了解餐饮工作中的表格；通过资料查阅、访谈或比较，分析餐饮业如何进行表格运转
③成果展示	各小组汇报成果，在课堂上展示
④学会总结	提交工作记录单和案例分析报告

一、餐饮服务现场常用管理表格

（一）点菜单

<table>
<tr><td>日期</td><td></td><td>台号</td><td></td><td>人数</td><td></td><td>服务人员</td><td></td></tr>
<tr><td rowspan="4">凉菜</td><td colspan="2"></td><td colspan="2"></td><td colspan="2"></td><td rowspan="4">台号：
编号：</td></tr>
<tr><td colspan="2"></td><td colspan="2"></td><td colspan="2"></td></tr>
<tr><td colspan="2"></td><td colspan="2"></td><td colspan="2"></td></tr>
<tr><td colspan="2"></td><td colspan="2"></td><td colspan="2"></td></tr>
<tr><td rowspan="4">主食、小吃</td><td colspan="2"></td><td colspan="2"></td><td colspan="2"></td><td rowspan="4">台号：
编号：</td></tr>
<tr><td colspan="2"></td><td colspan="2"></td><td colspan="2"></td></tr>
<tr><td colspan="2"></td><td colspan="2"></td><td colspan="2"></td></tr>
<tr><td colspan="2"></td><td colspan="2"></td><td colspan="2"></td></tr>
<tr><td rowspan="3">烧、汤、蒸菜</td><td colspan="2"></td><td colspan="2"></td><td colspan="2"></td><td rowspan="3">台号：
编号：</td></tr>
<tr><td colspan="2"></td><td colspan="2"></td><td colspan="2"></td></tr>
<tr><td colspan="2"></td><td colspan="2"></td><td colspan="2"></td></tr>
<tr><td rowspan="3">炒菜</td><td colspan="2"></td><td colspan="2"></td><td colspan="2"></td><td rowspan="3">台号：
编号：</td></tr>
<tr><td colspan="2"></td><td colspan="2"></td><td colspan="2"></td></tr>
<tr><td colspan="2"></td><td colspan="2"></td><td colspan="2"></td></tr>
</table>

续表

<table>
<tr><td>日期</td><td></td><td>台号</td><td></td><td>人数</td><td></td><td>服务人员</td><td></td></tr>
<tr><td rowspan="4">酒水</td><td colspan="2"></td><td colspan="2"></td><td colspan="2"></td><td rowspan="4">台号：
编号：</td></tr>
<tr><td colspan="2"></td><td colspan="2"></td><td colspan="2"></td></tr>
<tr><td colspan="2"></td><td colspan="2"></td><td colspan="2"></td></tr>
<tr><td colspan="2"></td><td colspan="2"></td><td colspan="2"></td></tr>
<tr><td>金额总计</td><td colspan="7">¥</td></tr>
<tr><td>实收金额</td><td colspan="7">仟 佰 拾 元 角 分</td></tr>
</table>

（二）点菜单

<table>
<tr><td>日 期</td><td colspan="2">服务人员</td><td>人 数</td><td>台 号</td></tr>
<tr><td></td><td colspan="2"></td><td></td><td></td></tr>
<tr><td>数 量</td><td colspan="3">项 目</td><td>金 额</td></tr>
<tr><td></td><td colspan="3"></td><td></td></tr>
<tr><td></td><td colspan="3"></td><td></td></tr>
<tr><td></td><td colspan="3"></td><td></td></tr>
<tr><td></td><td colspan="3"></td><td></td></tr>
<tr><td></td><td colspan="3"></td><td></td></tr>
<tr><td></td><td colspan="3"></td><td></td></tr>
</table>

（三）酒水单

<table>
<tr><td>日 期</td><td colspan="2">服务人员</td><td>人 数</td><td>台 号</td></tr>
<tr><td></td><td colspan="2"></td><td></td><td></td></tr>
<tr><td>数 量</td><td colspan="3">项 目</td><td>金 额</td></tr>
<tr><td></td><td colspan="3"></td><td></td></tr>
<tr><td></td><td colspan="3"></td><td></td></tr>
<tr><td></td><td colspan="3"></td><td></td></tr>
<tr><td></td><td colspan="3"></td><td></td></tr>
<tr><td></td><td colspan="3"></td><td></td></tr>
<tr><td></td><td colspan="3"></td><td></td></tr>
</table>

（四）订餐单

宾客姓名	用餐时间	人数	台号
用餐标准：			
有何特殊要求：			
处理情况 承办人：			

（五）餐饮工作通知单

分送单位：1. 总经理、副总

2. 酒吧、厨房、柜台经理　　制表单位：餐饮部________

3. 财务组　　年　月　日

<table>
<tr><td colspan="3">顾客公司行号：________　人数：________
地　　址：________　电话：________
项　　目：________　场所：________
Day________　Date________　时间：________</td></tr>
<tr><td>工作人员
价格
组金
服务费　税
%　%</td><td>领班</td><td rowspan="2">供应时间：________</td></tr>
<tr><td colspan="2">酒　吧
饮　料
开　费
供应时间
其　他</td></tr>
<tr><td>安排者检查</td><td>备注</td><td>布置</td></tr>
</table>

（六）餐饮部订席记录表

订席日期	时间	顾客姓名	地址电话	人数	性质	场地	价格	接洽人	备注

（七）退菜换菜单

桌号：　　　　　服务人员：　　　　　　　　　　年　　月　　日

时间	菜名	退菜换菜原因	前厅、厨房审核
备注：			

说明：本单分两联，第一联白色，送收银台；第二联黄色，送厨房。

（八）食品质量顾客意见反馈表

部门：　　　　　经理：　　　　　　　　　日期：

日期	餐别 厅/桌号/包厢	食品名称	宾客意见	看台服务人员	厨房当班负责人

续表

日期	餐别 厅/桌号/包厢	食品名称	宾客意见	看台服务人员	厨房当班负责人
备注	1. 按要求填写此表； 2. 如遇当月未反馈宾客意见，部门经理也应在表格上说明本月未反馈宾客意见，签名后于每月最后一天的下午 5:00 前上缴经理室。				

二、餐饮厨房常用管理表格

（一）厨房值班交接班日志

交班内容	接班、值班记录
交班人________ 时间________	接班人________ 时间________
厨师长________	时间________

（二）厨房日常工作检查安排表

检查名称	卫生检查	纪律检查	设备、安全检查	生产检查	每日例查
检查人员	总厨及部门厨师长或主管				
检查内容	食品卫生、日常卫生、计划卫生	考勤；考核店规、店纪、厨房纪律	设备使用、维护；安全工作	储藏、职责出品制度；质量及速度	餐前、收档后工作过程；个人及其他卫生
检查周期	总厨每日一次，部门每周两次	每月两次	每月一次	每周一次	每日两次

（三）菜品规范管理表

制作单位：　　　　　　　　　　制作人：

菜品名称		烹调方法		盛装器皿		风味	
原料	项目	名称	重量	质量标准			
	主料						
	配调料						
制作程序和要求	初加工						
	切配						
	打荷						
	烹调						
	技术关键						
菜品特点					彩色照片		
备注							

（四）食品原料规格表

日期：

编号	名称	单位	规格标准	质量要求	产地及厂家	保质期	备注

（五）厨房菜品退菜管理表

姓名	日期	上午	下午	退菜原因	处理结果	备注

（六）退菜登记、分析表

________餐饮　　　　　　　　　　　　　　　　　　　　　　　　________年____月

日期	桌号	退菜菜名	退菜原因及说明	责任人签认	处罚结果
厨师长签字		餐饮经理签字		总经理签字	

说明：为减少餐厅的退菜率，提高出品质量，应做好菜品的退菜登记和分析。由厨师长、餐饮经理共同确认导致退菜的责任人，并请责任人在“责任人签认”栏签字。

（七）菜品档案表

品名		菜系	类别	味型	烹制方法	图片	
主　料							
辅　料							
调　料							
制作过程							
操作要领							
成菜特点							
由　来							
成本核算							
毛利率%		建议售价		制作人		经理审批	

（八）厨房卫生检查表

序号	检查项目内容	检查人	抽查人	检查范围	责任人	如何处理
1	作业中操作台面是否干净、整洁，原料放置是否有序					
2	作业中墩、刀、抹布是否清洁卫生					
3	凉菜、粥档及厨房内门窗、墙面是否干净，无油污、水渍					
4	作业中的地面是否干净整洁、无垃圾、无杂物					
5	作业中的下脚料是否存放完好，废料是否随手放进垃圾桶					
6	菜肴出品是否有专用抹布、筷子					

续表

序号	检查项目内容	检查人	抽查人	检查范围	责任人	如何处理
7	各种盛放菜肴的器皿是否完好干净，无油渍、无水渍					
8	工作中员工如厕后是否洗手					
9	冰箱存放的原料是否合理，生熟是否分开，无腐烂、变质					
10	菜肴出品是否认真检查，确保菜肴无异物、无缺量					
11	盘饰用品是否干净卫生，摆放是否合理，是否有美化效果					
12	盛装菜肴的盘边是否干净卫生，无水迹、油污，无手印					
13	备用餐具是否干净，无污迹、水迹，无杂物					
14	每道菜出品后，站厨师傅是否清理灶面卫生					
15	收台后操作台是否干净整洁，无污迹、无杂物，工具摆放是否有序					
16	收档后墙面、地面是否干净，无杂物、无污迹					
17	油烟机排风罩、玻璃、冰箱冰柜是否干净、卫生，无污迹、无油渍					
18	收档后的各种用具是否洗刷干净，摆放是否合理有序					

（九）原料加工区域卫生检查表

检　查　项　目	是	否	备　注
地面是否平整、光滑，有无积水			
下水道上的铁盖板是否俱全			
水池是否畅通，水龙头是否漏水或损坏			
垃圾箱是否有盖，是否每天有专人倾倒和洗刷			
工作台、货架是否摆放平稳			
砧板是否每天清洁并摆放好			
各种加工设备是否已清洁、保养			
电灯光照是否全面，亮度如何，灯的高度如何			
员工的各种刀具是否安全存放			

三、餐饮服务其他常用管理表格

（一）需用餐具物品清单

桌号		人数		服务人员		餐具物品到位时间	
瓷器：							
玻璃器皿类：							
不锈钢、金银器皿类：							
布件类：							
桌椅类：							
其他类：							

（二）餐厅内部餐具借用单

借用部门：

品名	数量	借用日期	归还日期	备注

借用人：　　　　　　　　　　　　　　　　　　　　　归还人：

（三）楼面服务质量检查表

检查人：　　　　　　　　　　　　　　　　　　　　　年　　月　　日

检查项目	检查内容	等级			
		优	良	中	差
用餐环境	1. 地面是否清洁，无积灰				
	2. 墙面有无污痕或破损处				
	3. 门、窗是否干净，无灰尘				
	4. 餐桌、座椅是否摆放整齐，无油污、无水渍、无破损				
	5. 工作台中的餐具、物品是否准备整齐，留足备用品				
	6. 盆景花卉是否有枯叶，叶面是否有灰尘				
	7. 装饰物、相框是否破损、积尘				
	8. 灯光照明是否正常，灯泡有无破损，是否需要更换或修理				
	9. 餐厅通道有无障碍物				
	10. 菜单是否有缺页、破损的情况				

续表

检查项目	检查内容	等级			
		优	良	中	差
用餐环境	11. 背景音乐是否符合用餐气氛，音量是否过大或过小				
	12. 整个餐厅是否干净、有序				
仪容仪表	1. 服务人员是否按餐厅规定着工作装				
	2. 工作制服是否干净、无皱褶、无破损				
	3. 服务人员是否将工作牌端正地佩戴于左胸前				
	4. 女服务人员是否化淡妆				
	5. 女服务人员是否将头发束于脑后				
	6. 男服务人员是否将头发留在耳后				
	7. 男服务人员是否剃干净胡须				
	8. 指甲是否修剪过，不露出指头之外				
	9. 男服务人员是否穿深色鞋袜				
	10. 女服务人员是否穿肉色长袜，线袜有无滑丝或破损				
服务规程	1. 迎送客人是否使用礼貌用语				
	2. 对客人是否以礼相待				
	3. 在客人入座时，是否为客人端茶送巾				
	4. 客人点菜时，是否向客人作菜品介绍及餐厅特色菜、风味菜的推荐				
	5. 客人点菜完毕，是否复述，并询问客人有何特殊的要求				
	6. 斟酒是否符合操作程序				
	7. 能否熟练地使用托盘为客人送食品				
	8. 为客人上菜时，是否向客人介绍菜名				
	9. 能否迅速、准确地为客人切分整鱼、整鸡、整鸭等菜				
	10. 是否及时、准确地更换烟灰缸				
	11. 撤换餐具时，客人是否满意				
	12. 结账是否准确无误				

（四）楼面工作周报表

<table>
<tr><td colspan="2" rowspan="3">经营状况
（上座率）</td><td>区域
时间</td><td>大厅</td><td>一楼包间</td><td>二楼包间</td></tr>
<tr><td>午</td><td></td><td></td><td></td></tr>
<tr><td>晚</td><td></td><td></td><td></td></tr>
<tr><td rowspan="6">服务
项目</td><td>质量</td><td colspan="4"></td></tr>
<tr><td>服务</td><td colspan="4"></td></tr>
<tr><td>分量</td><td colspan="4"></td></tr>
<tr><td>速度</td><td colspan="4"></td></tr>
<tr><td>新菜</td><td colspan="4"></td></tr>
<tr><td>其他</td><td colspan="4"></td></tr>
<tr><td colspan="2">顾客意见</td><td colspan="4"></td></tr>
<tr><td colspan="2">重大事件</td><td colspan="4"></td></tr>
<tr><td colspan="2">本周工作总结</td><td colspan="4"></td></tr>
<tr><td colspan="2">下周计划</td><td colspan="4"></td></tr>
<tr><td colspan="2">备注</td><td colspan="4"></td></tr>
</table>

【任务反馈】

如何在服务协作过程中运用相关表格，使工作过程正常运转？

释疑：目前，餐饮业表格众多，尤其是各部门细化表格较多，这样服务管理更加方便及严谨，有利于管理制度的合理化。首先，要了解不同部门的相关表格；其次，能够在实际运用过程中，熟练运用相关表格。

任务三　服务质量控制

【任务目标】

①你要了解服务质量控制基础；②你要理解服务质量控制方法；③你要掌握服务协作中服务质量现场控制过程；④你要掌握餐饮服务质量监督检查。

【案例聚焦】

近年来，几乎所有的餐厅都把“加强服务质量管理，创一流服务”作为餐厅管理的主要议题，将“宾客至上，服务第一”作为餐厅的经营宗旨。但是面对着每天、每个岗位频繁出现的各种服务质量问题和客人的批评投诉，一些餐厅控制服务质量的机制和措施却常常是低效而乏力的。许多餐厅管理者习惯于采用头痛医头、脚痛医脚、临时突击、事后检查的办法，这将难以从根本上长期保证餐厅服务质量的高标准和稳定性，这也是目前中国餐饮业的服务质量不能适应国际餐饮发展需求的重要原因。

随着世界经济中服务因素的急剧增加，服务行业的迅速扩大，人类正在进入一个服务的社会，各路学者和服务行业的经营管理者们越来越重视对服务这门科学的研究和探讨，提出了一些新的服务理论和服务质量管理模式，“服务质量管理的差距分析模型”就是其中之一。

将其运用到餐厅的服务质量管理实践中来，一是帮助餐厅管理者理智地找出餐厅服务质量问题产生的根源；二是在此基础上帮助餐厅管理者有针对性地改进和提高餐厅服务质量。

服务质量管理的差距存在五种主要形式，这些差距的缩小就能提高服务的质量。

思考：该如何进行服务质量控制？如何通过服务质量管理差距分析，提高服务质量？

【任务执行】

①学习形式	分小组进行
②获取资料	通过查找资料的方式，了解服务质量控制任务、标准，总结服务质量控制的方法
③成果展示	各小组汇报成果，在课堂上展示
④学会总结	提交工作记录单和案例分析报告

一、餐饮服务质量控制的任务

（一）建立餐厅服务质量控制的保证体系

餐厅服务质量控制的保证体系是餐厅系统的一个子系统，这一子系统是一个以提高餐厅服务质量为目标，具有明确的任务、职责、权限的有机整体。建立服务质量保证体系有三个层次。

第一层次：应设立以餐厅经理为首的服务质量管理领导机构，建立服务质量监督网，负责确立餐厅服务质量管理目标，研究制订服务质量管理计划，并负责组织、协调、督促、检查各部门服务质量管理动态。

第二层次：各部门根据业务范围设立服务质量管理小组，主要负责本部门服务质量管理计划的制定和落实。

第三层次：班组开展服务质量小组活动，重点是根据服务质量管理工作的要求，抓好标准化、程序化、制度化、原始记录等各项工作的具体落实，及时收集和解决服务质量管理工作中的问题。

（二）做好餐厅服务质量控制的基础工作

（1）服务质量信息工作，包括：接待业务过程中服务质量信息资料、服务后的服务质量信息资料、国内外同行业的服务质量信息资料。

（2）制定服务程序。

（3）服务质量教育工作。

二、餐饮服务质量控制的基础

餐饮服务是餐饮部工作人员为就餐客人提供餐饮产品的一系列行为的总和。优质的餐饮服务是以一流的餐饮管理为基础的，而餐饮服务质量管理是餐饮管理体系的重要组成部分，它是搞好酒店餐饮管理的重要内容，对其控制和监督的目的是为宾客提供优质满意的服务，创造酒店良好的社会效益和经济效益。

餐饮服务质量控制和监督的基础，必须具备以下三个基本条件，这样才能进行有效的餐饮管理。

1. 必须建立餐饮服务的标准规程

制定服务规程时，首先确定服务的环节程序，再确定每个环节统一的动作、语言、时间、用具，包括对意外事件、临时要求的化解方式、方法等。管理人员的任务是执行和控制规程，特别要抓好各套规程之间的薄弱环节，用服务规程来统一各项服务工作，从而使之达到服务质量标准化、服务岗位规范化和服务工作程序化、系统化。

2. 应抓好员工的培训工作

企业之间服务质量的竞争主要是员工素质的竞争，很难想象，没有经过良好训练的员工能有高质量的服务。

3. 必须收集服务质量信息

餐厅管理人员应该知道服务的效果如何，即宾客是否满意，从而采取改进服务、提高质量的措施。

三、餐饮服务质量控制方法

根据现代全面质量管理的基本原理，结合餐饮服务的三个阶段（准备阶段、执行阶段和结果阶段），餐饮服务质量控制可相应地分为预先控制、现场控制和反馈控制。

（一）餐饮服务质量的预先控制

预先控制，就是为使服务结果达到预定的目标，在开餐前所做的一切管理上的努力。预先控制的目的是防止开餐服务中所使用的各种资源在质和量上产生偏差。

1. 人力资源的预先控制

餐厅应根据自身的特点，灵活安排人员班次，以保证人力资源的充足和有效利用。

2. 物资用品的预先控制

开餐前，必须按规格摆好餐台，准备好餐车、托盘、菜单、点菜单、订单、开瓶工具及工作台小物件等。

3. 卫生质量的预先控制

卫生质量控制是餐饮服务质量控制的重要环节。目前，顾客关于餐饮企业卫生质量方面的投诉占了总投诉量的很大一部分，因此，进行卫生质量的预先控制尤为重要。

4. 事故的预先控制

餐厅主管在开餐前的巡视工作中，除了检查露面的物资配备和环境卫生外，还要注意餐厅中、餐厅与厨房之间的通道是否顺畅，地面是否有油污或水渍，对于不能及时清除的路面障碍或潜在危险因素，应要求服务人员在工作时提醒顾客注意，防止出现顾客滑倒、踩踏等事件。

（二）餐饮服务质量的现场控制

现场控制，是指现场监督正在进行的餐饮服务，使其规范化、程序化，并迅速妥善地处理意外事件。餐饮服务质量的现场控制是餐饮服务的主要职责之一。餐饮部经理也应将现场控制作为管理工作的重要内容。

1. 服务程序的现场控制

开餐期间，餐厅主管应始终站在第一线，亲身观察、判断、监督与指挥服务人员按标准服务程序服务，发现偏差，及时纠正。

2. 上菜时机的控制

根据宾客用餐的速度、菜肴的烹制时间，掌握好上菜节奏。

3. 意外事件的控制

餐饮服务是面对面的直接服务，容易引起客人的投诉。一旦引起投诉，主管一定要迅速采取弥补措施，以防事态扩大，影响其他顾客的用餐情绪。

4. 人员控制

开餐期间，服务人员虽然实行分区看台责任制，在固定区域服务（一般是按每个服务人员每小时能接待 20 名散客的工作量来安排服务区域），但是主管应根据客情变化，进行二次分工，做到人员的合理运作。

（三）餐饮服务质量的反馈控制

反馈控制就是通过质量信息的反馈，找出服务工作的不足，采取措施加强预先控制和现场控制，提高服务质量，使宾客更加满意。

信息反馈系统由内部系统和外部系统构成。内部系统是指信息来自服务人员、厨师和中高层管理人员等。因此,每餐结束后,应召开简短的总结会,以便及时改进服务质量。信息反馈的外部系统,是指信息来自宾客和朋友。为了及时得到宾客的反馈意见,餐桌上可放置宾客意见表,在宾客用餐后,也可主动征求客人意见。宾客通过大堂、营销部、公关部、高层管理人员等反馈回来的投诉,属于强反馈信息,应予以高度重视,保证以后不再发生类似的质量偏差。建立和健全两个信息反馈系统,前厅经理必须亲自或安排人员,对每一个反馈信息做好记录,这样才能有利于服务质量的改进和不断提高,更好地满足宾客的需求。

餐饮服务质量的控制和监督检查是餐饮管理工作的重要内容之一。在餐饮服务系统中,部门和班组是执行系统的支柱,岗位责任制和各项操作程序是保证,其共同的目的是给顾客提供优良的服务。

四、餐饮服务质量监督检查

服务质量的控制和监督检查是餐饮管理工作的重要内容之一。在餐饮服务质量系统中,部门和班组是执行系统的支柱,而以岗位责任制和各项操作程序为保证,以提供优质服务为主要内容。上对下逐级形成工作指令系统,下对上逐级形成反馈系统,将部门所制定的具体质量目标分解到班组和个人,由质量管理办公室或部门质量管理员协助部门经理负责对餐饮服务质量实施监督检查。

(一)现场巡视与指导

现场管理法要求管理者走出办公室,深入第一现场,加强巡视检查,调节餐饮业务经营活动中各方面的关系,深入员工、顾客、供应商和其他群众,与他们保持密切的联系和接触,并时刻给予关注和激励。

服务质量监督检查的内容应该是服务各环节的连续性、部门间的协调性、对客服务的规范性和灵活性。

(1) 制定并负责执行各项管理制度和岗位规范,抓好礼貌待客、优质服务教育,实现服务质量标准化、规范化和程序化。

(2) 通过反馈系统了解服务质量情况,及时总结工作中的正反典型事例并及时处理投诉。

(3) 组织调查研究,提出改进和提高服务质量的方案、措施和建议,促进餐饮服务质量和经营管理水平的提高。

(4) 分析管理工作中的薄弱环节,改革规章制度,整顿纪律,纠正不正之风。

(5) 组织定期或不定期的现场检查,开展评比和优质服务竞赛活动。

(二)质量监督检查内容

根据餐饮服务质量内容中的礼节礼貌、仪表仪容、服务态度、清洁卫生、服务技能和服务效率等方面的要求,将其归纳为服务规程、就餐环境、仪容仪表和工作纪律四项检查内容。

(三)质量监督检查的注意事项

(1) 过好心理关、情面关。

(2) 明确检查依据与内容。

(3) 检查尺度统一。

(4) 监督检查不是单纯地找问题。

【任务反馈】

如何运用服务质量控制方法?

释疑:餐饮服务质量管理是餐饮管理体系的重要组成部分,是做好餐饮管理的重要内容,对其进行控制和监督的目的是为宾客提供优质满意的服务,创造酒店良好的社会效益和经济效益。首先,要了解服务质量控制的基础;其次,能够在实际服务协作过

程中，较好地掌控餐饮服务质量，提高服务质量。

任务四　投诉处理

【任务目标】

①你要了解顾客投诉的一般心理；②你要理解顾客投诉的主观原因与客观原因；③你要掌握顾客投诉处理的原则；④你要熟练掌握解决顾客投诉的处理过程。

【案例聚焦】

"你们刚才点的就是这道菜"

一天，赵先生在酒店的中餐厅请客户吃饭。点菜时，有一位客户点了一道"白灼基围虾"，但记菜名的服务人员没注意听，把它误写为"美极基围虾"。当菜端上来以后，赵先生感到很奇怪，立即把服务人员叫来，清楚地表示："小姐，我们要的是'白灼基围虾'，这道菜你上错了，请你赶快给我们换一下。"服务人员一听不乐意了，辩解说："刚才这位先生点的就是'美极基围虾'，肯定没错。不信把菜单拿来核对一下。"她的话把刚才点这道菜的客人弄得很不高兴，赵先生的脸也沉了下来，说："请小姐把点菜单拿来给我们看一下吧。要是你错了，得赶快给我们换。"服务人员过去拿来点菜单，赵先生等人一看，上面果然写的是"美极基围虾"。这下，大家都感到奇怪了。刚才这位客人明明说的是"白灼基围虾"，大家都听得很清楚，但现在怎么就成了"美极"了呢？那位服务人员心里知道，自己当时一定是走神了，根本就没听清楚到底是"白灼"还是"美极"，但想到"美极基围虾"这道菜点的人多，想当然就记成"美极"了。可是，她害怕赔偿，怎么也不肯主动承认是自己记错了，还是指着菜单硬说客人当时点的就是"美极基围虾"，菜根本没上错。这时候，赵先生请的那位客人实在坐不住了，他有些气愤地说："把你们经理叫来，我有话对他说。"

服务人员极不情愿地去叫来了经理。这位经理大概已经听服务人员汇报了情况，他走过来后便说："不好意思，你们刚才点的就是这道菜。我们店服务人员都是经过严格考核和培训的，记忆力都很好，在客人点菜时会如实地记下每一道菜名……"大家本以为这位经理会过来赔礼道歉，把菜给换了，但没想到他居然会说出这种话！经理这番话的意思很明显：不是店方错了，而是赵先生等客人错了。事情到了这种地步，完全没有回旋的余地了。赵先生的客人愤怒地拂袖而起，说道："好吧，请你赶快给我们结账吧！"赵先生见此情景，也觉得很是尴尬，劝也不是，不劝也不是。愣了一会儿之后，他才赶忙对那位客人赔不是，说："真对不起，请原谅！"客人气愤地说："以后再也不到这种餐厅来吃饭了！"

思考：该案例中服务人员和经理遇到这种投诉，处理方式是否合理？面对顾客投诉，该如何恰当处理？

【任务执行】

①学习形式	分小组进行
②获取资料	通过查找资料的方式，了解顾客的投诉心理、投诉原因，总结处理顾客投诉的方式和途径
③成果展示	各小组汇报成果，在课堂上展示
④学会总结	提交工作记录单和案例分析报告

一、顾客投诉类型及原因

（一）顾客投诉类型

客人不会没有任何理由就进行投诉，餐

饮服务人员在处理具体的投诉之前，可以根据不同的原因，把投诉分为三大类型（见表3－4－1）。

表3－4－1 客人投诉类型

投诉类型	原因分析
控告性投诉	因为某种原因，顾客已经完全被激怒，并且一定要求作出一个了断
批评性投诉	顾客情绪较稳定，只想将自己的不满告诉有关部门，希望起到批评作用
建议性投诉	顾客希望餐厅完美，所以建议性地提出个人意见，这种投诉随时可能发生

（二）顾客投诉原因

顾客投诉是指顾客主观上认为由于酒店服务或产品存在不足而引起的麻烦、不愉快或损害了他们的利益等情况向服务人员、管理人员及有关部门表示不满。顾客投诉原因多种多样，既有主观方面的，也有客观方面的。

1. 主观原因

（1）对服务质量的投诉。服务人员没有按照宾客的合理要求提供服务，取送物品不及时甚至送错，不尊重宾客的风俗习惯，损坏、遗失宾客的物品等。

（2）对服务人员态度的投诉。粗鲁的语言，不负责任的答复或行为，冷冰冰的态度，若无其事、爱理不理的接待方式，过分热情，待客不主动、不热情，不注意语言修养，冲撞宾客，挖苦、辱骂宾客；拿物品给宾客不是递而是扔或丢；无根据地乱怀疑宾客取走酒楼物品，或者误以为他们没有结账就离开等。

（3）对餐饮企业形象的投诉。餐饮企业产品形象、服务形象、员工形象、企业的生活与生产环境形象、企业标志、企业精神、企业文化、企业责任、企业信誉等方面表现差，都会遭致顾客对餐饮企业形象的投诉。

2. 客观原因

（1）对清洁卫生、食物的投诉。餐厅菜品有异物或脏物，食品有异味不新鲜，菜品不合口味等。

（2）对环境条件的投诉。服务环境条件投诉主要表现为：①服务环境不适，环境嘈杂、噪音、房间不隔音等；②设施设备差，空调不制冷，电梯运行不正常，马桶堵塞，卫生间漏水，照明不足等；③环境不安全，有偷窃、传染性疾病、醉酒闹事等情况发生。

（3）服务收费不合理的投诉。公平合理是顾客的基本要求之一，餐饮企业商品及服务质量不好，收费过高等都会引起顾客的不满。

二、投诉处理原则

餐饮企业虽然经营特点各有不同，但是对于处理投诉的原则却是相同的。餐饮服务人员只有彻底掌握这些原则，才能在处理投诉过程中沉着应对。

（一）顾客至上原则

顾客至上原则包括以下几个方面：

（1）不管在什么情况下，餐饮服务人员都要保持友好的态度，不能和客人争辩。

（2）如遇到需要寻求尊重的客人，要主动给客人赔礼道歉，并且请求其原谅。

（3）如遇到需要发泄的客人，要有耐心并表示他提出的问题可以解决，请他放心。

（4）如遇到需要补偿的客人，餐饮服务人员要用比较热情周到的态度来弥补。

（二）公正处理原则

公正处理原则有以下几点要求：

(1) 客人信任餐厅有关部门才会来投诉，因而处理投诉的工作人员必须坚持公正原则。

(2) 处理投诉的工作人员不但要代表餐厅的利益，还要代表客人的利益。

(3) 只有真正坚持公正的原则，才能最终让客人满意。

(三) 责任清晰原则

责任清晰原则包括以下内容：

(1) 在处理投诉时，必须要弄清造成客人投诉的部门和个人的责任。

(2) 与此同时，还要弄清楚这些部门和个人的权限及职责等。

只有严格遵守以上原则，才可能及时解决投诉并作出相应的处罚。

处理客人投诉需要在遵守原则的基础上合理应变，这个过程同样具有一定的规律性，不过在实际的操作中，它的流程是比较复杂的。

三、投诉处理程序

(一) 努力把与顾客的关系发展到顾客乐于投诉

在顾客投诉这个问题上，首先要有这样的态度和认识：

(1) 顾客零投诉并不一定是好事。自问我们的工作是否已经做到了无可挑剔，如果不是，我们应先查找顾客不投诉的原因。

(2) 方便、适宜的投诉渠道是检验我们与顾客建立信任关系的必要之举。有了这样的渠道，顾客投诉的真实数量和情况才能凸显出来，也说明了顾客是否对我们有基本的信任。

(3) 顾客投诉的问题是否重复出现是检验我们处理投诉工作是否圆满彻底的尺度之一。改进工作以避免类似问题重复发生是我们处理顾客投诉的重要目的。

(二) 投诉出现后，首先仔细倾听和了解事情的全貌

处理投诉的人员应该仔细听顾客在说什么，不要过早地打断对方，要让顾客发泄以舒缓情绪，让顾客把事情的全貌说完，这样既是对顾客的安慰，也有助于被投诉单位解决问题。进而应该对顾客表示同情以及给其造成的不便和伤害的内疚及歉意，并告诉顾客我们很高兴听到他的投诉，最后表示我们会尽快解决这个问题，给顾客以解决时间的大概预期。对于顾客说出的事情我们要给予足够的信任，任何怀疑的表示都将使问题变得更糟，事后，被投诉方可以另行调查事情真相。

(三) 询问顾客愿意如何解决投诉问题

以往，我们总是以自己的意愿来试图解决问题，并且用以前的处理办法来对待顾客，没有了解顾客的愿望，事实上顾客希望解决问题的方案是不同的，要想让顾客真正满意而且用最低的成本来解决问题，就不要害怕询问顾客的想法，也许我们会发现顾客要求我们做的并没有我们想象的那么多，顾客也许只想听到真诚的道歉和改进工作的保证，而我们却有时以为顾客会索取某种利益等。当然，询问时要考虑到具体投诉的情况。

(四) 在解决措施和方案上与顾客达成一致

了解顾客的想法后，我们就要在解决办法上与顾客达成一致。有时我们正好可以按照顾客的要求去做，但有时顾客也会提出不现实的解决方案，这个时候我们要把谈话的重点集中在我们能为顾客做什么上，并及时地去落实，同时对于不能满足的做法给出

委婉的解释并请求顾客理解。当然，处理的人员级别要得当，那样也会促使问题顺利解决。

（五）采取行动

达成解决方案后即刻采取行动，并且在处理期间确保与顾客沟通渠道的畅通，让顾客知道事情处理的进程。

（六）信守所有的承诺——增加价值

对于答应顾客的事情要确保遵守承诺，而且要尽量做到超出承诺的程度，这样将会获得顾客更深的信任和树立更好的形象，可以建立比竞争对手更高的优势。

（七）让顾客知道我们处理投诉后改进工作的实际行动

有时候顾客投诉的问题是一种有代表性的问题，处理个别事件后需要我们改进工作流程或方法或是建立新的制度，当我们做了之后要让投诉的顾客看到我们的实际行动，以表明我们不断完善工作的态度，取得顾客的长久信赖。

四、投诉处理技巧

①要快速找到关键点，并进行一定的分析；②在受理投诉时就应该掌握事情的性质和大小；③在整个过程中都不要忘记适时地向客人道歉，并不断安慰客人；④以事实为本，不能情绪化，不能受客人影响，也不能狡辩；⑤要讲究语言艺术，可有适当的解释，但不能有任何激化矛盾的语言；⑥在投诉过程中给予客人承诺的，一定要争取最终实现；⑦不要忘记询问客人对处理结果是否满意，送上祝福。

五、具体投诉事件的解决

（一）食物或饮料泼洒到客人身上

当食物或饮料泼洒到客人身上时，餐饮服务人员应做到以下几点：

①马上道歉；②提供干净的餐巾由客人自己擦拭；③提供安抚客人的方法；④通知当值经理；⑤检查客人的满意度。

（二）食物温度不对或火候不合要求

若食物温度不对或火候不合要求，餐饮服务人员应做到以下几点：

①马上道歉；②马上更换；③通知当值经理和厨师长；④告知客人重新制作所需的时间；⑤确认更换的菜式符合要求；⑥检查客人的满意度。

（三）上错食品/饮料

若上错食品/饮料，餐饮服务人员应做到以下几点：

①马上道歉，重新点单；②确认点单正确；③和厨房/吧台联系，确认重新更换所需的时间，通知厨师长及当值经理；④告知客人需等待的时间；⑤在上菜的时候，再次道歉并感谢客人的等待及理解。

（四）客人等待时间过长

若等待时间过长，客人不满，餐饮服务人员应做到以下几点：

①马上道歉；②通知厨师长及当值经理，确认制作时间；③告知客人所需时间；④提供免费纯净水，确认食品的制作情况；⑤在上菜的时候，再次道歉并感谢客人的等待及理解。

（五）账单错误

若出现账单错误，餐饮服务人员应做到以下几点：

①马上道歉；②核对账单，并纠正错误；③再次感谢客人的提醒及等待；④向当值经理汇报相关事宜。

（六）餐桌/椅子上有异物

若客人提醒餐桌/椅子上有异物，餐饮

服务人员应做到以下几点：

①马上道歉；②清理台面；③感谢客人的提醒。

（七）客人发现菜中有异物

若客人发现菜中有异物而提出投诉，餐饮服务人员应做到以下几点：

①马上道歉，确认客人没有受到伤害；②坚持替客人更换食品，若客人不喜欢同样的菜式，可更换其他的菜式；③提供免费茶水或水果；④告知当值经理或厨师长，确保更换菜式的卫生；⑤上菜时，再次道歉。

（八）客人投诉杯具/餐具不清洁或有破损

若客人投诉杯具/餐具不清洁或有破损，餐饮服务人员应做到以下几点：

①马上道歉；②立即更换；③感谢客人的提醒。

（九）客人投诉咖啡的口感

若客人对咖啡的口感不满，提出投诉，餐饮服务人员应做到以下几点：

①马上道歉；②马上更换；③检查客人的满意度；④感谢客人的提醒。

（十）客人指出座位位置不佳

若餐位已满，餐饮服务人员应做到以下几点：

①向客人道歉；②告知客人一有空台，马上更换；③更换后，再次感谢客人的理解及等待。

若有座位，餐饮服务人员应做到以下几点：

①向客人道歉；②核实有无预订；③马上替客人换台；④告知领位。

（十一）处理退换的食物或酒水

在处理退换的食物或酒水时，餐饮服务人员应做到以下几点：

①马上向客人道歉，如“不好意思，这道菜或这种酒水不合您的口味”；②询问客人有关菜式/酒水的详细情况；③告知厨师长及当值经理；④当值经理亲自呈递更换好的食物或酒水。

（十二）处理投诉应有的态度

在处理客人投诉时，餐饮服务人员应保持以下态度，圆满解决问题：

①永远不要和客人争执，让客人发表意见；②马上通知当值经理；③仔细聆听，试图找到投诉原因，保持目光接触，尽量称呼客人的姓氏；④礼貌地道歉，表示同情；⑤（与当值经理确认后）告知客人处理的情况和时间；⑥当值经理检查客人的满意度。

【任务反馈】

如何处理顾客投诉？

释疑：服务是餐饮业生产的核心产品，是一种面对面的产品提供，投诉现象在工作过程中是避免不了的，所以我们不用惧怕顾客投诉的出现，甚至我们还要为出现顾客投诉而感到庆幸，因为在不满意的顾客里只有很少一部分人会提出投诉，而投诉正是我们发现问题和改进工作现状的绝好机会。面对出现的各种顾客投诉我们应该如何解决呢？首先我们要了解顾客投诉的原因，熟悉顾客投诉处理的原则，然后掌握顾客投诉处理的程序，注意顾客投诉处理的一些小技巧。

任务五　突发事件

【任务目标】

①你要了解并掌握突发事件的预防；

②你要熟悉突发事件处理的要点；③你要掌握具体突发事件的处理程序。

【案例聚焦】

4月1日晚上，在北京某高级宾馆的中餐厅内有一些外宾在用餐。餐厅内气派豪华，布置典雅，客人们在尽情享用着加工精细、质量高档的菜肴，并对中国菜的口味称赞不已。餐厅东侧的一张餐桌旁坐着6个澳洲客人，其中有一位50余岁、留着小胡子的男宾，他边用餐边把弄着桌上一只精美的银制酒杯，显得爱不释手；其他人也对桌上的筷子和细瓷餐具很感兴趣。这些情形并没有被服务人员小张所注意，她正在忙着为另一桌的客人上菜。

当她返身为澳洲客人上菜时，感觉到餐桌上好像少了些什么。为客人报菜名时，她仔细观察了一下，发现那位留小胡子的客人离开了餐桌，可能去了洗手间，他面前的银制酒杯已经不见了，取而代之的是他旁边客人的葡萄酒杯；此外，餐桌上还少了两双筷子和一个细瓷汤碗。服务人员小张不动声色地笑问一位面前没有汤碗和筷子的女宾：“女士，现在您面前没有餐具，是否需要我为您重新添放？您是要刚才那种黄色的汤碗，还是要其他颜色的？是否还要两双筷子？”

“不、不，我们什么也不要，谢谢你。”女宾神色尴尬地说道。此时，那位男宾手里拿着两副不锈钢的刀叉走回来坐下。他看了服务人员小张一眼，不自然地说：“我们还是习惯用刀叉，所以我又要了两套。”“没关系，下次您有什么需要请告诉我，我很愿意为您效劳。”服务人员小张说完就离开了。

服务人员小张立即将此事报告了餐厅经理，经理听后向她交代了几句话，就忙其他的事情去了。几分钟后，服务人员小张又回到了澳洲客人面前，手里拿着几样包装精致的餐具。她微笑着对留小胡子的客人说：“先生，我刚才发现你们对中国的餐具很感兴趣，这些餐具确实是很精致的工艺品。为了感谢大家对这些工艺品的钟爱，我代表餐厅送上一个银质雕龙酒杯、一个细瓷雕花福寿汤碗和六双高级筷子，给各位女士、先生。筷子是免费的，碗和酒杯将按优惠价格记在餐费的账上，您同意吗？”

留小胡子的客人马上就明白了小张的意思，他接过服务人员手中的物品，又仔细看了几眼那只惹人喜爱的酒杯，然后对小姐说：“请你先离开一会儿，让我们考虑一下。”服务人员小张会意地退身离去。

当客人招呼服务人员回到餐桌前时，小张看到刚才不见了的餐具和酒杯又摆放在原来的位置上。客人笑着对她说：“小姐，谢谢你的建议，这些筷子和酒杯我们收下，汤碗请拿回吧。今天是愚人节，连餐具都想和你开玩笑，你看，这酒杯、汤碗和筷子又回来了。”说完大家都笑了。

思考：该案例中服务人员小张的做法是否正确？在服务过程中，面对突发事件该怎么做？

【任务执行】

①学习形式	分小组进行
②获取资料	通过查找资料的方式，了解突发事件的预防，总结突发事件处理的技巧
③成果展示	各小组汇报成果，在课堂上展示
④学会总结	提交工作记录单和案例分析报告

一、餐饮突发事件防范

分析突发事件的目的，是避免这些问题出现，因此突发事件的防范是每一个服务人员都应重视的首要问题。只有在服务的全过程中，具有预测和分析突发事件的能力，充分做好防范的准备，才能减少和杜绝那些影响服务正常运作的突发事件。

二、餐饮服务过程中突发事件的处理

（一）开餐中，客人突然发病

①不能擅自搬动客人；②迅速通知上级；③征得亲人同意，立即拨打120急救电话；④尽量避免打扰餐厅其他用餐的客人；⑤掌握有关附近的医院救护车队的号码、位置和到达时间；⑥在亲人的要求下，帮助客人解决问题。

（二）客人在用餐中发现菜肴里有异物

①首先向客人表示诚恳的歉意；②立即为客人更换；③报告上级，餐厅经理可以出面向客人道歉；④如客人提出非分要求，要灵活处理，讲究语言艺术，尽力满足；⑤尽可能地不让饭店受到更大的损失。

（三）在操作过程中，把客人的菜打翻了

①真诚地向客人道歉："实在对不起，我做错了，把你们的菜打翻了，我马上给你们重新补上"；②迅速开单、下单；③上菜前再向客人表示歉意，请求客人原谅；④汇报上级。

（四）客人在用餐时损坏了餐具

①不要斥责或训斥客人；②立即为客人补上干净的餐具；③迅速清理碎片；④对有意损坏餐具的客人，按酒店规定赔偿；⑤必要时报告有关部门协助处理。

（五）在工作中出现小差错

①在为顾客服务的过程中，作为服务人员，要抱着认真负责的态度，尽最大的努力，将工作做得完善妥帖，避免出现差错事故；②当出现小差错时，若顾客在场，首先要表示歉意，然后及时采取补救的办法；③事后要仔细查找原因，吸取经验教训，避免类似的差错发生；④凡是出现的差错，均不能隐瞒。如自己不能解决，要马上请示上级，以免酿成大的事故。

三、餐饮业常见突发事件处理

（一）突然停电、停水

遇到店内突然停电、停水，处理步骤如下：

（1）及时汇报上级部门。

（2）联系相关单位，了解停电、停水的原因。例如停电了，应与电力局或是房东联系，了解停电区域。如果只是店所在楼停电，可找房东解决。如是电力局的原因，整个区域停电，应了解什么时候来电。

（3）寻求解决方法。平时应与电力部门处理好关系，遇到停电时，即借用发电机（功率不小于200千瓦）应急。停电后，尽量保证正常营业，不能完成的工作可与相邻分店联系，请求帮助。例如从分店调拨蒸饭。保证营业区的照明，如一时无法供电，可缩小营业区域，及时在营业区内点上蜡烛，照常接待。厨房可压缩出品，尽量保证快餐和米粉的销售。在夏天气温高（超过35℃），无法营业时应及时停止进客。

遇突然停水，马上联系相关单位询问供水时间，及时与相邻分店联系调拨蒸饭。同时可联系消防单位提供用水，也可以组织员工到员工宿舍或较近的地方提水，以保证照常营业。快餐所配的小菜因缺水清洗不便，可选用不需清洗，削皮即可使用的蔬菜（如冬瓜）。因无水不便清洗餐具，可尽量使用一次性餐具。另外，也可组织员工将蔬菜拿到宿舍或较近的有水的地方清洗。洗手间需准备专

用的装水桶和舀水瓢，备好水冲厕所并安排专人负责，洗手池要备好专用水洗手。

（二）突然局部起火

遇到店内局部起火，应根据实际情况，具体问题具体解决，处理步骤如下：

（1）遇到厨房内起火，在场人员应用灭火器材进行灭火，如火势较大，自己无法控制，及时拨打119报警。

（2）遇柴油灶起火，应立即关掉油阀，并用灭火器灭火。

（3）遇到餐厅内起火，应视起火位置、起火原因予以解决。如推车煤气起小火，应及时关闭煤气阀并推离客人身边，及时扑灭；如电路起火，立即由电工关掉电源并及时疏散顾客，同时组织灭火；如火势较大，本店员工无法扑灭，马上拨打119报警。

（4）如局部小火灾，应在事后及时（24小时内）上报公司上级部门；如火灾较严重，必须当时电话上报公司上级部门，事后将事件以书面形式上报。

（三）突然出现大面积怠工

遇到本单位突然出现大批的员工怠工，处理步骤如下：

（1）组织其他员工加班，顶替怠工员工的工作。

（2）及时向上级部门汇报，从其他店抽调人手补充。

（3）主动了解怠工原因。

（4）寻求解决办法。

（5）如自己解决有困难，及时与上级领导联系，寻求帮助。

（四）突然发生斗殴事件

遇到店内发生打架斗殴事件，处理步骤如下：

（1）如果是公司内部员工发生打架斗殴事件，要及时制止，针对事件原因将相关责任人送有关部门处理，同时上报上级部门。

（2）如果是餐厅内顾客之间发生打架斗殴事件，应视情况疏导旁边其他顾客，将旁边的顾客引导到其他区域消费，尽量保留单据，让顾客买单。如因当时情况特殊，造成顾客未买单，由店堂经理负责处理并申报。

（3）与此同时，及时拨打110报警，并保护好现场，交110处理。

（4）向上级部门报告。

（五）突然遇卫生、消防等部门来检查

遇到卫生、消防部门突然来检查，处理步骤如下：

（1）由一名管理人员做好接待工作，尽量安置在餐厅就座，争取时间。

（2）由另一名管理人员及时对要检查的项目进行处理，如遇用餐高峰期，当厨房比较乱时，应及时组织员工对冰箱、冰柜、清洁餐具的地方、灭火器的摆放等进行快速整理。

（3）适当整理后再请检查人员进厨房检查。如卫生部门抽样检查，应将餐具高温消毒杀菌后交其检查。

（4）检查后问题严重的要马上想办法解决并向上级部门报告。

（六）突然接到顾客投诉本店食品中毒

（1）店堂负责人接到顾客投诉有中毒事件，应立即向顾客了解就餐时间及消费的品种。

（2）要顾客出示医院诊断书，店堂负责人亲自过目诊断书的内容。

（3）同时告知顾客最短时间内公司的

处理办法，并征询顾客的意见，如顾客提出赔偿要求，须立即告知顾客公司将会给出满意的答复。

(4) 店堂负责人立即组织人员对顾客消费时间段的相应品种进行检测，同时将顾客的医院诊断书拿到该医院进行了解，知道顾客的具体病因。

(5) 在确定造成顾客中毒的不是本店产品时，与顾客取得联系，并将检测的结果告诉顾客，并建议顾客再次检测食物及到医院进行再次复诊。如是本店原因，将情况向公司领导汇报，并与顾客联系协商解决方案。

【任务反馈】

如何恰当地处理服务过程中的突发事件？

释疑：餐饮服务具有生产与消费的同时性，在服务的全过程中对突发事件的处理，关系到餐饮服务的质量水平和宾客的满意度，同时也能体现出服务人员的服务能力，面对出现的各种突发事件该如何处理应对是关键问题。对此，我们要认识到突发事件防范的重要性，了解常见突发事件的处理方法，熟悉掌握服务过程中常见的突发事件处理技巧。

任务六　人员配备

【任务目标】

①你要了解餐饮企业人员配备方法；②你要理解餐饮企业人员配备影响因素；③你要掌握企业主要部门人员配备要求。

【案例聚焦】

某饭店越秀餐厅有座位 180 个(含单间)，桌面人员劳动定额 20 客/人·天，传菜员 50 客/人·天。餐厅每班设领位、酒水员 3 人，计划出勤率 98%，每周工作 5 天，2 班制。请完成以下计算(保留小数点后两位，人数最后进整)。

1. 经预测，餐厅旺季上座率 86.9%，淡季上座率 62.4%，平季上座率 78.3%。请为餐厅编制一份不同季节的人员需求表。

	上座率(%)		
单位：(人/班)	86.9(旺)	78.3(平)	62.4(淡)
客人数	157	141	113
桌面	7.85	7.05	5.65
传菜	3.14	2.82	2.26
领位/酒水	3.00	3.00	3.00
合计	13.99	12.87	10.91
2 班人数	27.98	25.74	21.82
在编人数	39.97	36.77	31.17
进位	40	37	32

2. 餐厅上月实际上座率 82.5%，在编桌面服务人员用了 20 人，传菜员用了 10 人，问：他们每人每天实际接待了多少客人？按劳动标准餐厅多用了多少服务人员(不含酒水、领位员)？

上月每班客人数 $=180\times82.5\%\approx149$ (人)

桌面人员上岗人数 $=[(20\times98\%\times5)/7]/2=7$ (人)

桌面每人每天接待客人数 $=149/7\approx22$ (人)

传菜人员上岗人数 $=[(10\times98\%\times5)/7]/2\approx4$ (人)

传菜每人每天接待客人数 $=149/4\approx38$ (人)

按标准上月应配桌面和传菜人数 $=[(149/20+149/50)\times7]/5/98\%\times2=29.8$

≈30(人)

上月多用员工数＝30－(20＋10)＝0(人)

3. 下月餐厅进入旺季，预测上座率90.8%，估计空位率4.6%，问：按劳动标准，下月餐厅需用多少服务人员？

下月每班客人数＝180×(90.8%－4.6%)≈156(人)

下月需要配服务员人数＝[(156/20＋156/50＋3)×2×7]/5/98% ＝39.77≈40(人)

4. 厨房每30个餐位配一台炉灶，上灶厨师和勤杂加工人员的配备标准为1∶1。餐厅实行2班制，计划出勤率97.8%，问：厨房的劳动定额和定员人员各是多少？

厨房定额 ＝(180/30)/(6＋6)＝0.5(台/人)

厨房定员 ＝[(180/30 × 2)/0.5 × 97.8%]×7/5＝34.36≈35(人)

思考：餐饮企业或者餐饮部门该如何进行人员配备？人员配备过程中应该注意什么问题？

【任务执行】

①学习形式	分小组进行
②获取资料	通过查找资料的方式，了解餐饮企业或餐饮部门的人员内部分工，理解影响餐饮企业或餐饮部门人员配备的主要因素，总结人员配备的方法
③成果展示	各小组汇报成果，在课堂上展示
④学会总结	提交工作记录单和案例分析报告

一、定员编制法

(一) 岗职人数定员法

岗职人数是指一个岗位所配的定员人数。这种编制法适用于餐饮企业主管以上的各级管理人员的编制。具体方法是：根据组织结构的设计，在分析企业规模、管理层次、各级管理工作的工作量大小的基础上确定岗位设置，然后根据工作需要按岗定人，确定岗职人数。

在使用岗职人数定员法时要注意：各级管理人员的岗职人数必须根据组织结构设计和岗位设置确定，形成固定人数，不能因人设事、因人设岗；各级管理岗位是否需要设置副职和秘书，具体岗位人数多少，取决于企业的经营规模。人数多少以满足工作需要为度；各级各岗人员编制确定后，将其人员编制作为组织管理规章制度来贯彻落实，不能随意改变岗位设置或人数。

(二) 上岗人数定员法

上岗人数是指在餐饮业务经营活动正常开展的情况下，一个岗位一天所需要的上岗人数。这种方法主要适用于那些餐饮管理中很难确定劳动定额，只能根据经验和日常总体工作需要来确定其上岗人数的部门和岗位的人员编制的情况。

采用这种方法的关键是：要核定每日上岗人数，可根据所要核定的部门的岗位设置，分析在正常业务经营活动能够顺利进行的情况下，一个岗位一天需要几个人上岗。餐饮部每天的上岗人数需要根据所核定的部门岗位设置和工作任务量的大小来确定，以能够满足业务需要、员工每天基本没有空闲时间为原则。

在所核定的部门每日上岗人数确定后，可根据公休时间、轮休时间和出勤率等因素来确定某一岗位的定员人数。

(三) 看管定额编制法

看管定额又称操作定额，是指在正常生产和经营活动中，一个工人或一个班组同时能看管机器设备的台数，或看管机器设备上操作岗位的数量。就餐饮企业而言，它是使用食品原料加工成成品来满足客人的用餐要求的，主要适用于酒店宾馆、大型酒楼的厨房的人员编制。具体方法是：根据厨房的炒菜流程选择上灶厨师、原料加工处理、配菜和勤杂等人员来进行测试，观察一台炉灶需要几名工作人员，按照相应的比例形成看管定额，从而确定员工人数。另外，餐饮企业中的管道工、机修工的人员配备都可以采用此方法。

（四）接待人次定员法

根据餐厅岗位设置和接待人次，在核定人均接待人次的基础上确定人员编制。主要适用于各种餐厅、酒吧间的服务人员编制。办法是：

1. 核定餐厅人均接待人次

餐厅服务人员有领位员、传菜员、看台服务人员和酒水员等。领位员和酒水员不管餐厅大小和接待人次多少，其上岗人数一经确定，往往是固定了的。看台服务人员和传菜员根据接待客人人次的多少来定。因此，核定餐厅人均接待人次的方法是先选择服务人员，观察测定在正常开餐中，每人平均接待的就餐人数。事实上，餐厅人均接待人次多少和餐厅的规格、服务质量有关。比如看台服务人员，看零点台的话每天接待20人，但是在团队或者会议餐的情况下，人均接待40人左右。所以核定时要视具体情况而定。

2. 确定餐厅员工定员

在核定餐厅人均接待人次的基础上，其定员人数的多少主要受餐厅座位数、预测上座率、劳动班次和计划出勤率等因素的影响，其中，预测上座率的高低是主要的。由于餐厅销售具有季节的波动性和随机性，所以其定员编制还可以采用弹性编制法，用来适应餐厅经营的特点。

二、人员配备影响因素

餐饮产品的生产、销售只经历一个非常短的周期，由于餐饮业销售的产品易坏性大，不可能长时间储存，所以餐饮产品的生产量必须根据能立即销售的量来确定，劳动力也应该据此雇佣和调配。在不同的餐饮企业中，劳动力的安排和人员的设置各不相同，影响餐饮工作人员设置的因素有很多，管理人员必须掌握这些因素。

（一）餐饮企业规模和组织结构

饭店餐饮部或餐饮企业的规模越大，所需员工也就越多；反之则越少。组织结构不同同样也会影响人员的编制。如大型饭店餐饮部有餐饮总监及副总监，中小型饭店则不需要设置。股份制餐饮企业要设董事会、监事会及股东代表大会，私人餐馆则不需要这样设置。规模大、档次高的餐厅在组织结构上也和规模小、档次低的有所区别，如前者会有行政总厨，而后者则不需要，这些都影响着人员的设置。

（二）服务的类别

服务程度低的餐厅需要较少的服务人员，服务技术也比较简单；服务程度高的餐厅需要不同的专职人员来管理，相应的服务人员的数量也会有所增加。例如自助餐厅、快餐厅里顾客自主选择的权利比较大，因此就不需要过多的服务人员。而西餐中的法式服务需要派菜，这样提供服务的人员也就增多了。

（三）餐厅技术设备状况

技术设备状况主要指餐厅厨房的技术水平。餐厅属于用人较多的场所，但是使用高科技或效率高的设备，也会影响到人员的设置。在厨房中使用现代化的加工机械来代替传统的人工操作能够节省很多时间。例如，使用切肉机切肉只要 5 分钟，而同样的量人工切需要 15 分钟。现在大部分的酒店都支持刷卡消费，这样也能少用收银员。因此餐厅的技术设备情况也是减少人手、提高劳动生产率的一个因素。

（四）餐厅客流量

由于餐饮产品的生产和销售几乎是同时进行的，因此产品的生产数量与当时客流量的大小有直接的联系。餐厅的人员配备要与不同时段的销售数量相称，在安排班次的时候必须预计到不同时段的客流量。客流量大时，要有所准备。充分调动员工来达到餐厅的最大接待能力。餐厅要找出客流规律，分清清淡期和高峰期来合理安排职工人数，这样才能缩短时间，提高劳动率。

（五）菜品制作复杂程度

在餐饮经营过程中，菜品制作的复杂程度也是影响餐厅员工配备的一个重要因素。有的餐饮店购买现成的食品，只需经过简单的加工便可以进行销售，所以只需要很少的职工和技术人员。相反，一些大型饭店和餐厅菜肴品种众多，购进的原材料需要进行复杂的加工，如宰杀、切配等，一些菜肴需要精细的烹调，配料也较多。这样的餐饮企业不仅需要大量的员工，而且需要专门的技术人员，无形中增加了员工的人数。

饭店餐饮部若想减少员工的设置，可以减少加工环节和缩小加工程度，可适当购买一些加工程度较高的原料或半成品等。

三、人员配备

无论是大型饭店的餐饮部还是私营的菜馆，其员工都可以分成两大类：一类是涉及固定成本的员工，也就是说这些员工的需要量与营业关系很小，在营业量增加或减少时，这类员工的需要量大致保持不变，例如餐厅经理、会计、厨师长、采购员等；一类是涉及变动成本的员工，也就是说这些员工的配备与销售量有直接的关系，在营业量达到一定高度时，人数明显不够用，因此要增雇人员，例如餐厅服务人员、洗碗工和食品烹饪工作人员。这两类员工的职责不同，和营业量的关系也不同，因此要分别探讨。

（一）涉及固定成本的员工配备

由于涉及固定成本的员工配备与营业量的关系不大，在营业量增加的时候没有必要调整收银员、厨师长等员工的数量，只有在营业量大幅增加或减少，而且持续时间长的情况下才有必要作调整。

这类职工的班次比较固定。当营业量大幅增加时，可以采用雇佣兼职人员或者管理人员、调整班次、员工加班等方法；当营业量大幅降低时，可以使用半职工或进行工作并职，比如验收员和库房管理员合并等。这些都可以灵活安排，合理调整。

（二）涉及变动成本的员工配备

由于涉及变动成本的员工配备与营业量有着密不可分的关系，因此配备这类员工时，根据每日、每时段的营业量和劳动定额来确定。

1. 每日营业量分析

餐饮产品与饭店其他产品不同，一个星期中有可能天天需求量都不同。这种需求量的变化有一定的模式，所以要对每日的营业量进行具体的分析。每日营业量的分析要以客人数的统计数据为依据，每日做好菜品服务数和客人数的统计就能较为精确地预测每日的营业量，这样管理人员就可以根据这个数据来配备员工数量。但是,一天的数据不足以反映客源的规律,因此要连续搜集几个星期中各天的数据,然后制成表格,找出各数据中的中位数(这里的中位数并不是平均值,而是居中的数值),以此作为配备员工的依据。

2. 各时段营业量分析

每日营业量分析能够帮助管理人员合理安排员工的工作日和休息日,但如果出现需求量高时人手不够用或需求量低时员工无事可做的现象则无法解决。特别是一些整日开放的咖啡厅更应统计高峰期及清淡期的客人数量,这时我们就应该采用“各时段营业量分析法”进行具体的分析。

各时段客人数分析是以各时段的销售记录为基础的。各时段的客人数统计基本有三种方法:第一种是由领座员统计每小时的客人到达数和离开数,这种方法的优点是简单易行,缺点是不够精确。因为在执行过程中,会出现有的客人因没有注意到而漏掉,或者是暂时离开又返回的情况,这样统计的人数就很难反映出一个小时内客人点菜的数量,以这个数量来做各项工作的安排就会有差错。第二种方法是将客人账单的副联送到厨房时盖上时间,在每餐结束时统计实际就餐人数,这种方法的优点是比较准确,它能够较清晰地反映出一个时段的客人数,缺点是比较浪费时间,在提供服务的过程中可能会忙不过来。第三种方法是在客人就餐结束结账的时候,由收银员统计客人数,这种方法不如第二种精确。

在进行各时段营业量分析的过程中,不能取一天的数据,而是要连续取一段时间的数据进行分析,取中位数,找出营业规律,列出表格,根据各时段的数据对员工进行配备。

3. 确定劳动定额

涉及变动成本员工数量的配备除了要根据营业量外,还要根据劳动定额数据。劳动定额是指各工种的职工在一定的服务时间内应提供的服务或应生产的产品数量。

劳动定额的时间单位一般为供餐的时数,但也有以小时或每班的工作时数作为时间单位的。例如,每餐服务数、每小时服务数等,服务数量一般以客人服务数、营业收入金额等来表示。餐饮服务人员可用每餐服务的客人数和每小时服务的客人数作劳动定额。例如,某餐厅服务人员的点菜劳动定额是:

餐厅:	早　餐	30～40	客人/每餐
	午、晚餐	30～35	客人/每餐
咖啡厅:		15～20	客人/每餐

酒吧服务人员和调酒师的劳动定额很难用客人数来表示,因为有的客人喝完饮品就离开了酒吧,有的客人连续喝多杯,所以把营业收入作为酒吧服务人员的劳动定额更为合适。例如,某个餐厅的酒吧服务人员的劳动定额为200元/天。

【任务反馈】

餐饮企业的人员配置原则有哪些?

释疑:①人尽其用。人是最宝贵的财富,人力资源也像其他资源一样是有价值的,所以应珍惜人力资源,让它得到最大的应用。但是人力资源又不完全等同于物,物多了只会占用资金,造成积压;而人多了不仅消耗资金,还容易生出事端,造成内耗。所以,餐饮企业定编一定要让人尽其用,减少不必要的内耗。在餐饮企业的内部应制定合理有效的人员激励机制,促使人才的效能发挥到最高,同时也让员工享受到应有的回报。

②科学合理。根据餐饮企业的具体情

况，比如规模大小、等级高低、设施设备齐全程度、餐厅的现代化水平高低，量体裁衣，参照科学的理论，制定人员编制，才能保证每个员工得到合理的工作量。同时，餐饮企业应根据自己的实际情况尽量使用现代化的设备。比如一个传统收银台需要两个收银员，你购置一台收银机，可能一个人就能胜任。一个中等规模、经营良好的餐厅需要五个洗碗工，如果使用洗碗机，或许三个人足矣。随着现代化水平的深入，电子菜单、移动POS机等现代化设备也走进了很多餐饮企业，这些都在一定程度上节约了企业的人力成本，使得人力得以合理配置。

③均衡比例。餐饮企业应根据具体情况对前台服务人员与后台服务人员的比例进行均衡，根据企业自身的规模和特点对服务人员与行政人员以及其他工作人员的比例进行调控，将有利于企业工作的正常进行。作为餐饮服务来讲，其特点是服务项目种类繁多，人员流动速度快，服务环节多，对客服务时间长，最容易出现问题，针对这些特点餐饮企业应该尽量提高服务员的比例，缩减行政人员与其他人员的比例，使服务员的人数与服务需求的数量保持平衡。

◆项目评价

【知识/技能评价】

①什么是服务质量控制？

②受到投诉的原因有哪些？

③在服务协作过程中，如何进行人员配备？需要注意哪些方面的问题？

④在服务协作过程中，如何实现表格的运转？

【实训演练】

分小组进行情境模拟演练：每个小组7～8人，其中2～3人扮演餐饮企业员工管理人员，5～6人扮演餐饮服务人员，完成一次现场服务，并最终提出一份现场服务质量的控制方案。

【项目链接】

餐饮服务协作可以参考如下进程：(1)服务协作前期准备任务，包括人员配备方法、工作流程的原则要求以及表格运转等；(2)服务协作过程中的分析，包括服务质量分析、服务质量的内容与控制；(3)服务协作过程的相关服务，包括常见的突发事件、投诉处理方法等方面。

为了增加学生对餐饮行业及其服务协作的相关知识，建议学生阅览《餐饮服务与管理》等书籍，并可以关注“中国餐饮行业协会”或各省餐饮行业协会网页动态，了解更多餐饮行业的动态发展信息。

餐厅应急预案

为保证饮食安全，确保餐厅就餐人员的身体健康和生命安全，结合餐厅具体情况，特制定本工作预案。

第一，发生食物中毒或疑似食物中毒事故应当立即采取以下措施：(1)立即停止可能导致食物中毒的食品出售。(2)立即按相关法律法规上报卫生部门。(3)协助卫生机构治病救人。(4)封闭现场。(5)封存造成食物中毒或可能导致食物中毒的食品及原料，被污染的食用工具、设备。(6)协助卫生部门调查处理。(7)经卫生部门检验后，属被污染的食品立即销毁，未被污染的食品予以解封，被污染的食用工具、设备立即进行消毒。

第二，发生火灾等安全事故的应急预案：(1)立即切断电源、气源，积极扑救并报警。(2)利用各部位的消防器材，积极组织员工进行扑救。(3)及时通知公司负责人。(4) 处变不惊、遇急不乱、勇敢果断,视实际情况及时拨打紧急电话119。(5) 出现事故及时通知医疗单位或及时将伤者送至医院救治。(6) 发生其他事故要积极采取正确的补救措施,要保护好现场,为事故调查提供线索。(7) 肇事部门负责人要坚守现场,等候询问处理。

第三,对爆炸、纵火、行凶、盗窃、破坏等突发事件紧急处置如下:(1) 及时通知中心负责人和上级主管部门。(2) 遇事不惊,勇敢果断,控制现场,正确处理。(3) 视实际情况拨打救助电话110。(4) 保护好现场,控制嫌疑人。(5) 发生事件部门负责人要坚守现场,等候询问处理。

第四,餐厅经理是第一责任人,要求做到防患于未然,平时加强管理,及时消除安全隐患,严格防范各种事故的发生。

第五,积极配合相关部门对餐厅的用电、用气等进行安全检查。

第六,成立突发事件应急处理小组。组长:总经理,副组长:副总经理、商业部经理。成员:餐厅经理、餐厅副经理、保安队长。发生突发事件,在处理小组成员到达之前,由餐厅值班人员负责处理。

项目四　餐饮服务策划与运作

◆项目目标

【行业要求】

做好服务策划与运作是餐饮企业工作的开始，在实际的运作过程中，该如何进行服务策划、运作是餐饮企业面临的关键问题。做好餐饮服务策划与运作，会大大提高整个餐饮服务的质量，同时提升餐饮企业的品牌影响力和竞争力。

【学习目标】

本项目共讲述七个任务，包括服务策划原则及方法、主题宴会设计具体内容及流程、酒会设计的原则及流程、自助餐设计要求及内容、现场督导过程要求、客房餐饮服务标准以及航空餐饮服务标准等。

◆项目任务

服务作为餐饮行业和酒店餐饮部门的核心产品，服务运作的好坏代表着餐饮业运营的质量。餐饮服务具有生产与消费同时性、一次性、不可触摸性等特点，若企业忽视服务的这些特点，员工服务质量就有可能会降低，甚至导致顾客的流失。因此，对服务策划与运作相关知识的学习非常重要。此项目主要论述了餐饮服务策划的原则和方法、现场服务督导，以及几种常见餐饮服务类型的服务要求和服务内容等知识。

任务一　原则和方法

【任务目标】

①你要了解服务策划与运作的内容；②你要掌握服务策划与运作须知的注意点；③你要掌握服务策划与运作的原则和方法。

【案例聚焦】

餐厅清吧产品服务策划

由于中国的消费水平逐渐由“生存型”向“享受型”发展，人们的收入增多，生活质量要求自然也开始增高。因此，从消费结构上看，满足基本生存需要的消费比重大大降低，而用于满足精神文化需求的消费开始上升。清吧（PUB）或称英式小餐吧，是流行于英伦三岛的一种酒吧形式。PUB 即 PUBLIC HOUSE 的简称，是大众化消费场所，工作之余相聚并轻松一下，谈天说地，泡吧不失为首选。清吧主要供应本地或外来进口的各类型酒，包括瓶装啤酒、洋酒和红酒等。气氛无拘无束，有慢节奏感的音乐或是歌手表演等供顾客欣赏。顾客可选择在吧室或餐室进餐，并可玩象棋、掷飞镖等游戏。顾客可以享用各种饮品和小吃。惯例是每当饮品或食品到奉后需立刻付款。清吧，不失为都市休闲消费闪亮的经济增长点。

服务策划中，从市场需求中选择并加工适销对路的产品角度出发：

（1）关于产品的调研。充分了解清吧产品的属性、特点、长处和短处，从中优选出清吧可以做的产品，明确产品产位的针对性。

（2）对于消费者的调研。发现现存的消费群和挖掘引导潜在的消费群，研究不同需求消费者的性别、年龄、收入、教育、职业、婚姻状况和他们对产品价格、服务、理解的差异性，即对不同消费者进行定位。

（3）对市场需求进行调研，了解产品适合的市场，以及这些市场的发展前景、稳定性，即对消费者对不同的产品需求进行定性。

思考：餐饮服务策划与运作包含哪些方面？

【任务执行】

①学习形式	分小组进行
②获取资料	通过查找资料或调研的方式，探讨服务策划与运作的内容，总结出影响服务策划与运作的因素；通过查找资料或访谈的方式，总结服务策划与运作中须知的注意点
③成果展示	各小组汇报成果，在课堂上展示
④学会总结	提交工作记录单和案例分析报告

一、餐饮服务策划的特点

餐饮服务是餐饮企业的员工为就餐客人提供餐饮产品的一系列活动。餐饮服务可以分为直接对客的前台服务和间接对客的后台服务。前台服务是指餐厅、酒吧等餐饮营业点面对面为客人提供的服务，而后台服务则是指仓库、厨房等客人视线不能触及的部门为餐饮产品的生产、服务所做的一系列工作。前台服务与后台服务相辅相成，后台服务是前台服务的基础，前台服务是后台服务的继续与完善。

（一）不可触摸性（无形性）

无形性是服务产品的共性。尽管餐饮产品是具有实物形态的产品，它仍具有服务的无形性特点，即看不见、摸不着，且不可数量化。餐饮服务的无形性，是指就餐客人只有在购买并享用餐饮产品后，才能凭借其生理与心理满足程度来评估其优劣。事实上，大多数餐饮消费者选择一家餐厅时，往往只凭他们所得到的有关这家餐厅的信息，如从广告、亲朋好友的“鲜美可口、清洁卫生、价廉物美、环境优美”的宣传介绍中做出消费的决定。至于他们的选择正确与否，只能在他们亲临餐厅享用之后，凭生理、心理的满足度来评估、判断。正因为服务的这一特性决定了餐饮产品无专利性的命运，因此，餐饮企业必须明确餐饮产品的革新、创新之重要；同时餐饮企业管理者应充分认识到餐饮产品的生命周期是极其短暂的。

（二）一次性

餐饮服务的一次性，是指餐饮服务只能当次享用，过时则不能再使用。这与航班的座位、饭店的客房、电影院的座位一样，当飞机空着一半位子起飞、饭店一天的客房出租率是30%、午场电影准时放映，偌大的电影院却只来了十几位观众，那么，那架飞机的空位、饭店的空房、电影院的空位便成了无法挽回的损失。因为它们永远失去了这一天的销售机会，即使第二天客满也无济于事，因为前一天失去的收入永远无法弥补回来。这就要求餐饮企业应接待好每一位客人，提高每一位就餐客人的满意程度，才能使他们再次光临。

（三）直接性

餐饮服务的直接性，是指餐饮产品的生产、销售、消费几乎是同步进行的，即企业的生产过程就是客人的消费过程。这意味着餐厅既是餐饮产品的生产场所，也是餐饮产品的销售场所，这就要求餐饮企业既要注重服务过程，又要重视就餐环境。

（四）差异性

餐饮服务的差异性主要表现在两个方面：一方面，不同的餐饮服务人员由于年龄、性别、性格、受教育程度及工作经历的差异，他们为客人提供的服务肯定不尽相同；另一方面，同一服务人员在不同的场合、不同的时间，其服务态度、服务效果等也会有一定的差异。这就要求餐饮企业制定服务标准，并加强服务过程的控制。

二、餐饮服务策划的市场环境

（一）宏观环境

服务策划宏观环境，是指对餐饮企业市场营销活动发生较大的间接性影响的行动者及其社会力量的总和，主要包括政治、经济、文化、人口等。

1. 人口环境

（1）人口的地理分布。消费者身处的地域位置，对其心理和行为均有重大影响。地域方位（如东部、西部、南部、北部、中部）、地域现代化发展程度（如都市、市郊、城镇、乡村等）、地域气候（如热带地区、亚热带地区、寒带地区等）等都是掌握消费者心理和市场潜力时需要考虑的基本因素，消费者的基本生活需求受地域因素的影响深远。比如，在饮食习惯上，中国传统上有“南甜北咸，东辣西酸”的说法。北方人口味偏重，南方人则喜清淡、口味偏甜；北方人由于气候寒冷，有冬天吃酸菜、火锅的习惯，而南方人却由于气候炎热，养成了吃泡菜、熏制腊肉的嗜好；由于不同地域粮食种植的差异，北方人喜欢吃面食，南方人则喜欢吃米饭。

（2）人口密度。对于餐饮企业来讲，其顾客具有区域性特征，而且由于企业类型、档次和规模不同，对所在区域的人口容量、密度有不同的基本要求。企业的选址主要考虑的就是目标客源群分布集中、密度高。对于连锁型餐饮企业，还涉及区域的分店饱和布点量，以及分店与分店之间的保护区域大小的问题。

（3）人口的流动趋势。随着经济的发展，人口在城乡之间、国内不同地区之间，甚至于国与国、洲与洲之间的流动越发普遍。在餐饮业上的表现，就是不同类型餐饮菜式、风格的相互借鉴、渗透和融合，以及同一餐饮市场不同餐饮需要的共存性。比如，近几年出现的“川菜粤做”和“海鲜川做”；再比如，在江浙、广东等传统口味上，喜好清淡的沿海省份出现的川味餐饮热潮等，都有人口流动趋势的影响在里面。

（4）年龄段特征。人口可以分为六个年龄段：学龄前、学龄儿童、青少年、青年、中年和老年。人们在不同的年龄段有不同的消费需求、心理、观念和消费能力，表现出差异化的购买行为，并在市场上形成不同的消费者群体。

随着社会经济的发展，餐饮企业往往不再能简单地指望将所有年龄段的人群都设定为目标顾客，进行泛泛经营，而需要使用年龄结构特征将市场细分，以区分不同的年龄段的需求，并找到市场营销机会，进行针对性的市场营销。

比如，麦当劳、肯德基等洋快餐，为了在饮食习惯不同的中国培养一批忠实的顾客群，将市场营销的主要对象瞄准儿童及青少年人群；而“迪吧”的主体客源为18～30岁的年轻人；老年人的餐饮消费更为节制，关注营养和价格。

（5）家庭结构特征。家庭是餐饮产品最基本的消费单位。不同形态的家庭，对产品会有特定的需求和兴趣，其消费的选择性、倾向性很明显。比如，单身、已婚无子女家庭在外的餐饮消费较为随意，频率也较高，而有小孩和老年人的家庭在外的餐饮消费较少。

2. 经济环境

市场不仅由人口组成，要形成市场，还要有购买力。而影响购买力形成的因素主要有收入、价格、储蓄和信贷。这些因素是构成经济环境的主要因素。

在进行消费者收入研究时，应就收入分配与收入量两个部分分别进行分析。就收入分配来说，在不同国家有着很大的差异。这主要取决于这个国家的产业结构。

名义收入和实际收入。对一个国家或特定的市场消费者进行收入量分析，首先需要区分名义收入与实际收入。形成购买力的只能是实际收入。名义收入增加不一定意味着实际收入增加；当然，名义收入减少，也不一定意味着实际收入减少。在现代经济社会中，由于政治力量的介入和影响，名义收入具有保持不变或增加的特点（收入刚性）。但是，实际收入随一个国家经济发展的状况和政治力量变化，或受其他因素影响，是可能减少的。同时，因为企业能得到的收入统计资料都是用名义收入表示的，所以需要通过名义收入的分析辨析实际收入变化的情况，才能对市场需求的变化做出符合实际的估计。一般来讲，名义收入的增加幅度如果高于物价或通货膨胀增长指数，则实际收入将是上升的；反之，实际收入则是下降的。

可支配收入和可任意支配收入。可支配收入指消费者及其家庭的全部实际收入扣除税收和其他强制征收费用之后的剩余部分。可任意支配收入指消费者及其家庭的可支配收入扣除用于生活必需品开支后的余额。

消费者或消费者家庭得到的全部实际收入中，并不能全部投入消费，首先需要扣除税收和其他各种政府强制征收的管理费，如个人所得税、住房公积金、退休保险、社会医疗保险费用等。在作了这些扣除以后，剩余部分才是消费者及其家庭可用于生活开支和消费的收入。在可支配收入中，消费者及其家庭还要首先扣除用于生活必需品的开支，余下的可任意支配收入，才是可以用于购买其他产品的收入来源。绝大多数餐饮企业的产品，都要依赖于可任意支配收入来形成市场购买力。

据统计，中国消费者的收入中，用于餐饮消费的额度为人均400元/年，与欧美发达国家人均2 000美元/年的水准相比，还有相当大的差距。

某一个国家或地区的人口收入结构及平均水准会影响到餐饮企业的市场进入决策。比如，麦当劳、必胜客等西式连锁餐饮企业在进入中国以及中国某一个特定省份之前，都对该地的人口收入结构、水准及分配情况作过全面而翔实的调研分析。只有当各项指标都符合要求时，才会进入该市场，决不贸然行事。麦当劳从20世纪80年代初就开始关注中国市场，但一直到1990年，在中国内地的第一家分店才开业，并且，将登陆地点选在了深圳。

3. 政治环境

政治环境因素对餐饮业的影响程度与

产品大类对政治因素的敏感程度有关。这对于有重要外国市场的产品尤为关键。政治风险的来源包括相互冲突的政治观念和可能出现的社会动乱。这些风险的后果也许是阻碍业务活动，也许是破坏财产或威胁员工的人身安全。

2013 年，中国餐饮业经历了廉政风暴的第一轮洗礼，以“土豪”消费为经营定位的企业开始大面积“瘦身”，政宴市场中的畸形儿们为此发出了一片哀声，从中心城市到地方的一批依赖政宴市场生存，曾经被崇拜、仰望、奉为榜样的餐饮品牌，纷纷走下神坛，逐步退出领军行列，成为餐饮历史舞台上的匆匆过客。2014 年是中国餐饮业 35 年持续稳定发展以来第一次遭遇大洗牌的一年，一个新的概念随之而出：“政宴走了，中国餐饮市场回归理性”，元旦、春节这样的黄金季节过后，餐饮业一场激烈的价格争夺拉锯战全面开战。

4. 社会文化环境

社会文化主要指一个国家、地区的民族特征、价值观念、生活方式、风俗习惯、宗教信仰、伦理道德、教育水平、语言文字等的总和。文化对餐饮企业市场营销的影响是多层次、全方位、渗透性的。主体文化是占据支配地位的，起凝聚整个国家和民族的作用，是由千百年的历史所形成的文化，包括价值观、人生观等；次级文化是在主体文化支配下所形成的文化分支，包括种族、地域、宗教等。文化对餐饮市场营销的影响是多方面的，对所有营销的参与者都有着重大影响。它不仅影响餐饮企业的营销组合，而且影响消费心理、消费习惯等，这些影响多半是通过间接的、潜移默化的方式来进行的。这里主要分析以下几方面：

(1) 受教育程度。受教育程度不仅影响劳动者的收入水平，而且影响着消费者对餐饮产品的鉴别力，影响消费者心理、购买的理性程度和消费结构，从而影响餐饮企业市场营销策略的制定和实施。一个地区人们的平均文化程度越高，餐饮顾客的消费品位就越高，消费者需求形态的差异化程度也越高，餐饮市场随之越繁荣。

(2) 宗教信仰。人类的生存活动充满了对幸福、安全的向往和追求。在生产力低下、人们对自然现象和社会现象迷惑不解的时期，这种追求容易带着盲目崇拜的宗教色彩。一些沿袭下来的宗教色彩，逐渐形成一种模式，影响人们的消费行为。人们的宗教习俗在餐饮菜肴原料、烹饪方法和服务方式等方面都有体现，形成了伊斯兰教的清真、佛教的素斋等餐饮形式。

(3) 价值观念。价值观念是指人们对社会生活中各种事物的态度和看法。不同的文化背景，价值观念差异很大，影响着餐饮消费需求和购买行为。对于不同的价值观念，市场营销管理者应研究并采取不同的市场营销策略。人们价值观念的不同，除了在餐饮消费环节上表现出差异性外，还由于对问题的看法不同，在感知让渡价值方面存在差异。因此，不同价值观念的消费者对同一餐饮产品的满意程度也会有所差异。

(4) 消费习俗。消费习俗是指历代传递下来的一种消费方式，是风俗习惯的一项重要内容。消费习俗使消费者在饮食方面表现出独特的心理特征和行为方式。异地经营的餐饮企业市场营销人员，必须对当地顾客的消费习俗进行深入了解，才能拟定正确的市场营销策略。

(5) 消费时尚。由于社会文化多方面的影响，使消费者产生共同的审美观念、生活方式和情趣爱好，从而导致社会需求的一致性，这就是消费时尚。消费时尚在服饰、家电以及某些保健品方面表现最为突出，对餐饮消费的影响也越来越显著。消费时尚在时间上有一定的稳定性，但有长有短，有的可能是几年，有的则可能是几个月；在空间上还有一定的地域性。比如，乡土风格的餐厅装修曾一度受到消费者推崇，经历五六年的时间之后逐渐被追求情调消费的时尚所取代。而曾风靡成渝两地的“邮亭鲫鱼”，就只有不到两个月的时尚期。

餐饮企业应善于创造餐饮消费时尚，至少应敏锐地关注消费者餐饮消费时尚的变化，及时调整自己的产品组合，顺应顾客需求的潮流。

（二）微观环境

微观环境直接影响与制约餐饮企业的市场营销活动，多半与企业有或多或少的经济联系，被称为直接市场营销环境，又称作业环境。

餐饮企业的微观环境是指与餐饮企业紧密相连、直接影响餐饮企业市场营销能力的各种因素和力量的综合，包括餐饮企业本身、供应商、中介机构、顾客、竞争者以及社会公众等因素。

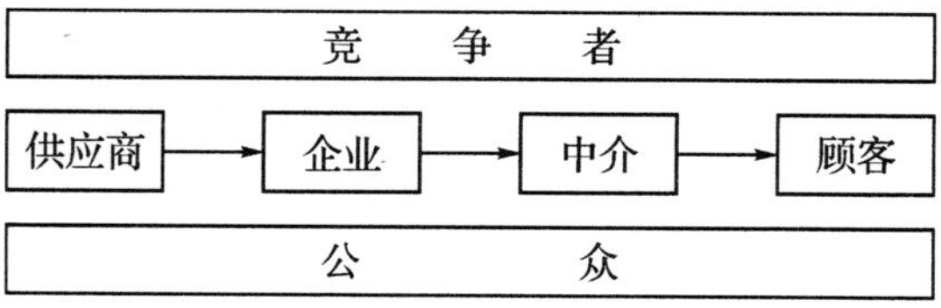

1. 餐饮企业

从餐饮市场的实际工作出发，对餐饮企业内部环境的分析，更多的是关注市场营销部门与其他部门之间的相互协调问题。因为，实现餐饮企业的市场营销管理目标的一个重要条件，就是建立一个高效的顾客价值让渡系统，而价值让渡系统的核心所在就是协调。所以，餐饮企业各职能部门，如财务、研究开发、采购、人事、厨房、前厅部等，能否与市场营销部门相互协调，共同完成企业的市场营销任务，是关系到餐饮市场营销目标能否最终实现的关键，也是关系到企业兴衰成败的问题。

餐饮企业中不同的部门，具体分工负责的任务、担负的职能是不同的：财务部门负责解决实施市场营销活动所需资金来源和进行成本控制，他们最关心的是利润、成本和资金方面的各项指标，关心市场营销活动在资金使用上的控制情况，及其对现金流的要求和影响；菜品研发部门从纯技术的角度关心创新菜品的不断开发，从产品自身的角度考虑菜品的色、香、味、形、器的丰富化、特色化，与市场的衔接则需要市场营销部门的参与和推广；采供部门要保证企业所需要的烹饪原材料和其他物资供应任务的完成，采购的及时性和采购数量上的准确性、灵活性，必须置于系统的一体化考虑之中才能顺利得到控制；厨房生产部门更关心的是能否按顾客需要保质保量地及时生产各种菜品等。所以，内部的各方面都需进行必要的协调，使各部门都能意识到相互的沟通、配合对于满足顾客需求、取得市场营销成功的重要性。

2. 供应商

供应商对餐饮企业的市场营销活动会产生巨大的影响。这主要表现在供应商供应的方式是否合乎企业要求、供应的数量和质量是否符合订货要求、供应的时间是否及时、履约的程度高低、供货价格和价格变动的通知方式等方面，这些情况直接影响餐饮企业市场营销计划和市场营销目标的实现。市场上存在多种因素会导致餐饮企业所需原材料和其他投入品的短缺，或不能按时按质供应产品。餐饮市场营销中须时刻注意这些因素的变化情况，并在出现问题时，有相应的补救措施。

比如，餐饮企业原材料中有相当大的部分是鲜货原料，由于客人点菜的品种和频率具有随机性特点，使得企业对原材料鲜活度以及送货及时性有极高的要求，而原材料供货商的供货方式及服务是否能足够灵活就异常重要。同时，餐饮企业鲜货原材料市场价格的不稳定性、多变性特点，决定了餐饮企业与供货商之间的议价方式有不同的选择，这对企业采购的现金控制也就显得尤其关键。比如，是每日都进行分散采购并分别议价、当场付款，还是采用分时间段进行议价、集中付款，等等。

我们可以把餐饮企业人力资源的供给者视为供应商。餐饮企业各类具有专业技能的生产、服务人员是保证企业提供良好无形服务产品的关键。而餐饮业是人员流动性极强的行业，如何能够在人员紧缺的情况下找到具有良好职业素养的人员，及时地进行补缺，又如何保证企业员工整体素质水准均衡，在很大程度上取决于餐饮企业与人力资源供应商（如各类职业中介机构和各个专业院校）的沟通、合作情况是否良好、稳定。2003年，全国性的非典型性肺炎事件过后，上海市餐饮市场上服务人员异常紧缺，许多餐饮企业陷入困境。然而一些注重与各类学校和职业中介机构建立战略性伙伴关系的企业受到的影响则较小。

3. 市场营销中介机构

市场营销中介机构主要指协助餐饮企业促销、销售和经销其产品给最终购买者的机构，包括中间商、物流公司、市场营销服务机构和财务中介机构。

（1）中间商。中间商包括经销中间商和代理中间商。主要有以下餐饮类型涉及这一环节：旅游定点消费并以旅游餐饮消费为主的餐饮企业，以会务消费、集团消费为主的饭店餐饮。作为中间商的旅行社和会议主办机构等，对该类餐饮企业的市场营销成效影响巨大。

对大多数的社会独立餐饮企业来讲，这一环节较少涉及，一般直接面对最终的消费者。到目前为止，餐饮企业的销售还是以“前店后坊”式的直销为基本和主要形式，大多数餐饮企业很少使用中间商。即便借助中间商进行市场营销，涉及的中间商类别也很少，与中间商的合作程度不深，合作形式简单。

应该指出，餐饮企业可以通过参与一些组合折扣营销系统、组织或者活动，人为地增加这一环节，扩大客源面，如开展联合促销。

（2）物流公司。物流公司主要是指协助餐饮企业储存并把物资运送至目的地的仓储公司。实体分配的要素包括包装、运输、仓储、装卸、搬运、库存控制六个方面，其基本功能是调节生产与消费之间的矛盾。

比如，便当快餐产销企业，服务的主要内容之一是大中型企事业单位的工作餐供应，多数情况下企业选择的是自己分送的方式。但随着企业规模的扩大和配送要求的提高，餐饮企业可以将配送业务分流出去。那么，所选物流配送公司的工作组织状况、配送条件、流程衔接和控制状况就直接影响到供餐企业的服务效率与质量。又如，正在发展壮大的各个全国性的餐饮连锁集团，必须考虑如何将它们的重要原料和控制性的半成品配送到各连锁分店，才有利于控制成本，取得连锁具有的规模优势，这也需要企业考虑对物流公司的选择问题。

(3) 市场营销服务机构。市场营销服务机构是指市场调研机构、广告公司、各种广告媒介经营组织、营销咨询服务公司等机构。

市场营销服务机构为餐饮企业提供各种市场营销服务，协助企业选定市场，推广产品，沟通目标顾客，收集、分析和处理所需要的营销信息。同时，这类中介机构还能帮助餐饮企业完成同目标顾客的联系、传送产品和服务信息、收集需求信息等工作。企业应就如何选择这些机构、如何评价它们提供服务的质量、如何根据自己所需要的服务内容等，向市场营销服务机构提出服务要求并作出决策。好的市场营销服务机构能使企业更好地或更有效率地完成预期的营销任务和目标。

越来越多的各类餐饮企业开始深刻意识到市场营销服务机构的重要性，一改传统的凭感觉开店的方式，将投资开业计划建立在严密、翔实的市场调研及评估的基础上。也有更多的餐饮企业开始利用各类市场营销咨询、广告策划公司，全方位地包装企业，树立与企业定位相吻合的个性化、特色化形象。

(4) 金融服务机构。金融服务机构包括银行、信贷公司、保险公司以及其他能提供融资的机构。在现代市场营销中，餐饮企业常常需要同一家或数家金融服务机构建立联系，以满足现金的保管和融通市场营销活动中所需要的资金。餐饮企业同金融机构的关系如何，能否在需要的时候取得所需要的信贷资金，以及取得资金的成本(贷款利息)高低，对企业尤其是不断扩张中的大型连锁餐饮企业市场营销活动的成败具有重要的乃至决定性的意义。

从行业角度讲，目前银行对餐饮业的歧视仍旧普遍存在，尤其是几家国有银行。一方面连锁型餐饮企业由于连续扩张，企业自身缺乏固定资产，无法满足银行抵押借款的要求，银行对其往往“退避三舍”；另一方面，餐饮企业往往崇尚自我积累、自我发展的传统经营方式，在融资、资本运作上涉足很少，大都是靠自身积累、滚动投资走过其发展历程。一个拥有百家连锁分店的知名餐饮连锁集团，曾一度骄傲地对外炫耀没有一分钱的负债，可见这种传统观念的根深蒂固。

为此，餐饮企业必须建立适度负债经营的观念，通过与金融机构建立良好关系，甚至通过政府公关来解决市场营销发展中的资金短缺问题，充分利用外来资金扩大自己的经营规模和效益。例如，2000 年，“皇城老妈”餐饮集团在四川省政府的协调和帮助下，从成都商业银行贷款 4 500 万元人民币，建成了富有文化特色和全新现代概念的“老妈总店”。2002 年，“皇城老妈”再次获得这家银行的追加贷款，在上海建成一家新店。两年内使资产总额大幅度提高。又如，“谭鱼头”于 2003 年获得一笔 5 000 万元的贷款授信额度，成为全国第一家由商业银行给予如此巨额贷款的餐饮企业。除了利用银行等金融机构外，大型餐饮连锁企业还可以考虑利用证券市场开展融资活动。比如，“谭鱼头”正积极准备在香港上市，开始其在资本市场融资的历程。

4. 顾客

顾客构成的市场类型有消费者市场、生产者市场、中间商市场、非营利组织市场和国际市场。餐饮企业面对的主要是消费者市场，但已有愈来愈多的餐饮企业开始面向国际市场营销。

5. 竞争者

餐饮企业的市场营销系统总是被一群竞争者包围和影响着。要成功，必须在满足消费者的需要和欲望方面比竞争对手做得更好。这涉及产品组合、营销定位、生产经营规模、技术、资金实力、管理能力、对环境的适应能力等多方面的努力。

从顾客作出购买决策的过程分析，企业在市场上所面对的竞争者，大体上可以分为以下四种类型：

(1) 愿望竞争者。愿望竞争者指提供不同产品以满足不同需要的竞争者。消费者的需要是多方面的，但很难同时满足，在某一时刻可能只能满足其中的一个或少数需要。这类竞争是针对消费者需要类型的竞争。比如餐饮企业和旅游企业之间，它们分别用不同类型的产品满足不同的消费需要。愿望竞争者之间的竞争相对较间接。

(2) 属类竞争者。属类竞争者指提供不同类型产品以满足同一种需要的竞争者。属类竞争是决定需要类型之后的次一组竞争，也称平等竞争。例如，消费者饮食上的需要，可能选择买来原材料自己动手做，也可以选择从超市购买方便食品，还可以选择到餐厅就餐。这样，鲜货原料销售商、食品生产销售企业就成了餐饮企业的属类竞争者。

属类竞争者的相互影响通常较为温和，完全属间接竞争，在常规经营中，对竞争的分析甚至并不考虑属类竞争者。但在特定的环境变化条件下，受环境因素交互作用的影响，它们的存在和发展对餐饮企业的市场营销也可能产生较大的影响。例如，2003年春天的一场“非典”灾难，由于上述属类竞争者的存在，消费者大量选择消费超市食品和自行采购原料自己加工制作，使餐饮业销售极度下降。

(3) 产品形式竞争者。产品形式竞争者是指满足同一需要的产品的各种形式间的竞争。为满足人们的就餐饮食需要，不同餐饮企业的产品定位可以有很大差异，如中餐、西餐、日本料理、东南亚料理，等等。这些不同类型的餐饮企业之间，形成了产品形式竞争关系。产品形式竞争者，也属于餐饮企业的间接竞争者。

(4) 品牌竞争者。品牌竞争者指满足同一需要的同种形式产品不同品牌之间的竞争。如粤菜餐厅、火锅餐厅之间的竞争，具体到了各个餐厅的特色、风格及其在消费者心目中的品牌形象与影响力之间的竞争。品牌竞争者在竞争分析时被看作餐饮企业的直接竞争者，常引起餐饮企业的高度重视。

产品形式竞争者和品牌竞争者是同行业的竞争者。在同行业竞争中，卖方密度、产品差异、进入难度都需要引起特别重视。在竞争性的市场上，除了来自本行业的竞争外，还有来自代用品生产者、行业潜在加入者、原材料供应者等多种力量的竞争影响。加强对竞争者的研究，了解对本企业形成威胁的主要竞争对手及其策略、力量对比，知己知彼，扬长避短，才能立于不败之地。

6. 公众

公众是指对餐饮企业实现市场营销目标的能力有实际或潜在利害关系和影响力的团体或个人。餐饮企业面对的广大公众的态度，会协助或妨碍企业市场营销活动的正常开展。餐饮企业所面对的公众主要有以下几种：

(1) 金融界公众。金融界公众是指影响企业融资能力的金融机构，如银行、投资公司、证券经纪公司、保险公司等。餐饮企业可以通过发布乐观的年度财务报告，回答关于财务问题的询问，稳健地运用资金在融资公众中树立信誉。

(2) 媒介公众。媒介公众主要是报纸、杂志、广播电台和电视台等大众传播媒体。餐饮企业必须与媒体组织建立友善关系，争取有更多更好的有利于本企业的新闻、特写和社论。

(3) 政府公众。政府公众是指负责管理企业市场营销业务的有关政府机构。餐饮企业的发展战略与市场营销计划，必须和政府的发展计划、产业政策、法律法规保持一致，注意咨询有关产品安全卫生、广告真实性等法律问题，倡导遵纪守法，向有关部门反映行业的实情，争取立法有利于产业的发展。

(4) 社团公众。社团公众包括保护消费者权益的组织、环保组织及其他群众团体等。餐饮企业市场营销活动关系到社会各方面的切身利益，必须密切注意来自社会公众的批评和意见。

(5) 社区公众。社区公众是指企业所在地邻近的居民和社区组织。餐饮企业必须重视保持与当地公众的良好关系，积极支持社区的重大活动，为社区的发展贡献力量，争取社区公众理解和支持企业的市场营销活动。

(6) 一般公众。一般公众是指上述各种关系公众之外的社会公众。一般公众虽不会有组织地对企业采取行动，但企业形象会影响他们的惠顾。

(7) 内部公众。内部公众是指餐饮企业的员工，包括高层管理人员和一般职工。餐饮企业的市场营销计划，需要全体职工的充分理解、支持和具体执行。应经常向员工通报有关情况，介绍企业发展计划，发动员工出谋献策，关心职工福利，奖励有功人员，增强内部凝聚力。对员工的责任感和满意度，应加以传播并影响外部公众，从而有利于塑造良好的企业形象。

三、服务定位分析

(一) 将餐饮服务定位在高起点

应根据本餐厅的规模安排素质较高的服务人员，在服务工作中要严格执行本企业切实可行的服务规范，每个服务细节都要有严格的标准，并把个性化服务贯穿于整个服务过程中。但个性化服务的内容从教科书上是找不到的，是根据本企业的经营特点，在工作实践中客人反馈的大量事例中逐渐总结出来的。在推行个性化服务工作中，要求经营者做到有组织、有计划、有落实、有检查、有总结，不能流于形式，这样，个性化服务才能健康发展。

(二) 潜心研究客人消费心理

市场营销理论告诉我们，只有真正地了解顾客需求，才能提供令顾客满意的服务，才能提高餐饮企业的竞争力。在为客人提供服务时，首要的任务是要先跳出自己设定的框框，要打破自己的思维模式，切忌以习惯性的眼光看顾客。要站在顾客的角度，去了解顾客真正的需求与渴望。

1. 超前意识服务

超前意识服务是指服务人员在服务的过程中具有超前意识。凡事都想在客人前面，在客人的需要和服务人员的服务行为之间有一个时间差，这个时间差要求服务人员在工作时全身心投入，口、心、手、眼并用，及时地为客人服务。例如当客人用完餐，掏出香烟时，这个点烟的时间差就是客人将烟含在嘴中和自己动手点火之前短短的几秒钟。天气炎热的夏天或是三九寒冬，客人一进餐厅，就递上冷毛巾或热毛巾，让客人清除热气或冷气。这些小小的细节给顾客带来了心情的愉悦，更是超前服务意识的体现。

2. 超值服务

超值服务主要表现在超值上，超值服务是指本应由客人自己做的事由服务人员代劳，不在服务人员工作范围以内的不收服务费的服务。例如客人带小孩来就餐，当小孩哭闹影响大人就餐时，服务人员则要主动为客人带小孩。

3. 超质服务

超质服务是在一定的服务需要的基础上增进了一种或多种附加质。如客人在餐厅宴请，除了提供美味佳肴和周到细微的服务外，还借机给客人讲一讲菜式搭配的营养价值，或食文化、酒文化等，这样不但可以提高客人的饮食兴趣，还可以活跃宴会气氛，使客人在饮食中学到一定的知识。

（三）强化员工的服务意识

酒店要实行以人为本的管理模式，首先要为员工营建发挥他们能力的施展空间，要充分相信员工的主观能动性，这样员工才有动力在工作中发现问题、解决问题。在他们完全具备规范化和标准化的服务能力之后，适当地对他们进行个性化服务的培训。人的意识对其行为有一定的反作用，所以首先要强化员工个性化服务意识，要知道不同的客人有不同的喜好，要与客人建立良好的沟通关系。然后要提高服务人员的综合素质，服务人员要对当地的气候、旅游动态、商务动态、航班信息等有所了解，这样才能在客人面前独当一面。

（四）提高灵活服务技巧

要求服务人员不仅要掌握各项服务技能，而且要善于根据不同客人的需求灵活掌握好各种礼节，如问候礼节、称呼礼节、迎送礼节、仪表礼节等。

【任务反馈】

餐饮服务策划与运作过程中，应该掌握哪些方面？

释疑：餐饮服务策划与运作是餐饮行业的关键步骤，是餐饮服务的开始。好的开始是成功的一半，因此餐饮服务策划与运作过程中的原则和方法显得十分重要。首先，要能够了解服务策划的特征；其次，要能够熟悉餐饮服务策划环境；最后，要能够理解服务运作的定位。而这些都需要大量阅读相关文章与书籍。

任务二　主题宴会设计

【任务目标】

①你要了解主题宴会常见类型；②你要理解主题宴会内涵；③你要掌握主题宴会设计须知的注意点；④你要掌握主题宴会设计的内容和方法。

【案例聚焦】

现代餐饮经营与发展的事实告诉我们，餐饮经营想一路走好并做大、做强，做出品牌，那种追求大而全、小而全，漫天撒网的经营方式，显然是比较难以做到的，因为它缺乏吸引人的亮点。

主题宴会活动的策划，是近年来餐饮行业所关注的一项营销活动。“特色化”的主题宴会也是餐饮业创造优势的武器。餐饮企业在组织策划各种主题宴会营销活动的时候，应根据时代风尚、消费导向、地方风情、客源需求、社会热点、时令季节、人文风貌、菜品特色等因素，选定某一主题作为宴会活动的中心内容。然后根据主题收集整理资料，依照主题特色去设计菜单，吸引公众关注，并调动顾客的进食欲望。

北京一家五星级酒店应一位美国学者要求，设计了“丝绸之路”主题宴会。该主题宴会把环境氛围设计为：从宴会厅的 3 个入口至宴会的3桌主桌，用黄色丝绸装饰成蜿蜒的“丝绸之路”。宽大的宴会厅背板上，蓝天白云下一望无际的草原上点缀着可爱的羊群。背板前高大的骆驼昂首迎候着来宾。宴会的东侧设计了古老的长城碉堡，西侧有一幅天山图背板，宽大的舞台上有一对新疆舞蹈演员在载歌载舞。16张宴会餐台错落有致地散立于3条“丝绸之路”左右，金黄色的座椅与丝绸颜色一致，高脚水晶杯和银质餐具整齐地摆放在白色台布上。服务人员穿着新疆维吾尔族服装，伴随着欢乐的新疆“牧歌”，主题宴会的氛围像热浪一般汹涌澎湃。

思考：什么是主题宴会？如何进行设计？

【任务执行】

①学习形式	分小组进行
②获取资料	通过查找资料或调研的方式，探讨当前较为流行的主题宴会，总结出影响主题宴会设计的因素；通过查找资料或访谈的方式，总结主题宴会的设计方案
③成果展示	各小组汇报成果，在课堂上展示
④学会总结	提交工作记录单和案例分析报告

一、主题宴会概述

（一）主题宴会的概念及类型

1. 主题宴会的概念

主题宴会指以一系列围绕一个或多个历史文化的活动或其他主题为吸引标志，向顾客提供宴会所需菜肴、基本场所和服务礼仪的宴请方式。换言之，“主题宴会”即围绕着某个主题而举办的宴会形式。

2. 主题宴会的类型

（1）按照主题宴会的菜式划分：中式主题宴会、西式主题宴会、中西合璧式主题宴会。

（2）按照主题宴会的形式划分：正式宴会、便宴、冷餐酒会、鸡尾酒会、茶话会。

（3）按照宴会的性质与主题划分：庆祝宴会、商务宴会、迎宾宴会、休闲类宴会、民俗风情类宴会、怀旧复古类宴会、以节日为主题的宴会等。

二、主题宴会的设计要求

（一）可供选择的主题众多

现代的餐饮经营促销，可供选择的主题是很多的。美食主题是餐饮所有活动所要表达的中心思想，它决定了餐饮活动对市场目标人群的吸引力。在确定主题时，应进行切实的需求调研。一般来说，可供选择的宴会主题大体上可以分为以下几类：

1. 以地域文化为主题

利用本地区的特色原料、风味和独特的烹调方法以及本地区的人文特点开发地域风味浓郁的主题宴会，不仅影响深远，而且对地方饮食文化的传扬起到很重要的作用。如地方风味主题活动：运河宴、长江宴、长白宴、岭南宴、巴蜀宴、蒙古族风味、维吾尔族风味以及泰国风味、日本料理、阿拉伯风味、意大利风味等。

2. 以特产原料为主题

以特色、特产原料作为宴会主题，自古以来在餐饮业运用较为广泛。如镇江江鲜宴、安吉百笋宴、云南百虫宴、西安饺子宴、海南椰子宴、东莞荔枝宴、漳州柚子宴等。

3. 以名人、名著为主题

利用名人或者名著来策划新的主题，是现代餐饮经营者常使用的一种思路。以人文、名著类为主题，如乾隆宴、大千宴、东坡宴、梅兰宴以及红楼宴、金瓶宴、三国宴、水浒宴、随园宴、仿明宴、宫廷宴、射雕宴等。

（二）强调主题的单一性与个性化

主题宴会的明显特点就是主题的单一性，一个宴会只有一个主题，只突出一种文化特色。推出某一个主题宴时，要求主题个性鲜明，与众不同，形成自己独特的风格。其差异性越大，就越有优势。宴会主题的差异也是多方位的，产品、服务、环境、服饰、设施、宣传、营销等有形与无形的差异都行，只要有特色，就能引来绝佳的市场人气。

（三）切忌空洞、名不副实的应景之作

近几年来，全国各地涌现了不少的主题宴会，其风格多种多样，有原料宴、季节宴、古典宴、风景宴等。但许多主题宴会设计存在的问题也不少，特别是那些古典人文宴和风景名胜宴，不少的菜品给人牵强附会之感。把几千年的菜品挖掘出来这确实是件好事，但有些菜品重形式轻市场，华而不实，中看不中“吃”，如有的风景名胜宴，在盘中摆出山山水水、花花草草，甚至还有亭台楼阁、人和动物，然而许多菜却难以食用或是叫人不敢食用，违背了烹饪的基本规律。

三、主题宴会设计内容

（一）主题宴会环境设计

主题宴会环境设计是依据宴会的主题、标准、性质、宾主要求和宴会厅的装饰风格来进行设计和装饰布置的方法。

1. 主题宴会环境设计原则

（1）环境要体现经营理念原则。如今，在激烈的市场竞争中，餐饮企业都越来越讲究经营理念和服务理念，而抽象的理念通过有形的环境可以得到具体的体现，从而有利于顾客的感知。因此，宴会环境设计要遵循体现餐饮企业的理念原则。例如，国外一些“绿色”主题宴会不仅仅以经营“绿色”食品为主，而且环境设计也是“绿色”的，如在餐厅内种植树木、竹林，种花养鸟；地面采用可再利用花岗岩；墙面采用无污染的材料或天然材料进行装饰；餐桌、餐椅的材料部分取自报废船只的地板；厨房设备采用绿色家电，等等。

（2）环境要体现特色原则。宴会服务的特色，不但体现在菜肴、点心和自配饮料上，也体现在环境上。如野味宴将宴会环境布置成远古时代先民狩猎的情景，再结合野趣盎然、野味十足的就餐方式，使不少宾客心驰神往。因此，饭店常用特定的环境布置经营宴会特色。

（3）环境满足顾客需要原则。满足顾客需要是主题宴会服务的核心，也是宴会环境设计与管理的一个原则。主题宴会的环境设计与氛围营造必须符合人的审美需求和实用需要，所以宴会环境设计人员必须要树立客人导向意识，与宴会的举办者密切协调，充分了解对方的要求和意图，根据宴会的性质、规模、主题等有针对性地进行设计。

（4）环境装饰风格与宴会主题协调一致原则。现代宴会装饰风格也很多，有中国的传统风格、各种地方风格、各少数民族风格，有西洋的古典风格、中世纪风格、现代风格，还有日本、韩国、印度、伊斯兰风格，此外，还有各种乡村风格、海岛风格、宫廷风格、农家小院风格等，无奇不有、千奇百怪。但是只有将宴会环境的装饰风格和宴会主题、宴会经营风味结合起来，保证协调一致，才能创造出有特定意境和特色的装饰环境，适应市场需求。

2. 主题宴会环境设计程序与步骤

（1）宴会的主题内容及装饰风格的选定。宴会主题和装饰风格是由宴会主办者的目的、宗教、意向等决定的。宴会主题环境内容选择确定的步骤是：第一，分析宴会目的，与主办单位协商宴会的具体目的、主题内容和表现形式。第二，提出主题宴会环境设计意向，明确宴会主题布置的中心，征求主办单位的意见，然后选择确定具体的宴会场景布置的主题内容和装饰风格。如，同是婚宴，不同国家和地区、不同民族和风俗的客人，其婚宴的主题内容、装饰风格、背景图案的布置是各不相同的。所以，宴会主题布置风格具体内容的选定，关键是要明确主办单位的宴请目的、意向、表现形式。宴会管理人员要具有丰富的想象力、创造性，善于向客户提出主题宴会意境和具体表现形式上的建议。

(2) 主题宴会环境创造。主题宴会环境创造是为主题内容服务的。它必须依据宴会主题和装饰风格来确定环境气氛，充分地利用灯光色彩、墙饰标志、家具器皿、花卉盆景、窗帘、服饰等手段来表达或庄严隆重或豪华高雅或热烈欢快或优雅恬静的意境。如某市一家以经营高档商务宴为主的宴会厅可以说是休闲的庭院、倾诉心曲的驿站、商务交流的平台、放飞心灵的空间。在这里，顾客可以见识到中国渊深的茶艺，品味历史与人文，体验纯情与浪漫，欣赏大师的艺术珍品：在一座气势不凡的褐色山西老门里，白、黑、红色调使你感受到精致与永恒，轩敞的厅堂，雪白的墙，有棱角的墙柱，墙壁上挂着几帧桂林山水的黑白油画，一副狂放的书法对联，墙角边立着几只灰褐的钢瓶（其实是一件参加全国美展的优秀装置作品），中堂摆着石刻的大佛头，堂上悬放的投影仪亮了，雪白的墙上出现了极现代的抽象图画，慢节奏的“冷爵士”音乐在耳边幽雅地回响，门楼后白色的大圆柱蜡烛和室间既传统又时尚的雕花隔断，一种空灵通透与现代艺术交错的韵味从这些摆设中流溢出来。黑色座椅为半边是光滑的背板衔接的圆柱空心形（它的造型也体现出中西艺术的结合、虚实相生的味道），透亮的水晶玻璃镜面覆盖的长桌上一只只杯口或歪或正的大小瓦罐、茶壶、玻璃杯摆放在桌子上像一件件艺术品，人手一只桂皮卷儿当作“筷子”，玫瑰花与红茶在搅拌下泛着橙红的光，给人们带来生活的纯情与浪漫。这里的环境布置与装饰超乎常规，桌椅、灯光、器皿、酒水牌、摆设，全部出自主人的设计，没有一定规律可循，却无比协调和标新立异、独树一帜。这里的商务宴环境设计以文化为先导、以艺术为底蕴，用茶缘佛缘缔结情缘，中西合璧，闹中取静，锁定了高端前卫的商务精英，成为商务交流的好去处。

(3) 主题宴会环境布置。主题宴会环境布置是在主题环境装饰风格选择、主题宴会环境创造的基础上，选择不同的布置材料和表现手法来创造出符合宴会目的和要求的现场景致，具体包括宴会现场的背景布置、墙面或天花板的现场装饰（主办单位提出要求的）、灯光气氛的设计布置、主墙和主席台面的设计图案、宴会横幅标语、主桌的宴会花草布置、中心图案的造型设计和布置等。上述宴会主题环境的内容和布置方法主要是在制定出设计方案的基础上，由饭店美工人员和工程部门的有关人员及服务人员按设计方案和要求逐一落实。最后做好检查工作，保证宴会主题环境的美观、大方，符合宴会主题和主办单位的要求。

（二）主题宴会台面设计

成功的主题宴会台面设计，就像一件艺术品，令人赏心悦目，能给参加宴会的宾客创造隆重、热烈、和谐、欢快的气氛。

1. 按主题选取相应的宴会餐饮方式

①中式主题宴会台面(圆桌、中式餐具);②西式主题宴会台面(方形和长方形桌、西餐餐具——金属餐叉、银制烛台等);③中西合璧式主题宴会台面(中餐采用中菜西吃的用餐方式;餐具——中餐的骨碟、汤碗、筷子,西式的餐刀、餐叉及各种酒具)。

2. 主题宴会台面用途

餐台也叫食台、餐饮"正摆台"、看台,根据宴会主题、性质、内容,用各种小件餐具、小件物品、装饰物等摆设成各种图案,供宾客在就餐前观赏,多用于民间宴会和风味宴会;花台是用鲜花、绢花、花篮以及各种工艺美术品和雕刻品点缀,构成各种新颖、别致、得体的主题宴会台面。

3. 主题宴会类型及台面风格

序号	主题宴会类型	台面风格特点	适用宴会
1	仿古宴	仿造古代名宴的餐酒具、台面布局、场景布置,礼仪规格高	红楼宴、宋宴、满汉全席、孔府宴
2	风味宴	具有鲜明的民族餐饮文化和地方饮食特色	火锅宴、烧烤宴、清真宴、海鲜宴、斋宴、民族宴
3	正式宴会	主题鲜明、政治性强、目的明确,场面气氛庄重高雅,接待礼仪严格	国宴、公务宴、商务宴、会议宴
4	亲(友)情宴	主题丰富,目的单一,气氛祥和、热烈,突出个性	洗尘接风、乔迁之喜、祝贺高升、毕业宴请、家庭便宴
5	节日宴	传统节日气氛浓重,注重节日习俗	圣诞节、元旦、春节、元宵节、国庆节、中秋节、儿童节、情人节、美食节、重阳节等宴请
6	休闲宴	主题休闲,气氛雅静舒适	茶宴
7	保健养生宴	倡导健康饮食主题,就餐的环境、设施与台面设计有利于客人的健康需要	食补药膳宴、美容宴
8	会展宴	宴会的台面设计与会展主题相符,就餐形式多种多样	各种大型会展主题宴会、冷餐会、鸡尾酒会

(三) 主题宴会服务设计

主题宴会作为高规格的就餐形式,显著的特点是礼仪性和程序性。因此,在主题宴会服务中,服务程序的正确与否、服务质量的好与坏,会对整个主题宴会的过程起到推动作用或产生负面影响。主题宴会服务设计应遵循以下原则:

1. 满足目标顾客需求原则

宴会需求和等级规格的高低是由举办者的宴请目的、宴请事由、主要宴请对象的重要程度、想要达到的宴会影响、出席宴会的主要人物身份地位、举办者的宴会标准等多种因素决定的。因此,主题宴会服务设计时必须遵循满足目标顾客需求的原则,确保每个主题宴会服务都能根据目标顾客的需求层次和等级规格,提供质价相符、针对性强的优质服务。

2. 规范化与标准化原则

不管是何种类型的主题宴会，专业化和标准化的服务是不可或缺的。服务人员操作手法的卫生、操作程序的准确到位、服务的高效快捷、服务态度的热情真诚等要自始至终贯穿于整个服务过程中，再以此为基础，突出主题特征，才能使两者的结合相得益彰、锦上添花。

3. 主题鲜明原则

宴会并不是盲目举办的，每一次宴会都有一个鲜明的主题，然后围绕这个主题来选择菜肴风味、举办场所、灯光音乐、服务方式和就餐环境的装饰布置等。如北京长城饭店为美国商务客人举办的著名的“丝绸之路”宴会。饭店根据客人的要求，设计创造出了以天山图案为背景，三条象征丝绸之路的黄色装饰的宽敞通道，伴有新疆舞蹈演员载歌载舞的表演及设计美观、大方、舒适、典雅的16张宴会台面，完美地体现了宴会主题，烘托了意境，从而创造出了使客人十分满意的优质服务，收到了使客人“永生难忘”的效果。

4. 创新性原则

在市场竞争中，只有不断地创新才能给客人以新感受，才能在行业竞争中独树一帜，成为被模仿和追逐的对象。创新源于对客人需求的满足，服务的创新可以从服务的方式、语言、内容、环境、过程等方面体现出来。针对主题宴会而言，服务的创新要立足于主题所在，围绕主题进行细节的设计，但同时要充分考虑宾客的品位和审美，以得到对方的认可。可新、可奇、可雅，但不能过俗，要体现创新中的文化内涵和特色，如婚宴中的喜庆、家庭聚会的温馨，只有把握了不同的主题，才能借助于一定的服务方式出奇制胜。

（四）主题宴会菜单设计

主题宴会菜单是由具备一定规格与质量的一整套菜点、饮品，根据约定俗成的传统进餐顺序和礼仪组合而成的菜单，其规格标准明显区别于普通的零点菜单和套餐菜单。主题宴会菜单又是技术性的菜单，它的设计体现了饭店烹饪技术的实力水平和服务水准，是饭店餐饮文化的提炼和结晶。设计一份既能满足餐饮管理的需要，又能满足客人目的需要的主题宴会菜单是一项技术性、艺术性很强的创意策划工作，是饭店、餐厅形象设计系统的重要组成部分。

1. 主题宴会菜单设计原则

主题宴会菜单可以是事先设计好的固定菜单，就像说明书一样，向客人介绍宴会的餐饮产品。主题宴会菜单也可以是设计者根据宴请对象、消费标准，以及客人意见等安排的合适的菜点。主题宴会菜单一般是预订宴会时根据客人要求确定内容。无论何种菜单设计，都要求设计者有较强的专业知识和适当的灵活性。在整个设计过程中称得上是一种技巧和艺术的综合运用。设计时，需遵循以下原则：

（1）体现主题宴会特色。主题宴会菜单设计要尽量体现饭店和厨房的菜式品种，以增强自身的竞争力，积极推出“人无我有、人有我精”的看家菜和特色菜。菜单在注意各类菜点搭配的同时，要不断更新，使客人不断有新感觉，并经常光顾品尝。

（2）把握市场需求。在进行主题宴会菜单设计时，不仅要考虑消费群体的消费水平，而且要把握市场需求，注意不同顾客的禁忌和饮食习俗，制定出符合大多数消费者需要的主题宴会菜单。

（3）核算成本。在设计主题宴会菜单

时，必须充分掌握各种原料的供货情况。凡是列入菜单的品种，厨房必须无条件地保证供应，这是一条相当重要但易被忽视的管理原则。因此，应尽量选用本地产品或供应有保障的原料，以降低成本。

（4）注重营养。在设计和制定主题宴会菜单时，设计者不仅要知道各种食品所含的营养成分，了解人体每天营养和热量的摄取需求，还应当懂得如何选料，以及如何烹制。设计满足人们营养需求的菜单是烹饪事业发展的必然趋势。

（5）兼顾设备和技术力量。厨房的设备条件和厨师的技术水平，在很大程度上影响和限制着菜单的种类。因此，在制定主题宴会菜单时，还要考虑厨房设备和厨师的技术力量。餐厅不可能为了某一个宴会而购置大型设备。因此，菜单只能根据现有的生产设备和条件来进行设计。

2. 主题宴会菜单设计程序

第一步：充分了解宾客组成情况以及对宴会的要求。

第二步：根据接待标准，确定菜肴的结构比例。

第三步：结合客人对饮食文化的特殊喜好，拟定菜单品种。

第四步：根据菜单品种确定加工规格和装盘形式。

第五步：列出用料标准，确定盛装器皿，进行成本核算。

第六步：根据宴会主题拟定菜单样式，进行菜单装帧策划。

3. 主题宴会菜单设计的要求与方法

（1）设计菜点应突出宴会主题。宴会主题不同，宴会菜点的形式也不同。主题宴会菜点的形式是指构成宴会的菜点种类、特点、结构、造型、菜名以及服务方式。所以，必须根据宴会的主题设计菜点，突出宴会主题。

（2）设计菜点应掌握“六知”和“三了解”。

六知：知台数、知人数、知主人身份、知宴会性质、知宴会标准、知开餐时间。

三了解：了解客人的特别要求、了解客人的嗜好、了解客人的习惯。

客人到本宴会厅消费，目的都不是随意的，都有其明确的主题，有的是招待业务往来者，有的是答谢客户，有的是生日庆祝，有的是想通过宴会达成某种合作等，宴会菜肴设计就可以根据各个主题的不同，在菜点上稍加变化。如生日宴会上一盘寿糕，以示对客人生日的祝福。编写宴会菜单时，掌握好“六知”和“三了解”就能做到心中有数，分析到客人心理，如客人消费额不高的就以一般便宴菜式编写，进行合理搭配。讲排场的编写要求造型好、大方得体的菜式。根据客人的就餐目的，灵活设计。如商务宴：突出菜肴的丰盛，大方得体；品尝宴：突出风味，以别具特色的地方风味菜为主；约会宴：突出菜的香、甜和味；聚会宴：要求菜肴比较怀旧，整齐大方。

（3）设计菜点应合理安排菜肴的品种和数量。主题宴会菜肴的数量是指组成宴会的菜肴总数与每道菜肴的分量。菜肴的数量是宴会菜肴设计的关键，数量合理令客人既满意又回味无穷。主题宴会菜肴的数量应直接与宴会档次和客人特征挂钩，主题宴会档次高，菜肴数量相对多，每份数量相对少，如果客人以品尝为目的，则要求菜肴的整体品种数量相对多，分量相对少。

（4）设计菜点注意菜肴的色彩、荤素、口味的整体配合。恰当地制定菜单时，应巧妙运用色彩的搭配，注意主料与配料、菜与餐具、菜与菜、菜与桌面的色彩调配，使菜肴达到既丰富多彩，又不落俗套；既鲜艳悦目，又层次分明。主题宴会菜肴颜色设计协调，既能增强食欲，又会给人以美的艺术享受。

菜肴的荤素搭配要合理。荤菜多了就会使人觉得腻口；素菜多了又会使人感到索然寡味，会冲淡宴会的气氛。一桌恰到好处的筵席应尽量推荐本店的特色及厨师的拿手菜，这样既能宣传本店的特色，也是一种扬长避短的方法。

筵席菜肴的质量好坏关键在于口味的调配，尤其在于整体口味的配合。所谓整体口味的配合是指菜肴的本味，分别具有酸、甜、苦、辣、咸、鲜等，在设计编写菜单时，要注意运用菜肴的不同味型，尽量少重复为佳。

(5) 设计菜单应注意季节变化及烹调方法的配套。要成功地设计宴会菜单，不能仅拥有几个档次，口味固定不变的套菜，还应在原有菜肴的基础上结合季节特点设计创造新的宴会套菜。按一般的规律和习惯，夏秋季节天气热，安排清淡菜肴；冬春天气较冷，则安排浓郁热汤的菜式，如各种野味火锅等。烹调方法应选择各种不同的方法，产生不同的风味，不同的色泽，不同的形状。若只使用一两种烹调方法，菜肴的用料虽不同，但其色、味、香、形会相似而显得单调，因此应力求菜式的烹调方法不要相撞，根据顾客的口味和原材料特点，灵活推荐各种烹调方法。如整套菜有蒸、烧、烤、炸、炒、拌、卤、焗等变化，使全套宴会菜肴丰富而多变。

(6) 设计菜单时，菜肴的命名应具有情趣和文化性。菜肴的命名十分重要。好的菜名不但能让人一目了然，还可以使客人产生联想，引起食欲。主题宴会菜肴命名的一般方法有：①在主料前加人名、地名的命名方法；②主辅料之间标出烹调方法的命名方法；③在主料前加上烹制器皿的命名方法；④以形象寓意的命名方法。

在主题宴会菜肴设计时，除了运用以上的基本方法外，还应该结合宴会特点给菜肴巧妙命名。如，将菜点特征以富有情趣和文化性的词语表现出来，既显得不落俗套，又能突出宴会主题，增加气氛。

（五）主题宴会酒水设计

1. 主题宴会酒水设计原则

(1) 迎合目标顾客需求原则。当顾客前来预订时，餐厅的酒单上应列出多种酒品供客人挑选，这些品种要体现餐饮企业的经营宗旨，迎合目标顾客的需求。例如餐饮企业的目标市场是中等收入水平的群体，则宴会厅提供的酒水应该以中、低档国产酒为主；反之，以高收入顾客为目标市场的主题宴会，酒单上则应该提供一些威士忌、白兰地等外国酒品；以旅游顾客为主体的宴会，酒水品种则应该以制作简单、方便、快捷、解渴的软饮料为主。

酒单的设计还要注意季节性：在烈日炎炎、高温闷热的夏季，应以祛暑降温的啤酒、冰凉宜人的鸡尾酒、冰咖啡、冰茶为主；反之，在寒风凛冽、雪花飘飘的冬季，应以祛寒暖胃的白酒、黄酒、威士忌等中、高度烈性酒为主。

(2) 酒水品种适宜原则。组织一场成功的主题宴会，酒单上列出的品种应保证供应，否则会引起顾客的不满。但酒单上所罗列的品种也不宜太多，品种过多则意味着餐饮企业需要很大的酒水库存量，由此会占用大量资金和库存管理费。酒水品种太多还容易使调酒师在生产和销售时出现差错。因此，主题宴会酒单上的品种应该少而精。

此外，配制酒、药酒的成分比较复杂，香气和口味往往较浓烈馥郁，这一类酒对菜肴食品的口味和风格的表现有相当大的干扰，通常很少作为佐餐酒品饮用。

（3）开发新产品原则。为了使顾客对宴会的酒单感兴趣，酒单设计应注意经常更换新品种，开发新产品，使顾客有新鲜感。酒水新产品的开发应以吸引顾客消费，使主题宴会获取可观的毛利为原则。酒水新产品的开发并非越精细越好，越高档越好，而是必须与客人和总体消费以及宴会厅的档次、装饰风格相协调。一家外观豪华、装饰格调高雅的欧式风情主题宴会，顾客必定期望享用到高级的、正宗的酒品。如果酒单上只是一些中、低档的普通酒水，便会使顾客大失所望。

2. 主题宴会酒水设计思路

主题宴会的酒水设计有一定的规律，这些规律的形成是千百年来人们不断实践探索的结果。其基本思路是按宴会的主题、档次、客人的需求，讲究餐与饮的搭配艺术，制定好酒与菜的搭配设计、酒与酒的搭配设计、酒与其他饮料的搭配设计。设计得当，会对宴会的酒水、菜肴的销售起到促进作用。随着科学文化的不断发展和人民生活水平的逐步提高，酒水与菜肴的搭配艺术也应在实践中不断发展和完善。

（1）酒与菜的搭配设计。菜肴与酒品搭配得当，能充分体现和加强菜肴的色、香、味。酒水与菜肴的搭配有一定的规律性。根据佐餐酒的基本原理，酒与菜总的搭配规律是：风味对等、对称、和谐，最为宴会消费者所接受和欢迎。在设计时，一般由预订员推荐，最后则视客人的意见而定。

（2）酒与酒的搭配设计。主题宴会中酒与酒之间的搭配也有一定的规律可循，其设计思路是先抑后扬，目的在于使酒水饮用逐步走向高潮。如果宴会主办者预订多种酒品时，一般的搭配原则是：低度酒在先，高度酒在后；软性酒水在先，硬性酒水在后；有汽酒在先，无汽酒在后；新酒在先，陈酿酒在后；淡雅风格的酒在先，浓郁风格的酒在后；普通酒在先，名贵酒在后；干烈酒在先，甘甜酒在后；白葡萄酒在先，红葡萄酒在后（甜型白葡萄酒除外）。这样的艺术设计，是为了使宴会中的每一种酒都能发挥其最佳作用，如果高度酒在先，低度酒在后，就会使后者显得寡而淡；如果甘甜酒在先，干烈酒则会染上甜味的痕迹。

（3）酒水与饮料的搭配设计。酒与其他饮料的搭配没有明显的规律性，主题宴会往往根据当地的爱好习惯、口味来搭配。中国民间饮酒常有橘子汁冲啤酒、葡萄酒掺果汁等做法，东欧人则喜欢用水兑酒饮用，英美人喜欢放冰块、冰水稀释烈性酒后再痛饮。

主题宴会中除了饮酒外，还搭配一些非酒精饮料，如咖啡、茶、果汁、矿泉水等。

主题宴会酒水是根据客人的生活习惯、要求和餐与饮的最佳搭配进行设计的，但是，每次设计并不是固定的模式，必须不断创新，开发新模式、新产品，才能使企业获得更大的经济效益。

【任务反馈】

你认为应该如何进行主题宴会设计？

释疑： 随着人们生活水平的提高，单一的餐饮无法满足顾客的需求，人们对主题宴会的要求越来越多样化。从目前的主题宴会设计来看，存在主题不突出、主题设计内容不相符等问题。首先，你要能够认识到什么是主题宴会，主题宴会的关键点；其次，你要能够熟悉理解主题宴会设计包含的几个方面；最后，你要能够围绕某一主题进行主题宴会设计，而这些就需要你大量阅读相关文章与书籍。

任务三　酒会设计

【任务目标】

①你要了解酒会常见类型；②你要理解酒会设计内涵；③你要掌握酒会设计须知的注意点；④你要掌握酒会设计的内容和方法。

【案例聚焦】

联谊交际性主题鸡尾酒会接待方案

1. 酒会承接任务与要求

(1) 酒会名称：联谊交际性鸡尾酒会。这是美国×××公司为答谢客户、续签合同而在2003年年底举办的一次特别鸡尾酒会。接待规格为A级(豪华级)。

(2) 酒会标准为×××元/人。酒水按实际消耗收费。活动方式为鸡尾酒会加舞会。鸡尾酒会出席人数160人，主要客户可带夫人，舞会预计200人。

(3) 任务与要求：根据客户要求，本次活动要办得豪华、热情、友好，达到A级豪华接待规格。

2. 酒会接待准备方案

(1) 菜点准备。根据客户要求和预订，本次鸡尾酒会以佐酒凉菜为主，同时准备6种热菜。菜点采用自助方式供应，与酒水供应配合。菜点准备由宴会厨师长负责，冷菜和面点由厨房配合。供应热菜6种、凉菜6种、小吃点心4种，保证质量优良、供应及时、服务周到。准备试制工作于鸡尾酒会前一天完成，由餐饮部经理和行政总厨督导检查。

(2) 酒水准备。根据客户要求，本次鸡尾酒会为每位客人准备高档鸡尾酒3杯。1杯在主人讲话祝福时供应，1杯在联谊用餐时供应，1杯在自由交谈、续签合同或协议时供应。酒会现场设酒水台，酒水准备由酒吧经理负责，友谊厅经理配合。准备、调制工作在酒会举办前一天完成，餐饮部和餐厅部经理督导检查。舞会开始后，在酒水台凭客户发给客人的酒票零点供应酒水。

(3) 环境准备。本次活动于×月×日晚5:30—8:30在本酒店多功能厅的友谊厅举办。其环境布置要求隆重、热情、友好。环境布置由宴会厅经理负责，工程部、公关部配合，准备方案为：

①友谊厅前设接待台、签到台。设迎宾小姐，佩带彩色欢迎飘带。门前设会标。

②友谊厅室内按客户要求设鸡尾酒会豪华型会场。台前上方设大型会标，配彩色射灯和舞会现场配舞会所需的各种灯光，专设灯光师提供现场服务。

③鸡尾酒会现场按客户要求设置酒水台、自助菜台、致辞答谢台、联谊签约台和客人就餐台。

(4) 舞会安排。鸡尾酒会客人联谊用餐后撤去就餐台。保留酒水台和自助菜台，现场略做调整后改为舞会场地。

3. 酒会接待服务方案

(1) 现场指挥。宴会厅经理负责。督导门前迎接，现场服务、菜点服务工作要保证质量。

(2) 接待服务。分5个小组提供现场服务。

①迎宾组：负责门前迎宾、签到、引导客人。

②菜点组：以宴会大厨为主，负责酒会各种菜点供应，现场服务。

③酒水组：以调酒师为主，负责酒台鸡尾酒水和饮料的供应。

④服务组：友谊厅服务人员，负责客人联谊斟酒、送酒、用餐服务。

⑤舞会组：以音响师、灯光师为主，负责舞会现场服务。

(3) 现场服务。各小组按《鸡尾酒会服务程序和质量标准》提供优质的现场服务。

思考：什么是酒会？如何进行酒会设计？

【任务执行】

①学习形式	分小组进行
②获取资料	通过查找资料或调研的方式，探讨当前较为流行的酒会，总结出影响酒会设计的因素；通过查找资料或访谈的方式，总结主题酒会的设计方案
③成果展示	各小组汇报成果，在课堂上展示
④学会总结	提交工作记录单和案例分析报告

一、酒会概述

(一) 酒会的概念及类型

1. 酒会的定义

酒会，是一种经济简便又轻松活泼的招待形式。它起源于欧美，一直被沿用至今，并在人们的社交活动方式中占有重要地位，常为社会团体或个人举行纪念和庆祝生日，或联络和增进感情而用。

酒会的形式较灵活，不需要像宴会那样复杂和拘束，酒会以酒水为主，略备小吃，不设或少设座椅，仅置小桌或茶几以便宾客随意走动。举行酒会的时间较灵活，中午、下午、晚上均可。宾客到达酒会可以来去自由，不受约束。酒会通常准备的酒类品种较多，有鸡尾酒和各种混合饮料以及果汁、汽水、矿泉水，一般不用或少用烈性酒。食品多为三明治、面包、小香肠、炸春卷等各种小吃，以牙签取食。饮料和食品由服务人员用托盘配送，也有一部分放置在小桌上。

2. 酒会形式

(1) 根据酒会主题分。酒会一般都有较明确的主题，如婚礼酒会、开张酒会、招待酒会、产品介绍酒会、庆祝庆典酒会和签字仪式、乔迁、祝寿等酒会。这种分类对组织者很有意义，对于服务部门来说，应针对不同的主题，配以不同的装饰、酒食品种。

(2) 根据组织形式分。根据组织形式来分，酒会有两大类，一类是专门酒会，一类是正规宴会前的酒会。专门酒会单独举行，包括签到、组织者和来宾致辞、时装表演、歌舞表演等。专门酒会可以分为自助餐酒会和小食酒会，自助餐酒会一般在午餐或晚餐的时候进行，而小食酒会则多在下午茶的时候进行。宴会前酒会比较简单，它的功能只是宴会前召集客人，在较盛大的宴会召开前不使等候着的客人受冷落；也有的把这种酒会作为宴会点题、致辞欢迎的机会；还有的是为了给客人提供一个自由交流、联络感情的场所，因为当宴会开始时，各人已回到自己的座位上，只能与同桌的客人谈话。

(3) 根据收费方式分。从服务行业来看，比较看重的是以收费方式来分类，牵涉到酒会的安排、组织和费用的计算。

①定时消费酒会。定时消费酒会也称为包时酒会。通常只需将客人人数、时间定下后就可以安排了，消费多少则在酒会结束后结算。定时酒会的特点是“时间固定”，通常有 1 小时、1.5 小时、2 小时三种。定下时间后，客人只能在固定的时间内参加酒会，时间一到将不再供应酒水。例如有一个定

时酒会是下午5点至6点，人数为250人。酒吧提供1小时的饮用酒水，即在5点前不供应酒水，5点开始供应，任客人随意饮用，但到6点整就不再供应任何酒水了。

②计量消费酒会。计量消费酒会是根据酒会中客人所饮用的酒水数量进行结算。这种酒会既不限时，也不限定酒水品种，只根据客人的需要而定。一般有豪华型与普通型两种，普通型的计量消费酒会是由客人提出要求，通常酒水品种只限于流行牌子；而豪华型的酒水可以摆出些较名牌的酒水，供客人选择饮用。在酒会中，酒水实际用量多少就计算多少，酒会结束后，按酒水消耗量结账。

③定额消费酒会。定额消费酒会是指客人的消费额已固定，酒吧按照客人的人数和消费来安排酒水的品种和数量。这种酒会经常与自助餐连在一起。客人在预订酒会时，先确定每位来宾所消费的金额，然后确定酒水与食物各占的比例，食物部分由厨师长负责，酒水部分由酒吧负责。酒吧则按照客人确认的消费额合理地安排酒水的品种、牌子和数量。这种酒会要经过细心的计算，因消费额已定，既要在品种、牌子和数量上给客人以满足感，又要控制好酒水的成本。

④现付费酒会。现付费酒会多使用在表演晚会中，主人只负责宾客的入场券和节目表演。客人喜欢什么饮料，则由他自己决定，但必须自己结账。对这种酒会，酒吧只预备一般牌子的酒水，客人来的主要目的是观看演出，而不是饮用酒水。这种酒会一般在许多大的饭店中举行，如时装表演、演唱会、舞会等。

⑤外卖式酒会。由于有些客人希望在自己的公司或者家里举行酒会，以显示自己的身份和排场，酒吧就要按收费的标准类型准备酒水、器皿和酒会工具，运到客人指定的地方。这种类型的酒会要注意的是准备工作要做得充分，因为不像在饭店里，缺什么可以临时补充。冰块和玻璃杯要准备得十分充足，要做好客人的住所不能提供冰块和清洗玻璃杯设备的打算。各种类型的酒水也要准备足够。除了“定额消费”酒会可以按定额运去酒水外，其他消费形式的酒会宁可多运一些品种、数量的酒水去，也不要等到酒水不够后再运去。

二、酒会场地设计

（一）餐台的布置

（1）酒会中餐台的摆设方式主要着眼于酒吧台与餐台的位置规划。酒会通常采用活动式的酒吧台，并且摆放一些辅助桌以放置酒杯。至于餐台的布置，不仅须配合宴会厅的大小，还应摆设在较显眼的地方，一般都摆设在距门口不远的地方，让宾客一进会场就能清楚看到。

（2）餐台摆设可用有机玻璃箱、银架或覆盖着台布的饮料箱来垫高，使菜肴摆设呈现出高低层次的立体效果。

（3）餐台的摆设要视菜单上菜肴道数的多少来准备，过大或过小的餐台都不适合布置，所以必须事先了解厨师所推出的菜肴分量，作为布置的依据，有时也需配合特殊餐具的使用来进行摆设。

（4）酒会会场除了放置餐台及酒吧之外，还需摆设一些辅助用的小圆桌。小圆桌中间可摆一盆蜡烛花，并将蜡烛点燃以增添酒会的气氛。同时，小圆桌也具有让宾客摆放使用过的餐盘、酒杯等功用。

（5）酒会会场上可放置一些花生、洋薯片、腰果等，以便于宾客取用。

(6) 若要使餐台看起来更能营造气氛，可以使用透明的白色围布来围餐桌，并在桌上分别放置各种颜色的灯光来照射。酒会过程中无需太亮的灯光照明，而暗的灯光恰可营造酒会适宜的氛围。但若酒会会场有舞台布置，则舞台的灯光应比舞台周围的酒会场地要亮，必要时可用投射灯来照明，以凸显舞台的布置。

(7) 如果酒会中只有少数一两个餐台，菜肴便可以不按照自助餐的摆设方式进行布置，而只需要摆设出层次感，使菜肴呈现出高低不同的视觉效果即可。但是如果餐台为数众多，则可依照菜肴类别分区摆设，比如分成冷盘区、熟食区、切肉区、小点心区、饮品区等。

(二) 酒水台摆设

(1) 宴会时，酒水台均采用临时性活动吧台，由饮料供应单位负责准备。如果与会宾客众多，则可直接用宴会桌当酒水台。

(2) 杯子的数量约为参加人数的 3 倍左右，其中必须包括红葡萄酒杯、白葡萄酒杯、白兰地酒杯、果汁杯、啤酒杯、黑灰杯、利可杯、雪利杯、鸡尾酒杯等。

(3) 供应给宾客宴会中饮用的酒水，在宴会开始前必须清楚记录，结账时才不会有所遗漏。

(4) 酒会开始前，应请宴会主人先行清点所准备的用来供应宾客饮用的酒水数量，然后仍须请其再清点一次，以确定实际的使用数量。清点结果记录在酒会领料(退料)表上。

三、酒会菜单设计

(一) 菜单设计原则

(1) 酒会中，除非个人特殊要求，一般都不设置桌椅供宾客入座就餐，也就是说，来宾通常以站立的姿势食用餐点。因此，酒会餐点在刀法上必须讲求精致、细腻，食物应切分成较小块、少量，使宾客能够方便拿持餐食入口，而不必使用刀叉。

(2) 酒会跟自助餐的菜单设计有很大不同。一般酒会所提供的菜肴并不像自助餐那样以让宾客吃到饱为目的，而是限量供应，讲求精致、简单、方便，所以食物的分量有限，吃完了便不再提供，除非来宾再另点食物。

(3) 在菜单的设计上，酒会菜单讲究食物的精美，因此酒会中每道菜所动用的手工部门比平常多，人力成本也不可避免地随之提高。鉴于此，其食物成本必须相对降低，以控制宴会厅的经营成本并维持宴会部门的赢利能力。

(4) 酒会不提供沙拉和汤类食物，以符合简单、方便的原则。

(5) 人数越多，菜单开出的菜肴种类也会随之增加。例如，100 人和 1 000 人的酒会，尽管每人单价相同，酒会中出现的菜色也应有很大的差别。由此可知，与会人数也是决定菜单内容设计的重要依据。

(二) 酒会菜单结构

(1) 鸡尾小点(Canapes)，如小饼干加乳酪、小面包加鹅肝酱等。

(2) 冷盘类(Cold Cut)。

(3) 热菜类(Hot Item)。

(4) 现场切肉类(Carving Item)。酒会中必备的菜色，最起码需设置一道此类食物，若设多道也无妨。但服务者在切肉时，务必将肉块切得大小适中，以方便宾客能一口品尝为原则。

(5) 绕场服务小吃(Pass Around or Special Addition)，如鸡尾小点、油炸小点心

等，或者特别增加类，如担担面、手卷、烤乳猪等。

（6）甜点及水果类(Pastries & Fmitlate)。

（7）配酒科(Condiments)，即佐酒食用餐点，如干果类、蔬菜条等，通常放置在酒会中必备的小圆桌上，以便宾客自行取用。

举办酒会时，如果能严格把上述几点作为菜单设计的依据，便能轻而易举地制定出一份适当且宾主尽欢的酒会菜单。

四、酒会服务

主管要根据酒会规模配备适当的服务人员，一般以1人服务10位客人的比例配员，服务人员要负责托送酒水，照管和托送菜点，调配鸡尾酒，及时提供各种饮料，为客人提供其他服务等。由于酒会中宾客没有固定座位，所以服务人员很难划分服务区域，而只能用分组的方式来服务宾客。一般将酒会服务人员分成三组来进行服务工作，第一组负责绕场服务和餐台，第二组负责酒类、饮料的服务，第三组则负责收拾空杯残盘及整理会场。其工作细节说明如下：

（一）负责绕场服务和餐台

（1）协助厨房照料餐台，并且通知厨房补菜、整理及补充餐台上的备用物品。

（2）需负责执行绕场服务的任务，即在酒会中协助端拿绕场服务小吃类餐食，在会场来回穿梭，以服务宾客取用食物。

（二）负责酒类或饮料的服务

酒类或饮料服务的方式根据参加酒会的人数而定。人数少时，服务人员应主动迎向刚到的宾客并问好，同时接受宾客点用酒或饮料。接受宾客点用酒水之后，服务人员再到酒吧拿取酒或饮料来服务宾客。服务时，服务人员需使用托盘拿持酒杯给予宾客，并随杯附上一张小餐巾纸。

但若与会人数众多，通常会由调酒员预先调好一些常见的酒类或饮料，然后由一部分服务人员端着放置着小餐巾纸、各式饮品数杯的托盘排队站在入口处让宾客自行挑选偏好的酒类或饮料；而另外一部分饮品同样置于托盘中，由服务人员端拿着穿梭于会场中，随时为宾客提供饮品服务。

在酒会中，若宾客找不到自己喜欢的饮料，可自行向服务人员点酒。需注意的是，一旦有宾客点酒，尽管服务人员恰巧在端盘服务，或不是负责服务酒类或饮料的服务人员，也应尽快协助宾客前往酒吧台点酒，并为宾客服务。

（三）负责收拾空杯残盘及整理会场

（1）负责收拾的服务人员必须端持托盘穿梭在会场之间，一旦看到宾客手上的杯子已空，便要上前询问需不需要将空杯盘收走。

（2）宾客有时可能会向此组服务人员点酒，遇到这种情况时，虽然点酒不在其服务范围内，仍应和颜悦色地回应以“请稍后，马上请其他服务人员为您服务！”之类的言语，并尽快请负责人员进行服务。

（3）这一组人员还要负责收拾摆在小圆桌上的空杯、残盘、叉子等，若发现地上掉有东西也应立即拾起，以随时保持会场的场地清洁。

（4）要等全部客人离去后，才可以撤掉所有的物品。余下的酒品收回酒吧存放，脏餐具送洗涤间，干净餐具送工作间重新消毒后备用。撤下台布，收起桌椅，为下一餐做好准备。

【任务反馈】

你认为酒会设计应该注意哪些方面？

释疑：酒会设计是服务策划中常见的一种类型，如何进行酒会设计是关键问题。首先，你要能够理解酒会场地设计要求；其次，你要能够熟悉酒会设计内容；最后，你要能够进行酒会设计策划，而这些就需要你大量阅读相关文章与书籍。

任务四　自助餐设计

【任务目标】

①你要了解自助餐的特点；②你要理解自助餐的设计内涵；③你要掌握自助餐设计须知的注意点；④你要掌握自助餐的设计内容和方法。

【案例聚焦】

节日主题宴会服务设计方案

在这里以某家酒店举办的圣诞自助晚宴为例加以介绍。

1. 席前准备工作

(1) 做好节日前的宴会推销及预订工作。在节日前一个月就应做好宴会菜单的设计，并打出广告。由于圣诞平安夜(12 月 24 日晚)的晚宴越来越受人们的欢迎，所以一定要做好预订工作，根据宾客的要求及人数，合理安排宴会厅。

(2) 节前宴会厅的布置。在宴会厅门口及中央布置圣诞树，宴会厅大门上悬挂“圣诞节快乐(MERRY CHRISTMAS)”字样的条幅或霓虹灯。用彩带、气球、小玩具、礼品盒等装饰整个宴会厅，但不可过于凌乱，注意色彩的搭配。

(3) 搭设表演台。为了方便举行席间娱乐节目，在宴会厅的正前方留出空地，搭设表演台。表演台的大小、高度以方便表演者使用和客人观赏为宜。调试好灯光和音响。

(4) 台形设计。根据宴会厅大小、形状及宴会人数，设计餐台及自助餐台台形。通常，一个自助餐台的食品可招待 80 个客人，若预订人数超过 120 人，就要准备两个自助餐台。一些特色食品可单独设自助餐台，如布置一个圣诞甜点小屋、烧烤屋等。

(5) 礼品准备。为给每位用餐的宾客一份惊喜，可准备足够的、精美但价格适中的小礼品，如各式圣诞玩具、圣诞装饰品、假面具、小帽子等。如晚宴期间有有奖竞猜或幸运抽奖节目，应准备好一些大奖以吸引宾客前来消费——礼品费用可计入宴会成本或请供应商赞助。

(6) 人员配备。配备足够的人手迎宾、负责自助餐台和酒吧台、提供席间服务、负责后台工作等。选一名服务人员装扮成圣诞老人，以烘托节日气氛。

2. 席间服务

(1) 迎宾。由迎宾员和圣诞老人一起在宴会厅门口迎接客人的到来，圣诞老人向每位来宾道节日快乐，并发放礼物。迎宾员引领宾客入席。

(2) 席间娱乐。由主持人宣布宴会开始，并演奏圣诞音乐，唱圣诞歌曲。在宴会期间穿插各种娱乐节目，并一次次抽出幸运大奖，不断将宴会气氛推向高潮。

(3) 宴会服务。服务人员坚守各自的岗位，严格按照自助餐服务程序提供服务。在宾客参加娱乐活动时，更要照顾好客人，及时收撤用过的餐盘及不用的食品。保证宴会食品供应充足，餐台整洁美观。

(4) 席后送客。客人用餐完毕，陆续离去，迎宾员和圣诞老人应提前在门口送客，并可与客人合影留念。

思考：什么是自助餐？如何进行设计？

【任务执行】

①学习形式	分小组进行
②获取资料	通过查找资料或调研的方式，探讨当前自助餐的形式，总结出影响自助餐设计的因素；通过查找资料或访谈的方式，总结自助餐的设计方案
③成果展示	各小组汇报成果，在课堂上展示
④学会总结	提交工作记录单和案例分析报告

一、自助餐的特点

自助餐正在成为越来越受欢迎的餐饮服务方式。它能满足人们喜爱自己动手、各取所需的习惯。此外，这种形式还有许多优点：一是菜肴丰富、陈列精美，能勾起人们的食欲；二是人们只要花不太多的钱，便可品尝到具有地方特色、品种繁多的中、西方美味佳肴；三是自助餐就餐的速度较快，客人进入餐厅后几乎无须等候，这在工作、生活快节奏的当下非常适宜，而餐座的周转率高，又增加了餐厅的营业收入；四是自助餐的菜肴是事先准备的，所以可调剂厨师劳动忙闲不均的状况，缓和高峰时期厨房的忙碌和厨师人手紧张的矛盾，服务人员的配备也非常节省。自助餐主要适用于会议用餐、团队用餐和各种大型活动的用餐。另外，许多饭店餐厅对早餐提供自助服务。

二、自助餐环境布置

（一）突出个性

一个正常经营的自助餐环境布置应具有独特的个性，并能以其鲜明的形象给客人留下深刻的印象，同时也与其精美的菜肴交相辉映，如水晶宫似的海鲜自助餐厅、富有浪漫色彩的野味自助餐厅、反映本地风土人情的民俗自助餐厅及具有乡土气息的田园自助餐厅等。

（二）按主题设计

根据特别活动而设计的自助餐应按其主题进行布置，并将该主题作为指导思想贯穿于餐厅装潢、背景布置、餐台装饰和食品的推销。有可能成为自助餐主题的节日，如圣诞节、情人节、母亲节、复活节、感恩节、元旦、春节、端午节、元宵节、中秋节等，是饮食促销的大好时机。

（三）按活动内容设计

许多当地举行的活动和公众感兴趣的事情，如体育比赛、音乐活动、文化艺术活动等也都是个性鲜明的自助餐厅主题和有影响的销售推广活动。此外，各种展览会、订货会和其他商业活动都给餐饮业提供了机会，这一类型的自助餐还可以由各公司赞助，用他们提供的产品和符号作为突出主题的装饰，还可以安排歌舞表演、时装表演等。

（四）材料选择

装饰布置所选用的材料也应为突出主题服务，墙壁背景、屏幕、盆栽、旗帜和其他活动装饰都可以作为招徕生意的手段。装在墙上的电风扇能够使旗帜和悬挂物随风飘动，现代化的声、光系统更可以使自助餐厅有声有色。

（五）餐具、容器的选择

餐具和陈列菜肴的容器也可以别出花样，除瓷器、玻璃器皿和银器外，木器、竹器、瓜壳盅、大贝壳等都是能起点缀作用的容器。

（六）灯光

在灯光使用上，一般以聚光灯等强烈的灯光来凸显食物，自助餐台是餐厅内众所瞩目的地方之一，应明亮、显眼。

三、餐台设计与布置

自助餐台也叫食品陈列台，它的安排形式多样、变化多端。可以安排在餐厅中央或靠某一墙，也可放于餐厅一角。可以摆一个完整的大台，或由一个主台和若干个小台组成。

(1) 醒目而富有吸引力。自助餐台要布置在显眼的地方，使宾客一进入餐厅就能看见。食品摆放要有立体感，色彩搭配要合理，装饰要美观大方。可用聚光灯照射台面，但切忌用彩色灯光，以免使菜肴改变颜色，从而影响宾客食欲。

(2) 方便宾客取菜。自助餐台的大小要考虑宾客人数及菜肴品种的多少，并要考虑宾客取菜的人流方向，避免拥挤和堵塞。

(3) 装饰布置自助餐台不应让宾客看见桌腿，可铺台布并围上桌裙或装饰布。

(4) 常见的自助餐台形状："I"形台即长台，是最基本的台型，常靠墙摆放。"L"形台由两个长台拼成，一般放于餐厅一角。"O"形台即圆台，通常摆在餐厅中央。其他台型有扇面台、半圆台等。

四、餐台台面布置

(1) 宾客取菜和食物用的餐盘放于自助餐台最前端，20 个餐盘一叠，码放整齐，不要堆得太高。餐刀、餐叉、汤匙及餐巾纸整齐地放于餐盘前方。有的餐厅把餐具摆放在餐桌上，自助餐台上不放餐具。

(2) 餐桌台面布局。自助餐厅菜台和餐桌之间要留有比较宽敞的通道、过道，便于客人取菜。客人用餐的餐桌要布局合理，摆放整齐、美观，便于客人进出、走动取菜。

(3) 自助餐厅布局形式。根据自助餐厅的平面几何形状，可以选用三种布局形式：一是线式布局，即从客人取菜到餐桌采用单通路形式；二是点式布局，即菜台在中间，客人取菜后，散点式从不同方向回到餐桌用餐；三是线点式布局，即线式和点式结合。不管选用哪一种，都要做到整齐、美观、协调、进出方便。

(4) 按色拉、开胃品、汤、熏鱼、热蔬菜、烧烤类或其他热的主菜、甜品、水果顺序摆放菜肴。将某些有特色的菜分菜台摆放，如甜品台、水果台或切割烧烤肉类型的服务桌等，菜肴摆放顺序同上。

(5) 热菜要用保温锅盛放，宾客来后由服务人员揭开盖子或宾客自行揭盖后取菜。

(6) 每种菜肴都要摆放一副取菜用的公用勺、叉。菜肴前要摆放中、英文菜牌。

(7) 各种菜肴所需的调味品要与菜肴放在一块，以便宾客取用。

(8) 成本低的菜肴靠前放，以方便宾客取用。

(9) 摆放菜肴时，注意色彩搭配，使其美观、整齐、有立体感。冰雕、黄油雕、果蔬雕、鲜花、水果或餐巾花等都可用作自助餐台的装饰点缀。

五、客人用餐服务

(1) 客人到来，主动问候宾客，拉椅让座，询问宾客喝什么饮料。

(2) 服务人员开单取饮料，提供斟倒服务。

(3) 遇到行动不便的宾客，应征求意见并为其取食物。

(4) 客人用餐时，服务人员要在自己的服务区域，随时为宾客提供服务，如添加酒水，更换烟灰缸，撤空盘、空瓶等。

六、餐台整理服务

(1) 保持台面清洁卫生。宾客自取食物容易弄脏公用叉、勺或将汤汁滴落到菜盘边，服务人员应及时处理。

（2）不断补充食物。在客人用餐过程中，保证所有菜肴供应及时，避免宾客因取不到菜而产生不满。

（3）检查食物温度，保证热菜要热、冷菜要凉。

（4）服务人员要主动介绍、推荐菜肴，并认真回答宾客的提问，主动帮助宾客取递食物。分切大块烤肉或现场烹制等工作由固定厨师来完成。

（5）宾客用完甜点后，服务人员要主动询问宾客是否需要咖啡或茶，并及时送上。

七、收款与餐后服务

（1）结账收款。宾客示意结账后，服务人员迅速备账单，并按规范为宾客办理结账手续。

（2）当客人起身时，服务人员要及时上前拉椅送客，并向客人表示感谢。

（3）自助餐服务收台工作与零点餐厅基本一样，不同之处主要是将可回收食品整理好撤回厨房，并妥善保存自助餐台的装饰品。

【任务反馈】

你认为应该如何进行自助餐设计？

释疑：自助餐逐渐成为一种大众餐饮方式，那么应该如何进行自助餐设计，是自助餐策划的关键问题。首先，你要能够了解自助餐的特点；其次，你要能够熟悉理解自助餐的环境要求；最后，你要能够掌握自助餐设计的具体内容，进行自助餐设计。而这些就需要你大量阅读相关文章与书籍。

任务五　现场督导

【任务目标】

①你要了解现场督导的工作设计；②你要理解现场督导的工作环节；③你要掌握现场督导须知的注意点；④你要掌握现场督导的内容和方法。

【案例聚焦】

麦当劳督导案例：
没有有效的督导，就没有真正的连锁

时间　夏日的一个早晨7:20。

地点　一家麦当劳餐厅。

天气　室外温度已达到27℃，没有一丝风，天气预报说这一周持续高温。

店规　为保证服务品质和纯正的“可口可乐”汽水口感，麦当劳的饮料机每天都要做校准调校；奶昔岗位是麦当劳的基本工作站，操作奶昔机的工作人员应当是通过了该岗位SOC（Station Observation Checklist，即岗位观察检查表）的熟练员工。

出现问题

连续几天天气炎热，应当是冷饮销售的旺季。但督导员却通过数据分析发现，辖区一家餐厅里饮料类销售额这些天没有明显提升，或者说，与其他几家餐厅相比，该店饮料销售额的提升速度太慢。饮料在其总营业额中所占比例也远不及其他餐厅。

现场摸底

督导员一早就到这家餐厅巡视，以期找出症结所在。督导站在柜台外，店员并没有注意到他的出现，仍各自忙着自己的工作。督导专注地看着店员给顾客打饮料的操作，一切都很正常。忽然，他发现身边三位顾客手里的奶昔有一些“异样”——里面似乎装得过满，盖盖子都很费力。督导决定多了解一些情况，于是走到柜台前，买了一杯可乐和一杯芬达，坐在离柜台不远的地方，一边“品尝”一边观察奶昔岗位的工作状况。

两个问题有了眉目！督导明显感到：可乐口感有点儿淡，芬达也一样，甚至淡到能感到碳酸水的“涩味”！饮料不好喝，销量怎么能上去？顾客就是拿钱来投票的！问题应当出在饮料机上，一定是每天的调校工作出现了漏洞。而奶昔嘛，半个小时过去了，所有顾客拿到的都是“超级满”，基本可以排除员工“谋私”的可能，应当是培训不到位的原因。

解决问题

督导马上找来负责早晨看店的员工组长询问。果然，饮料机已经近一周没有调校了，原因是调校量杯摔坏了，订货一直没到。听到这里，督导立即打电话给邻近的门店请求协助，店堂经理很快就赶到了。不一会，饮料机调好了。店堂经理看着督导，不知是感激还是羞愧，只说了一句：“我知错了！”督导回答他说：“影响几天的销量事小，砸了我们的牌子，那才无法弥补。”

随后，督导和店堂经理一道开始调查奶昔问题。督导对那位管理奶昔机的员工说：“早晨奶昔机工作量小，产品比较稠，打得太满会使顾客饮用困难，服务品质就要打折扣；同时这样的装杯量，相当于每5杯就浪费了1杯，损失很大。”员工解释说：“这个工作站他刚学习了一天，负责他的训练员生病了，没人带他。”二话没说，督导又手把手地教上了：“放好纸杯在机器托盘上，以60°角目视纸杯中的刻度，拉下手柄……”几次标准操作后，员工已能熟练地操作奶昔机了。

接下来，督导和店堂经理一起交流了当天发生的事情。在培训、排班、沟通等方面，店堂经理接受了一次全面的教育，他说，他很感谢督导的帮助。

思考：什么是现场督导？如何进行现场督导？

【任务执行】

①学习形式	分小组进行
②获取资料	通过资料查阅或访谈的方式，总结餐饮企业现场督导中存在的问题；通过资料查阅、访谈或作比较的方式开，分析餐饮企业现场督导的工作设计；通过查找资料或调研的方式，探讨餐饮业现场督导现状，总结出影响现场督导的因素；通过查找资料或访谈的方式，总结现场督导的注意事项
③成果展示	各小组汇报成果，在课堂上展示
④学会总结	提交工作记录单和案例分析报告

一、现场督导工作设计

（一）时间顺序管理

时间顺序管理是以时间为主线对工作任务所做的理性设计。在日常营运中，每个管理职位、工作岗位都应有时间顺序设计。时间管理就是指以时间顺序为主线的现场管理，实质是有效利用时间、提高工作效率。现场管理必须在规定的时间内完成，因此，在日常工作中，对每个职位、每个岗位都应以时间为变数来设计工作内容，不同的时间从事不同的工作内容。

1. 营运现场管理

营运现场管理是通过在一定时间顺序约束下完成工作内容来实现的。没有时间约束就无法从时效、顺序、弥补措施等方面做好事前、事中、事后的营运现场管理。

2. 人员时间顺序

服务人员要按时间顺序来作业，管理人员则应按时间顺序督导。如果服务人员与管理人员能够在时间上同步作业，运行现场就是理性的。由于管理工作的复杂性、现场营运的随机性和偶然性，管理人员在按时间顺序对管理作业进行督导时，应关注例行性工作和随机性工作，计划工作时间也应分为例行工作时间和随机工作时间。

（二）岗位标准管理

岗位工作标准既是餐饮企业向顾客承诺要提供的工作品质，也是对岗位工作应达水平的规定，而工作岗位管理是管理人员将工作标准付诸实践的关键。岗位标准管理要靠工作人员的努力、领班的落实、管理人员的管理来实现。

1. 管理岗位标准

在营运现场管理过程中，管理人员应按设定的岗位标准检查、督导、指导员工的工作品质，使服务品质与厨务品质实现稳定的生产与再生产。

2. 服务岗位标准

餐饮企业的服务体系设计有四个标准，即语言标准、行为标准、技能标准和态度标准。

在这四个标准中，服务语言标准尤其关键。员工从自然人变成企业人，就需要进行企业的语言训练。训练初期应当教授员工掌握正确的基本用语，然后教授语言修炼、语言艺术。

（三）三大动线管理

动线管理是服务管理与厨务管理在营运现场实现连续性、继起性、高效性、协调性的关键。离开了营运现场动线管理，服务效率与厨务效率会大打折扣。动线的内容和实质就是，服务人员完成本岗位的工作内容，并正确地与下一个工作岗位链接。

1. 服务动线管理

服务动线是服务人员在服务时的工作动线。服务动线的设计与运行直接体现着服务工作的效率。服务动线管理的重点是服务态度、服务传递、服务方法、服务内容，以及服务动线的效率。例如，营运高峰期的工作核心是速度，服务人员能否主动加快速度，并提供优质服务，对服务动线的运行有重要作用。

2. 厨务动线管理

厨务动线是厨务人员在厨务运营工作中的工作动线，厨务动线设计直接体现着厨务生产效率。厨务动线管理的关键是工作站所属工作岗位的内容、流程、标准设计，以及厨务人员配置、人员能力、工作效率、工作方法、团队合作的合理性。

3. 顾客动线管理

顾客动线是指顾客在就餐过程中的活动路线。顾客动线设计应以方便顾客就餐、满足顾客就餐要求、实现现场营运秩序为宗旨。

支持着服务动线、厨务动线、顾客动线的是管理人员与管理组的管理动线，因而管理动线设计的合理性就成为动线管理的关键。

（四）训练诊断管理

管理人员在巡视时往往发现，预先设计的训练内容永远不能满足营运需求，员工在工作中还存在操作不熟练、缺乏位置感、链接不好等问题。因此企业应针对发现的问题做出训练计划，然后由专人对员工进行训练，这就是训练诊断管理。训练诊断管理即通过时间管理、岗位管理、动线管理，对工作设计进行评价与检讨，同时为发现新的训练需求，拟订训练计划奠定基础。管理人员要针对营运现场发现的问题及时进行指导并安排恰当的训练。

1. 现场指导管理

从观念到行为、从行为到意识是一个不断训导、不断重复、不断激励的过程，现场指导管理也是实施营运现场训练的重要手段，它由经理人和管理组的检查、指导、口授、示范等一系列现场训练实现。通过现场指导管理，可以立即改进那些影响工作品质、造成严重后果、有损企业声誉的问题。对常规性问题，现场督导则应在指导改进后做相应记录，为今后的训练工作提供素材；在营运高峰期间，发现可能出现的问题就要及时进行补救，事后再进行训练。

现场训练是一个不断重复的过程，不应要求员工通过一次训练就完全做正确，任何问题都要经过 7 次记忆和 7 次忘记，不断重复训练，直到员工的行为成为正确的习惯为止。训练有两种方法：第一种是训练新手，训练起来相对容易；第二种是对有一定经验的员工进行训练，受原有习惯影响，执行正确习惯会相对较难，这时需要训练者有耐心。训练必须严格按企业规定的内容和标准进行，管理人员应向员工传授企业唯一能够接受的标准，当员工不能胜任，或者达不到企业要求的标准时，必须坚决让其改进。

现场指导要根据不同的场景进行，营运高峰期对一般问题不能指导，只能现场弥补，事后跟进训练。但对那些严重损害工作品质、损坏企业声誉的问题，则应立即指导改进，营运高峰期后再进行跟进训练。

2. 两种训练转变

企业的问题有常规性问题和功能性问题两种。后者指那些工作设计中存在的问题，对这样的问题应在分析改进的基础上实施训练。两种问题是可以相互转化的，因此企业要能够灵活实现两种训练的转变。

（五）现场补救管理

1. 现场补救阐述

现场补救是指当营运现场出现现场人手短缺、人员严重失职、现场发生紧急事件等问题时，由管理人员亲自补位，开展弥补性工作。现场补救具有即时性、机动性、突发性的特点。在高峰期，员工和管理团队都应努力工作和补位，服务经理应该对那些有可能造成严重后果的隐性问题进行现场处理，及时纠正，及时补位。

2. 补救工作重点

不同层面的管理人员在现场补救中的工作重点不同，经理应着重大局、职能、指挥等方面；领班应着重岗位、技能、指导等方面。但他们有一点是共通的，即在现场补位时除了实际操作之外，还要兼顾现场管理的其他内容。

二、工作环节

工作环节包括工作内容和管理要点，具体见下表：

工作内容	管理要点
餐　前 1. 每天上午参加餐饮部经理办公会，接受餐饮部经理指派的工作，查看餐厅运营日记 2. 了解当餐客流情况，审批餐厅物品领用单 3. 抽查餐厅卫生及设备情况 4. 参加 VIP 客人宴请菜单的设计 5. 参加餐厅的班前会，了解“三情”，做好餐前交代工作 6. 抽查餐前准备工作	注意重要信息的传达、关键服务要点的提示

续表

工作内容	管理要点
餐　中 1. 参加 VIP 客人的迎送 2. 餐中巡视、督导下属及员工的工作 3. 做好餐中的公关工作 4. 征求客人的意见，处理宾客投诉	监控好关键岗位，与客人适当、及时地沟通，注意突发事件的处理方法
餐　后 1. 检查餐后收尾工作 2. 了解宾客对菜肴及服务的评价 3. 抽查餐后安全及节能情况	注意服务信息的收集与反馈

三、开餐前现场督导

（一）开餐前管理要点

1. 接受餐厅经理的工作安排，布置检查餐前的准备工作

①前台班根据预订情况，对已经订好的宴会厅实行全面的检查，尚未预订的宴会厅每餐至少检查 2 个，一天检查 4 个，公共区域的卫生每餐要实施检查。

②传菜班卫生、设施设备的检查范围包括洗碗间、通道及仓库等，每餐要检查餐具准备情况。各岗的检查标准全部依据中餐厅各岗《卫生、设施设备检查表》。

2. 菜单设计

参加菜单设计，及时把客户档案及上餐的信息反馈提供给厨师长，提出合理的建议。

（二）开餐前督导要点

(1) 提前 10 分钟到岗，根据预订情况安排餐前各宴会厅及零点厅的准备工作，负责对本班组员工进行考勤。

(2) 依据《卫生、设备设施检查表》检查所有宴会厅、零点岗的卫生及设备设施，并做好记录。要求卫生达标率 95.3%以上，设备设施完好有效，检查班前准备工作是否达到要求。

(3) 掌握客情、酒情，准备好班前会内容。

(4) 主持班前会，检查仪表仪容是否整齐端正，装备是否齐全，通报客情、酒情，总结上餐工作中出现的问题，并将上餐餐厅运营日记中有价值的信息在班会上传达，详细布置当餐工作。

(5) 班会后检查各厅准备工作，餐厅温度、灯光、卫生间、廊灯、电视、香巾炉是否达到标准；酒水、菜单是否备齐；要求无预订的宴会厅开日光灯。

四、餐中现场督导

（一）餐中管理要点

(1) 参加班前会，掌握当餐的“三情”，并布置当餐的推销、服务工作。

(2) 督导、指挥各班组的各项业务按程序、规格正常地进行，控制上菜速度，确保宴会巡台率达到 100%。

(3) 巡视餐厅工作进展状况，做好现场公关，征求客人对菜单的意见。

(4) 及时处理餐中客人提出的问题及

投诉，缓和不愉快局面。

(5) 协助迎送员做好餐厅送客工作，记录发现的问题。保障岗位工作秩序，做好上下协调工作及突发事件的处理。

(二) 餐中督导要点

检查、督导班组服务人员是否按服务程序、标准进行服务，做好记录，并进行补位服务。

五、开餐后现场督导

(一) 餐后管理要点

(1) 抽查各班组的收尾、安检工作，杜绝安全隐患。

(2) 工作检查信息反馈。

(二) 餐后督导要点

(1) 协助服务人员送客。

(2) 客走后，检查服务人员是否关电视、香巾炉、空调、灯，要求只留日光灯。

(3) 收口布，并点清数量，检查服务人员是否回收可再次利用的物品。

(4) 检查服务人员的收台、布台工作，收台时泔水与餐具是否分开。

(5) 收齐宾客意见反馈表，并填写餐厅运营日记，整理客户档案。以上各项整理好之后交餐厅办公室存档，次日给厨师长与餐厅经理阅读检查。

(6) 做好安检工作、物料清点与餐厅管理日志安全检查。

【任务反馈】

你认为应该如何进行现场督导？

释疑：现场督导是服务过程中的关键环节，影响着整个餐饮服务过程。那么，该如何有效地进行现场督导是关键。首先，你要能够理解现场督导的要求；其次，你要能够有针对性地提出现场督导的要点。而这些就需要你大量阅读相关文章与书籍。

任务六　客房餐饮服务

【任务目标】

①你要了解客房餐饮服务；②你要掌握客房餐饮服务的程序、规范和标准；③你要掌握客房餐饮服务的内容和方法。

【案例聚焦】

节外生枝

南方某大饭店的房内用膳办公室接到1214房来电，客人要求送4份红肠炒饭到房间。服务人员放下电话立即与厨房联系。

这份差事落到服务人员小张身上。不料正待送去时，饭店电路出了故障。小张在昏暗的烛光照耀下，找了一个方托盘，盛放4碗炒饭，正欲举步时，念头一转，饭店断电后电梯不能运转，用两条腿走12层楼梯真够呛的，何况还是在黑暗中摸索上楼。犹豫一阵后猛然想到，此时正值寒冬，空调机不能使用，客人在漆黑的房间里一定饥寒交加，他们正渴望吃上一顿香喷喷的热饭。现在是客人最需要服务的时候，酒店员工没有任何理由让客人失望。想到此，她端起托盘便从消防通道绕去，一口气来到12楼。她用手叩门时，两条腿好似灌了铅一般沉重。操着广东口音的客人连声道歉，小张感到浑身舒坦。她正想请客人签单，不料又节外生枝。

不知何因，这几位客人只肯支付现金，不愿签单。那就是说，她必须步行到一楼付款台替客人结账，然后再返回12楼交账单。小张虽然想到这层麻烦，但仍接过现金，转身便向楼梯口走去。当第二次出现在1214房时，她差点瘫了下来。一位客人把她扶到椅子前，看到她满脸通红、气喘吁吁的模样，很不好意思。他说他压根儿忘了电梯不能使用，不然的话决不会不通情理到这个地步。

“不，应该道歉的是我们，由于酒店断电给你们带来了不便，我上下走两次只能稍稍弥补酒店给你们增添的麻烦。感谢你们给了我提供服务的机会。”小张的话字字发自肺腑。

思考：该如何提供客房餐饮服务？在提供服务的过程中，应该注意哪些问题？

【任务执行】

①学习形式	分小组进行
②获取资料	通过资料查阅或访谈的方式，总结当前客房餐饮服务中存在的问题；通过资料查阅、访谈或作比较方式，分析客房餐饮服务程序、标准
③成果展示	各小组汇报成果，在课堂上展示
④学会总结	提交工作记录单和案例分析报告

一、客房餐饮服务流程

（一）接受预订

（1）礼貌应答客人的电话预订：“您好，客房送餐，请问有什么需要服务的？”

（2）详细问清客人的房号、要求送餐的时间、用餐人数以及所需菜点，并复述一遍。

（3）将电话预订进行登记。

（4）开好订单，并在订单上打上接受预订的时间。

（5）根据从各楼收来的送餐单（挂在客房门口）开好订单。

（二）送餐服务前的备餐

（1）根据客人所点菜品准备餐具、布件。

（2）准备茶、咖啡、牛奶、淡奶、糖、调味品、花瓶等。

（3）将客人所点菜肴按要求整齐地摆放在餐车上。

（4）确认账单与客人所点菜品一致，将账单放在收银夹内。

（5）送餐时，检查个人仪容仪表是否符合要求。

（6）登记餐具。

（三）检查

（1）主管或领班认真核对菜点酒水与订单是否相符。

（2）餐具、布件及调味品是否洁净无渍、无破损。

（3）菜点的质量是否符合标准。

（4）从接订单至送餐时间是否过长，是否在客人要求的时间内准时送达。

（5）服务人员仪容仪表。

（6）送出的餐具，在餐后是否及时如数收回。

（四）送餐

对重要来宾，管理人员要与服务人员一起送餐进房，并提供各项服务。

（1）送餐前核对房号、时间及客人所点的食品饮料。

（2）按门铃征得客人同意后进房；如房门挂有“请勿打扰”，应到工作间给房间打电话，问客人是否方便送餐。

（3）向客人问好，并摆放餐食。

（4）按要求摆好餐具及其他物品，为客人拉椅，请客人用餐。

（5）问客人还有什么需要，如不需要，即礼貌向客人致谢。

（6）离开客房。

（五）结账

（1）进房间前，应根据客人所点菜品金额准备找零（避免二次打扰客人）。

（2）结账前，服务人员应核对账单，确定无误后用账夹送上账单，请客人付账。

（3）先征求客人如何付账（签单或付现金），再根据客人情况结账。

（六）收餐

（1）敲门征得客人同意后，方可进入房间，如客人不在房间应找楼层服务人员一起进入客房收餐；如门上挂有“请勿打扰”，应告诉楼层服务人员此房间未收餐具，由楼层服务人员去收。

（2）收餐完毕离开客房应走员工通道。

（3）做好所收餐具的记录工作。

（4）清洁工作车，更换脏布件。

（5）领取物品，做好再次送餐的准备工作。

二、客房餐饮服务规范

（一）接受预订服务规范

（1）铃响三声内接听电话。

（2）重复客人点菜内容。

（3）与客人确认用餐人数、房号、有无宗教信仰、有无忌口菜品。

（4）告知客人送餐到达的准确时间，向客人表示感谢。

（5）等客人先挂电话方可轻轻挂断电话。

（二）送餐服务前的备餐服务规范

（1）餐具、布件洁净无破损。

（2）按客人所点菜品要求在餐车或托盘上铺好台布，摆放餐具。

（3）将餐车上的保温灯点燃，确保菜品温度。

（4）菜肴按规定用保鲜膜封盖。

（三）送餐服务规范

（1）按门铃时说“送餐服务（Room Service）”，在征得客人同意后方可进入房间。

（2）用客人姓氏向客人问好，并报菜名，征求客人对摆放餐食位置的意见。

（3）离开客人房间时，应面朝客人退出客房，出房时随手轻轻关上房门。

（四）结账服务规范

（1）送账单时要双手奉上。

（2）如客人签房账应看客人的房卡，核对房号及姓名；如客人付现金应当面点清付款金额，并问客人是否开发票。

（五）收餐服务规范

早餐 30 分钟，午、晚餐 60 分钟后打电话征询客人是否收餐。将带回的餐具放洗碗房清洗（晚上 9 时以后不能收餐打扰客人，次日由专门收餐人员负责收回）。

【任务反馈】

你认为应该如何提供客房餐饮服务？

释疑：送餐服务是餐饮服务的一个重要组成部分。其目的是为住在饭店客房内的客人提供迅速、灵巧、方便的 24 小时餐饮服务。可以根据客人的要求从不同的餐厅为客人提供正规的日常服务。该如何提供客房餐饮服务呢？首先，你要熟悉客房送餐服务内容；其次，你要掌握客房送餐服务程序和要点，例如客房送餐服务程序的标准化。而这些就需要你大量阅读相关文章与书籍。

任务七　其他（航空餐饮服务）

【任务目标】

①你要了解航空餐饮服务；②你要掌握航空餐饮服务程序。

【案例聚焦】

细微之处见真情

吉祥航空扎实提升餐饮服务

坐在吉祥航空航班上，机舱内突然响起了生日歌。刚开始以为听错了，直到帅气的吉祥空少捧着红酒和蛋糕出现在面前才反应过来，这是给我庆祝生日的。吉祥航空太有爱了！

今天坐吉祥航空，正好赶上邻座生日，漂亮的空姐特意送上生日小蛋糕作为祝福。连我这个局外人都感到温馨！——以上摘自网友博文

这温馨的一幕，来自今年吉祥航空在上海出港航班推出的个性化服务：为在生日当天乘坐吉祥航班的旅客准备生日蛋糕，万里高空送祝福，在飞机上为旅客庆生。虽然只是一枚小巧精美的蛋糕，一杯普通醇香的红酒，但却蕴涵着一份情深意切的祝福，一丝温馨体贴的感动。吉祥航空力求从细微之处做起，扎实提升餐饮服务，为旅客带来不一样的飞行体验。

俗话说："民以食为天"，餐饮服务作为空中服务的重要环节，也是吉祥航空一直以来努力为旅客提供优质增值服务的重中之重。由于大家通常都以在地面的口味衡量机上餐食，而机上餐食又都是二次加热，色、香、味都会受到不同程度的影响。因此，从服务旅客、旅客满意的角度出发，扎实提升餐饮服务，是吉祥航空长期以来努力的方向。吉祥航空先后实现了上海基地浦东、虹桥两场配餐自营，使得配餐的质、量均有保证；进一步放宽配餐时段标准，在一些不属配餐的时段，根据时间长短，也供应不同餐食，为旅客提供品尝美食的机会，增添飞行乐趣；按季节变化更新餐谱，缩短餐谱周期，准备多套餐谱，尽量减少重复；注重收集旅客反馈，定期举行试餐会，以改进机上餐食。

在多方面、多角度做好常规餐饮服务的同时，吉祥航空还格外重视服务创新。在一些特殊航线上，提供特殊餐食。例如，在西北航线上配备清真餐食，在台湾航线上配备凤梨酥、三杯鸡、卤肉饭等风味餐食，在日本航线上配备江南名点苏州麻饼、日本小食铜锣烧等餐食。在节假日，吉祥航空都为旅客准备小小的心意，例如春节加配水饺，端午节加配粽子，中秋节加配月饼等，让旅客在空中也能感受到喜庆的节日气氛。吉祥航空还根据四季变换，推出四季茶饮服务，春季配备花茶，夏季配备绿茶，秋季配备枸杞菊花茶，冬季配备桂圆红枣茶。为了让更多小旅客也能乐享飞行，吉祥航空推出了独具特色、营养丰富的儿童餐，精选适合儿童口味的餐食，在儿童餐的食材、制作、摆盘等方面也下足了工夫，将味觉与视觉相结合，更符合儿童用餐心理。并能根据旅客需求免费提供儿童餐预订服务，省却了家长准备儿童餐的烦恼。此次推出生日蛋糕服务，也是吉祥航空服务旅客、提升餐饮服务的又一项创新之举。

头等舱餐饮服务也是衡量航空公司服务的一项重要标准，吉祥航空定期更新头等舱餐具，并突破了一般"主食＋配餐"的局限，提供"大荤＋小荤＋素菜"等更接近日常饮食习惯的餐食；不断丰富头等舱餐食品种，在原有精致餐食的基础上，推出海鲜汤

面、牛肉汤面等面食，蚝皇鲜鲍、香煎牛仔骨等热菜，早餐新推出鸳鸯饺、南翔烧卖等热点，以及葡萄盏、绿茶饼等甜点，从正餐、早餐、点心等各方面满足不同贵宾旅客的需求。近期，吉祥航空又在国际航班推出头等舱鸡尾酒调酒服务，以国际化标准提升头等舱餐饮服务。

吉祥航空力求在提升餐饮品质，倡导客舱健康饮食理念，为旅客提供营养均衡膳食的同时，从细微之处抓起，为旅客提供差异化的空中增值服务，帮助每位旅客实现如意到家。

思考：如何进行航空餐饮服务？

【任务执行】

①学习形式	分小组进行
②获取资料	通过查找资料的方式，了解航空餐饮服务的特点，总结其主要协作的节点
③成果展示	各小组汇报成果，在课堂上展示
④学会总结	提交工作记录单和案例分析报告

一、服务操作处理

航空公司为经济舱乘客供应的食品不但种类相同，而且分量也一致。这些食品通常放在塑料托盘中，并且使用一次性的餐垫、餐具、餐巾及饮料杯，同时也大量使用一些分装好的小包调味用品，如盐、胡椒、奶酪、芥末、糖、奶油及果酱等。

航空公司为头等舱乘客提供的餐饮服务相当于五星级饭店或高级西餐厅所提供的餐饮服务，而且其中一小部分服务可以由乘客自行选择。在餐具的使用上，航空公司也会使用较高级的餐具来装盛餐食，如使用骨瓷杯搭配银盘等，而且在食物上也会略做装饰，以营造出用餐时的高雅气氛。

二、餐食处理

飞机上所提供的餐饮，每一份的分量必须相等，而且是先在地面上制备完成后再送到飞机上。餐食的主要处理方式是：将制备完成并分装好的餐食急速冷冻后，送到飞机上的厨房内储存备用；空中服务人员在为乘客供餐前，必须在飞机内的厨房中将餐食重新加热。因为是以现成食品的方式来供餐，所以提供给乘客的餐食种类有限，因此乘客对餐饮的选择受到了限制，但这也成为航空餐饮的一个特色。

三、服务方式

(1) 先将准备供应给乘客的餐食一一放在手推车上。

(2) 将手推车推至座位间的走道上，一边推动手推车前进，一边为乘客提供餐食。

(3) 餐食用托盘装盛，并由服务人员放在乘客座位前的下拉式餐板上。

(4) 餐食、咖啡、面包及饮料等都是一次性供应完毕。

(5) 如果乘客中有素食者、小孩或病人，他们的餐食必须以特殊的托盘来加以区分。

四、中外知名飞机餐举隅

(一) 阿拉伯航空——一千零一种空中烹饪

阿提哈德航空用新鲜的眼光看待一段旅程。乘坐阿提哈德航空的尊贵旅客可期待享用最新鲜食料精心烹制的空中美食。不论是头盘、主菜还是甜点，都是出自屡获大奖的顶级厨师之手。这些丰富的机上美食既富有阿拉伯特色，同时又汇聚了世界各地的特色美味，让习惯吃中餐或爱吃西餐的人，都能找到自己喜爱的食品。

(二) 美国航空——美味在旅行之前

可以说，美国航空是调整菜单最频繁的航空公司之一。在上海—芝加哥航线上，美国航空精心设计了中西合璧的菜单，让原本枯燥无味的长途飞行变成轻松的“美食之旅”。美食享受从温热什锦果仁开胃菜开始，头盘是叉烧鸡片及醉虾配凉拌什锦蔬菜丝，或熏鲑鱼配香芽、红洋葱及酸奶油。再配以泰式腌渍嫩牛里脊肉及各式时鲜沙拉，让人食欲大开。在主菜方面，“牛肉碗面”和“甜酸猪肉”是最适合中国乘客口味的菜品，再搭配上让人心动的餐后甜点，必能使乘客在抵达目的地前精神一振。

（三）新加坡航空——五星大厨打造空中盛宴

乘坐新加坡航空公司的乘客，不管你搭乘的是豪华套房、头等舱、商务舱还是经济舱，都可以享受到在视觉与味觉上同样令人愉悦的机上盛宴。新航国际风尚美食精选了风味独特、令人垂涎欲滴的佳肴，能够满足美食家最挑剔的味蕾。

自1998年9月，新航就成立了由来自全球著名美食城市享有盛誉的名厨组成的“国际烹饪顾问团”，有来自新加坡的梁兆基、澳洲的马太-墨仁、日本的村田吉弘、美国的阿尔富勒-坡特，还有来自中国上海烹饪协会的朱俊。全世界的美味，都可以在新航航线中得到满足。

（四）香港国泰航空——空中的厨房工厂

作为中国香港航空业龙头的国泰航空公司打破传统，将厨房变工厂，使旅客在飞机上也能享受美食佳肴。面积犹如五个大球场的国泰航空饮食服务有限公司，每日可制作多达八万份飞机餐。为迎合不同乘客的饮食习惯，国泰航空在分为中、西菜的中央厨房基础上，设立了特别餐厨房部门，所有菜单由营养师设计，确保符合乘客的要求。公司每两至三年更改菜单一次，以增加乘客的新鲜感。在长途航线上，国泰航空也专门为乘客提供夜宵服务，只要按下服务铃，热腾腾的泡面就会端上你的餐桌。

（五）香港港龙航空——天上的茶餐厅

自成立以来，港龙航空由一架航机、一个航点发展到了今天拥有41架航机、服务47个航点的航空公司，凸显了港龙航空不断求变、永不言败和力争上游的拼搏精神。同时港龙航空在餐饮服务方面也一直求新求变。他们希望让乘客随时随地享受各地的美食，所以很多知名餐厅都加入了打造港龙的机上美食行列，为乘客增添一份选择，多一份最惬意的空中味觉享受。

（六）深圳航空——旅行中的煲汤

天空上与陆地上的饮食潮流好像是背道而驰的。在现今世界各大菜系都在互相融合的大潮流下，飞机餐就偏偏坚守一个纯粹的身份，成了一个表现本土身份的场地。深圳航空在飞机美食上一直致力于推广中国传统美食和岭南特色的经典餐食，让中国旅客享受到家的温暖，也让国外友人体会到中国的魅力美味。

“请问您需要辣朋辣椒酱吗？”深航乘务员家人般地询问，这是她们在热情地推荐深航自己研发的辣朋辣椒酱。深航也把“广式老火靓汤”搬上高空。头等舱客人能享受到原汁原味的松茸清远鸡、瑶柱炖珍菌等。类似这种传统而带有浓厚中国特色的美食，深航一直致力推广和提供着。

【任务反馈】

你认为应该如何进行航空餐饮服务？

释疑：俗话说：“民以食为天”，餐饮作为空中服务的重要环节，也是航空一直以来

努力为旅客提供优质增值服务的重中之重。目前，我国航空餐饮存在服务质量差、菜品种类少等问题。要解决这个问题，首先，你要能够了解航空餐饮包含的内容；其次，你要能够熟悉掌握航空餐饮服务的程序和关键点。而这些就需要你大量阅读相关文章与书籍。

◆项目评价

【知识/技能评价】

①主题宴会设计内容有哪些？

②主题自助餐设计需要注意哪几个方面？

③如何进行现场督导？

④客房餐饮服务程序及规范有哪些？

⑤如何进行酒会设计？某酒店在圣诞节将举办圣诞鸡尾酒会，此酒会主要针对外商公司进行促销，如你是宴会部的经理，你将怎样设计酒会服务礼仪？

【实训演练】

分小组进行情境模拟演练：每个小组6～7人，其中1～2人扮演餐饮企业经理或主管，4～5人扮演餐饮服务人员，完成一次主题宴会设计及服务过程，并最终提出一份主题宴会设计的详细方案。

【项目链接】

服务策划与运作可以参考如下进程：(1) 服务策划的前期工作，包括服务策划的方法、服务策划与运作的具体内容等；(2) 具体项目的服务策划分析，包括主题宴会设计原则、方法内容、酒会设计方法原则、自主餐设计原则步骤、客房餐饮服务分析、航空餐饮服务分析；(3) 服务运作的具体要求，包括服务运作的方法、服务运作的原则、服务运作过程中的现场督导。

为了增加学生对餐饮行业及其服务策划与运作的相关知识，建议学生阅览《主题宴会设计》《餐饮服务与管理》等书籍，并可关注餐饮职业网或各省餐饮行业协会网页动态，了解更多餐饮行业的发展动态信息。

下面是“招财宴”中的一个菜品例子，包括菜品设计、文化典故、营销方案、营养保健功能、语言方案五个方面。

一、菜品设计

招财童子鸡(特色卤水童子鸡)：

用泥塑捏一个小童子，手中端着盘子，盘子盛着元宝。下面用童子鸡剁成块品呈元宝状，旁边用金丝点缀。

二、文化典故

从前有一户人家，曾经开过饭店，卖过布匹，贩过私盐。但他运气十分差，无论他怎样努力，都难以赚到钱。有一天，他在梦中遇到一个长胡须的老者，老者对他说：“你明天上一桌贡品，上面必须有你从前开饭店时做的那种鸡子，上面还要有一个小童子招呼(迎接)财神从天上降到你家，给你带来好运势”，说完老者就不见了。

此人从梦中惊醒，怀疑是有神人托梦给他，他将梦中的情节对夫人一讲，夫人说：“你梦见财神爷了。”于是两人便精心准备了一桌贡品迎候财神降临他家。由于他做的童子鸡非常好吃，很多人都喜欢。他桌上的贡品上什么都没动，唯独那只鸡没有了。不过从此以后他运势大转，干什么成什么，做什么生意都赚钱，成为富甲一方的大富翁。后来，他为了纪念财神爷给他托梦所带来的好运，重新开了一家很大的酒店，在酒店的影壁墙上，供奉着财神图像。酒店仍然经营财神爱吃的、用自己的独特秘方卤制的脆皮童子鸡，并将其命名为“招财童子鸡”。

三、营销方案

1. 将童子鸡图片、菜品典故、菜品风味特色等制成一幅喷绘，用喷绘架摆放在大堂内，结合其他菜的文化典故及图片，集中做一次宣传，让客人对推出的宴会感兴趣。

2. 宴会开发成功后，酒店可扩大影响范围，在《濮阳日报》上做广告。

四、营养保健功能

童子鸡在卤制中不仅利用香料的医疗保健功用，而且根据春、夏、秋、冬不同季节养生保健的要求，加入润肺、养颜、祛寒、滋补等功能的中药材和食物原料，使菜品更符合现代人养生保健的食疗要求。

五、语言方案

1. 祝您享用了“招财童子鸡”后，能够财运通达，商务顺利，财源广进，财气如虹。

2. 祝各位在以后的生意中“财源茂盛达三江，生意兴隆通四海”。

3. 祝大家在商海中能“运来洪福临瑞地，财到紫气盈金门”。

4. 愿财神长顾您家，福星永照贵人。

5. 祝福象征金钥匙，打开三扇门：幸福、健康和财神。

项目五　餐饮经营分析

◆项目目标

【行业要求】

对于餐饮企业来说，它不仅需要优秀的服务人员，更需要一些具备餐饮企业管理知识、能够在服务中贯彻企业文化、收集并分析企业运营数据、为企业发展出谋划策的人才。

【学习目标】

本项目主要讲述如下任务，包括对消费者的分析、对竞争者的分析、对餐厅经营现状的分析（如餐饮成本控制策略、经营预算、营销策划、餐饮企业运营诊断与评估等）。其中需要重点掌握的知识是：对餐厅经营现状的分析、餐饮成本控制策略、营销策划等。

◆项目任务

虽说“民以食为天”，但并非所有的餐饮企业都能够在市场中存活下来，归其原因，失败的餐饮企业或不能适应目标消费者市场的需求，或不具备应对市场机制的变化。而要做到餐饮企业或品牌的长久不衰，管理者就必须具备餐饮企业经营管理的相关知识。此项目主要论述了餐饮企业市场营销策划、成本控制、经营预算、诊断与评估等内容。

任务一　消费者分析

【任务目标】

①你要了解餐饮消费者的类型；②你要了解餐饮消费者的消费行为；③你要掌握影响餐饮消费者行为的因素；④你要掌握餐饮消费者的决策过程。

【案例聚焦】

餐饮业：迎合家庭消费者

2010 年，开饭馆的个体户越来越多，所以餐饮业竞争越来越激烈。42 岁的上海大都饭店经理李春华也绞尽脑汁，想在此时大干一场。想什么法呢？李春华把脑筋动在了“亲情”二字上。当时，新闻界陆续披露出社会上不少虐待老人的事件，他在日常生活中也耳闻目睹了一些不尊重老人的行为，心情十分不平。他决定在店里为长寿老人提供免费点心宴，以此宣传中国人敬老孝老的传统美德，以情感人，吸引顾客，进而扩大经营，搞活生意。为此，他于 2011 年春节前后，在报上刊发公告：“大都饭店为真诚感谢众人关心和支持，现特举办免费寿星点心宴——凡 90 岁至 95 岁者，供应点心宴 1 桌（含家人 10 位）；凡 95 岁至 99 岁者，供应点心宴 2 桌（含家人 20 位）；凡 100 岁以上者，供应点心宴 3 桌（含家人 30 位）。请凭本市居民身份证联系。”此消息一见报便在全市引起轰动，成了人们街头巷尾议论的话题，读者纷纷打电话问：“是真白吃，还是假白吃？”当人们得知是“真白吃”后的第一个星期天，大都饭店门前人头攒动，寿星点心宴厅灯火通明，简直成了上海市又一个新景点，自然也成了记者们抢抓的新闻素材。这一天，三世同堂的、四世同堂的来了23家。寿星们和家人品尝美味佳肴之后，无不夸赞大都饭店为他们创造的这天伦之乐，其中有不少老先生提笔留言，如“只有在社会主义制度下，才会出现寿星宴这种创举”等。报纸、省市新闻媒体的广泛传播，使大都饭店名声大振，到这儿举办各种寿宴寿酒的顾客开始接连不断。李春华心里清楚，全市90岁以上的老人都来了，也就是600多桌，完全“赔”得起。而实际上，一般家庭，子孙们为了表示孝顺，都会争购一些美酒佳肴的。这类酒菜一销，钱又赚了回来。所以，2011年大都饭店营业额达到5 000多万元，比上年增长3/5，利润上升70%。还有一笔无形收入——大都饭店由此几乎成了上海人为家人做寿的“定点饭店”。

思考：大都饭店是如何影响消费者决策的？

【任务执行】

①学习形式	分小组进行
②获取资料	通过查找资料或实地调查，总结餐饮消费者的类型及行为特征；通过阅读书籍，理解消费者的决策过程
③成果展示	各小组汇报成果，在课堂上展示
④学会总结	提交工作记录单和案例分析报告

消费者的购买行为具有一定的模式和规律。对于餐饮企业来说，只有通过系统的市场调查，分析研究目标市场消费者购买行为的特点，才能有针对性地制定各项市场营销策略，使用有效的市场营销手段，激发和诱导餐饮消费者对餐饮产品的购买。研究影响消费者行为的主要因素及其购买决策过程，对于开展有效的市场营销活动至关重要。

一、餐饮消费者类型

（一）便利型消费者

便利型消费者较注重服务场所和服务方式的便利，反对繁文缛节。这种类型的顾客希望在接受服务时能方便、迅速、快捷，并讲求一定的质量。他们大都时间观念强，具有时间紧迫感，最怕的是排队、等候或服务人员漫不经心，不讲效率。因此，对于这类顾客，在餐厅经营中要处处以方便顾客为宗旨，讲求便利、快捷、高效，讲求质量上乘的服务。这就要求餐厅在网点建设、服务方式上很好地运用便利顾客的原则。如餐厅经营中设便餐、快餐以及带料加工、回锅加热或外送、外卖等服务项目。

（二）求廉型消费者

求廉型消费者十分注重饮食消费价格的低廉，这种类型的顾客都具有“精打细算”的节俭心理，十分注重菜肴和服务收费的价格，在比较推测中得出自己的结论，因此对质量不过分苛求，要求达到“物有所值”即可。这就要求餐饮企业在菜品及服务上分开档次，并且要档次配套、合理、折中。用低档的服务项目去满足求廉型顾客的需求。如：在餐厅经营中，既要有几十元、上百元的高档菜肴，又要有十几元的中档菜肴，还要有几元的低档菜肴，这样才能满足人们对不同档次、不同价格的需要。

（三）享受型消费者

享受型消费者大多注重物质生活的享

受，注重环境、服务的档次，对价格不太关心。这种类型的顾客一般都具有一定的社会地位或经济实力，渴求享受型消费以显示自己的地位或经济实力，这些人是高档菜肴和高档服务的消费者。为了满足享受型消费者的需求，餐厅不仅要提供高质量的菜肴，还要提供全面优质的服务。

（四）求新型消费者

求新型消费者注重菜品或服务的新颖、刺激，而不过分计较价格的高低，这类顾客以青年人为主。餐厅菜点的新奇，餐厅服务的标新立异、与众不同等都对这类消费者具有莫大的吸引力。所以有不少餐厅老板挖空心思去留意制作新奇菜点，以招徕顾客。

（五）健康型消费者

健康型消费者注重食物的营养保健作用，这种类型的顾客希望通过营养食疗达到祛病保健的目的，对于菜品的口味及服务不太在意。回归自然，追求健康和无污染的绿色食品是这类消费者的主流追求。为了满足这类消费者的需求，餐厅不但应在菜肴的营养保健上下功夫，开发符合营养保健的菜品，还应在服务上加大营养保健知识的普及力度，使健康服务从里做到外。

（六）信誉型消费者

信誉型消费者非常注重企业信誉，以求得良好的心理感受。人们在消费时，都希望能获得质价相称、具有风味的菜品，享受清洁、完善、舒适、愉快的环境，以获得满意、愉快的心理感受。一家餐厅经营的成功或失败完全取决于顾客对它的印象。因此，信誉是经商或服务之本，服务质量更是餐厅的生命线。要赢得顾客就必须建立企业信誉和提供优质服务。

要赢得市场，必须赢得消费者，仔细研究和揣摩消费者的消费欲望、消费心理和消费情绪，将人们的消费动机加以条理化、模式化的细分才会做到有的放矢。作为企业经营者，还应深入到市场中去摸透消费者的真正需求，对自己提供的菜肴和服务进行细分，从而满足不同层次消费者的需求。只有这样，餐厅才会真正得到广大顾客的青睐。

二、餐饮消费者购买行为影响因素

消费者不可能凭空作出自己的购买决策，其购买决策在很大程度上受到文化、社会、个人和心理等因素的影响。

（一）文化因素

文化、亚文化和社会阶层等文化因素，对消费者的行为具有最广泛和最深远的影响。文化是人类欲望和行为的基本决定因素，低级动物的行为主要受其本能的控制，而人类行为大部分是学习而来的，在社会中成长的儿童通过其家庭和其他机构的社会化过程学到了一系列基本的价值、知觉、偏好和行为的整体观念。每一种文化都包含着能为其成员提供更为具体的认同感和社会化的较小的亚文化群体，如民族群体、宗教群体、种族群体、地理区域群体等。在一切人类社会中，都存在着社会层次。它有时以社会等级制形式出现，不同等级的成员都被培养成一定的角色，而且不能改变他们的等级成员资格。然而，更为常见的是，层次以社会阶层形式出现。所谓社会阶层是指一个社会中具有相对的同质性和持久性的群体，它们是按等级排列的，每一阶层的成员具有类似的价值观、兴趣爱好和行为方式。

社会文化对顾客餐饮消费的影响是多角度、多层面的，具有相当的复杂性。餐饮经营者在考虑社会文化因素的影响时，应着重把握企业经营所在地人们共性的文化倾向，使自己的餐饮产品适应目标顾客的文化品位和内涵，增加顾客可接受的程度。

(二) 社会因素

消费者行为也受到诸如参照群体、家庭、社会角色与地位等一系列因素的影响。社会群体是指有着共同目标、相互依存、相互影响的一群人。消费者的消费行为常常受到社会群体直接或间接的影响。社会群体的类别很多，如同事组成的工作群体、亲朋好友构成的亲友群体、各种宗教团体以及专业协会等。一个人的消费行为常常不只受一个群体的影响，凡是对消费者消费行为产生影响的群体，都被称为参照群体。参照群体对餐饮消费者的影响有三种方式：一是参照群体使个体受到新的行为和生活方式的影响；二是个体的态度受参照群体影响，以便迎合该群体；三是参照群体使个体产生一种趋于一致的压力，它会影响个体的产品选择和品牌选择。餐饮市场营销人员应该充分利用参照群体对目标消费者的影响，做好促销工作。如餐饮市场营销人员可以利用参照群体使个体产生趋于一致的压力，通过对亲友、同事、群体领袖、知名人物的促销，产生消费示范效应，有效促进销售工作。

家庭是一个最常见的社会团体，它既是基本的社会活动单位，又是基本的消费单位。从社会学观点来看，家庭有核心家庭和大家庭两类。核心家庭是由夫妻和子女组成的家庭，而大家庭则是由父母和子女共同构成，一个大家庭中至少三代同堂。核心家庭是社会中最重要的消费单位，随着人们闲暇时间的增多和可自由支配收入的增加，以家庭为单位进行的餐饮消费日趋增多，给餐饮市场营销带来了越来越多的机会。核心家庭消费的类型有丈夫支配型、妻子支配型和联合支配型三类。对外出就餐的消费类型来说，多以丈夫支配型或联合支配型为多。但随着我国人口政策的施行，子女在家庭消费中的地位日益提高，子女对外出就餐的消费影响力越来越大。家庭消费决策中有五种不同角色，其中的发起者经常是儿童。

大家庭中个体的消费行为明显地受父母的影响，其消费行为与其家庭背景有较大的关系。比如在父母是北方人家庭中长大的人，其口味特征常常表现为偏咸、不喜甜、喜欢面食，等等。了解顾客的家庭背景对餐饮市场营销有积极的帮助。大家庭经常也是餐饮消费的单位，如年夜饭、老人寿宴等。虽然消费的决策者不是老人，但他们是非常重要的影响者，他们的意见对顾客消费后的满意程度起着重要的作用。

(三) 个人因素

消费者的购买决策也受其个人特性的影响，特别是受其年龄所处的家庭生命周期阶段、职业、经济状况、生活方式、个性以及自我观念的影响。生活方式是一个人在世界上所表现的有关其活动、兴趣和看法的生活模式。个性是一个人所特有的心理特征，它导致一个人对其所处环境的相对一致和持续不断的反应。

不同个性的消费者在消费决策和消费行为上具有一定的规律。根据餐饮消费者的消费特点，可以将其归纳为以下几个类型：

(1) 理智型。购买过程冷静、理智，善于比较和选择，只有证实了自己选择的合理性后才会购买。

(2) 冲动型。购买过程易受宣传和产

品外观所影响，兴趣对购买的影响很大，不太注重产品的功效。

(3) 想象型。消费行为表现出富有想象力，联想能力强，审美观浓厚，喜欢使用新产品。

(4) 习惯型。他们易形成购买习惯，对某品牌产生信赖，成为它忠实的顾客。

(5) 价格型。购买行为中对价格尤其敏感，善于发现价格差异，满足于廉价商品的消费。

(6) 不定型。没有固定偏爱，购买心理不稳定。

餐饮市场营销者在客户访问、现场推销、处理投诉过程中，应注意观察顾客的个性气质，从一般规律把握其可能的个性特征，尽量满足顾客的心理要求。这样有利于与顾客沟通，有利于成功推销，特别有利于平息顾客的不满与怨恨，很好地处理顾客投诉。

(四) 心理因素

消费者的购买行为要受动机、知觉、学习以及信念和态度等主要心理因素的影响。动机是一种升华到足够强度的需要，它能够及时引导人们去探求满足需要的目标。亚伯拉罕·马斯洛则认为，人是有欲望的动物，需要什么取决于已经有了什么，只是尚未被满足的需要才影响人的行为，亦即已满足的需要不再是一种动因；人的需要是以层次的形式出现的，按其重要程度的大小，由低层次需要逐级向上发展到高层次需要，依次为生理需要、安全需要、社会需要、自尊需要和自我实现需要；只有低层次需要被满足后，较高层次的需要才会出现并要求得到满足。一个被激励的人随时准备行动。然而，他如何行动则受其对情况的知觉程度的影响。

心理因素对餐饮业的影响主要表现在以下三个方面。

1. 求方便快捷的心理

由于经济的发展，竞争的日益加剧，人们用于工作和学习的时间和精力越来越多，日常生活节奏变得日趋紧张。由此导致的对餐饮产品需要的变化表现为：一方面对各式快餐的需求增长较快，快餐经营企业机会大增；另一方面对正餐的需求也同样增加，家庭更多地选择在外就餐，以减少家务劳动所占用的时间。同时，餐饮的社交平台功能越来越强，也为餐饮经营带来更多的需求。

2. 求保健的心理

随着近年来居民收入水平的普遍提高，人们的基本生活得到了充分满足，人们更加重视预防疾病、增进营养、保证健康。绿色餐饮产品应运而生，并大受欢迎。餐饮消费者更加愿意到绿色餐厅享受无污染的绿色消费。在餐饮服务方面，适应健康和疾病预防的新生活方式，分餐制也开始流行起来。

3. 求文化与品位的心理

随着人们可支配收入的增加，生活水平的提高以及审美情趣的提升，餐饮消费者对就餐环境及服务水准的要求越来越高。他们对餐饮设施和用具的舒适美观、不同风味的美味佳肴、菜品精致程度、服务礼仪及服务方式的多样化提出了更高要求。餐饮企业应针对这些要求，提升餐饮经营的文化内涵，改进自己的产品质量，提高自己的服务水平，营造知名品牌。

三、餐饮消费行为的决策过程

每一个餐饮消费者都有其独立的理性逻辑，表现在消费行为决策中，不同的个体具有不同的决策过程，而且其决策行为模式经常发生着变化。在不同的时间、地点购买不同的餐饮产品时，面对不同的刺激，消费行为会有不同的表现。所以，把握餐饮消费行为本身是一件复杂的事情。尽管如此，餐饮顾客消费行为仍然具有特定的规律性。对于一般的聚会就餐、家庭便宴、普通商务宴请，顾客只需凭自己的经验很快就能作出决策。这种决策被称为简单购买决策。餐饮顾客对新出现的餐饮产品、价格较高的组合性产品、非常重要的商务宴请，往往在消费决策行为上表现得较为复杂，这种决策行为被称为复杂购买决策。复杂决策过程由引起需要、收集信息、评价方案、决定购买和购后行为五个阶段构成。

（一）引起需要

购买者的需要往往由两种刺激引起，即内部刺激和外部刺激。内部刺激是指来自顾客的生理原因，如饥饿、对某种美食的心理渴望等。内部刺激对餐饮顾客的需要产生的影响相对简单，外部刺激则显得较为复杂。外部刺激包括家庭特征变化、可支配收入的变化、参照群体的变化、寻求新奇心理等。餐饮市场营销人员应注意识别引起餐饮消费者某种需要和兴趣的环境，并充分注意到两方面的问题：一是注意了解那些与本企业的产品和服务实际上或潜在有关联的驱使力；二是餐饮消费者对某种产品或服务的需求强度，会随着时间的推移而变动，并且被某种诱因所触发。在此基础上，企业还要善于安排营销策略，促使消费者对企业产品产生强烈的需求，并立即采取购买行动。

（二）收集信息

一般来讲，引起的需要不是马上就能满足的，餐饮消费者需要寻找某些信息。消费者的信息来源主要有个人来源（家庭成员、亲朋好友、同事邻居、其他熟人等）、商业来源（餐饮广告、餐饮推销员、餐厅外观及设施、餐厅宣传印刷品、服务人员等）、公共来源（大众传播媒体、美食协会、餐饮评审组织等）、经验来源（亲自品尝、联想、推论等）。市场营销人员应对消费者使用的信息来源认真加以识别，并评价其各自的重要程度，安排适当的营销组合，千方百计地使本企业的品牌被消费者知晓，促使消费者购买本企业的产品和服务。

（三）评价方案

餐饮消费者对产品的判断大都是建立在自觉和理性基础之上的。餐饮消费者的评价行为一般要涉及产品属性（即产品能够满足消费者需要的特性）、属性权重（即消费者对产品有关属性所赋予的不同的重要性权数）、品牌信念（即消费者对某品牌优劣程度的总的看法）、效用函数（即描述消费者所期望的产品满足感随产品属性的不同而有所变化的函数关系）和评价模型（即消费者对不同品牌进行评价和选择的程序与方法）等问题。例如，中国餐饮消费者在购买商务宴时，最看重的是餐饮企业的品牌；而在购买婚宴、情侣宴时，往往更看重环境与气氛是否跟自己的品位与感受相吻合。

（四）决定购买

评价行为会使餐饮消费者对可供选择的品牌形成某种偏好，从而形成购买意图，进而购买所偏好的品牌。但是，在购买意图和决定购买之间，有两种因素会起作用：一是他人态度，即其他人对餐饮消费者购买意向的看法；二是意外情况，即餐饮消费者在此之前未预料到的意外因素，如资金紧张、新的替代品出现、准备购买的产品出现恶性事故被曝光等。也就是说，偏好和购买意图并不总是导致实际购买，尽管两者对购买行为有直接影响。消费者修正、推迟或者回避作出某一购买决定，往往是受到了可觉察风险的影响。可觉察风险的大小随着这一风险所支付的货币数量、不确定属性的比例以及消费者的自信程度而变化。市场营销人员必须了解引起消费者有风险感的那些因素，进而采取措施来降低消费者的可觉察风险。

（五）购后行为

餐饮消费者在购买产品后会产生某种程度的满意感或不满意感，进而采取一些使市场营销人员感兴趣的买后行为。所以，产品在被购买之后，就进入了买后阶段，此时，市场营销人员的工作并没有结束。餐饮消费者对其购买的产品是否满意，将影响到以后的购买行为。如果对产品满意，则在下一次购买中可能继续购买该产品，并向其他人宣传该产品的优点。如果对产品不满意，则会尽量减少不和谐感，因为人的机制中存在着一种在自己的意见、知识和价值观之间建立协调性、一致性或和谐性的驱使力。具有不和谐感的消费者可以通过放弃、投诉或索赔来减少不和谐感，也可以通过寻求证实产品价值比其价格高的有关信息来减少不和谐感。市场营销人员应采取有效措施尽量减少购买者买后不满意的程度。

【任务反馈】

作为营销人员应如何顺应餐饮消费决策过程特点来营销？

释疑：营销人员应对目标顾客群体的特征进行调研，了解其需求，针对需求做好推广宣传，创造品牌，积极跟进售后服务。

任务二　竞争者分析

【任务目标】

①你要能够识别餐厅的竞争者；②你要学会辨别竞争者的战略；③你要掌握竞争者的目标；④你要能够评估竞争者的优势与劣势；⑤你要确定竞争者以便进攻与回避。

【案例聚焦】

小餐厅善用“吃亏”打败大饭店

“吃亏”就是“占便宜”。李日东的东东宴会市场成立不过七年，却成为台南市包办宴会的龙头。2007年，他所承办的宴会桌数超过四十万桌，这个数字比原本的前两名——大亿丽致酒店、长荣桂冠酒店加起来还多。一般来说，大饭店有硬件设备、知名主厨的优势，尽管宴会一桌要价一万元，约是餐厅一桌的五倍，却少有小餐厅敢加入“战场”，与饭店竞争。但是原本开百元热炒餐厅的李日东，却敢在七年前砸下一亿元，引进日本的新式宴会场所，与饭店一争长短。

早在十七年前，年仅二十五岁的李日东，成立东东粤菜小吃餐厅，可是新手开店，只知进账要超过支出才叫赚钱，却不懂计算每道菜的个别损益，该售价三百元才能回本的凤梨虾球，李日东却只卖一百元，足足损失两百元。早期，东东把餐厅菜卖成路边摊的价格，有些菜赔钱了还不知道。但精明的消费者反而因此蜂拥而至，虽然点了会让李日东赔钱的菜，却让他从其他菜色或是饮料项目上赚回来。

他反观邻近的竞争同业：他们算得精，太会算反而不敢去做。虽然眼红东东粤菜小吃餐厅的成绩，但是同行推出的菜色，不是价钱较高，就是品质较差，难以望其项背，这让李日东领悟到：要让顾客占便宜，才有存在的价值。

秉持“让客人占便宜”的精神，提供饭店水准的服务，定价却低两成，因此纵使跨足宴会市场，李日东依然不改让顾客占便宜的哲学，让顾客享受饭店水准的硬件设备和食材品质，却把定价降低两成。除了定价较低，在重视关系的台南，李日东不像饭店那样严控毛利，菜单、价格都是定得死死的，他是看准饭店的劣势，因此要求主厨走出厨房，亲自为客人服务：想要吃什么？菜单需要改吗？尽量迎合顾客需求。

思考：餐厅经营中如何选择竞争对手？采取何种竞争策略？

【任务执行】

①学习形式	分小组进行
②获取资料	通过查找资料或实地调研，总结各类竞争餐厅及其各自采取的竞争策略
③成果展示	各小组汇报成果，在课堂上展示
④学会总结	提交工作记录单和案例分析报告

一、识别餐厅竞争者

竞争者一般是指那些与本企业提供的产品或服务相似，并且所服务的目标顾客也相似的其他企业。

（一）餐饮业分类格局

（1）酒店业：提供集就餐、住宿、购物、护理、休闲等完全服务为一体的体验式生活馆，是餐饮业的最高形态。

（2）餐厅业：提供集就餐、放松、交流等较为完全的服务为一体的体验式休闲馆，是餐饮业的高级形态。

（3）快餐业：包括自助餐厅，纯粹是吃饭兼短暂休憩的场所，是餐饮业的基本形态。

（4）冷饮业：以茶水为主要特色，可能会配套出售各类零食（均非正餐，就是难以当正餐看待的各类副食品），或者是顾客吃饱了饭之后，选择性地补充喝些各种性质的饮品，是餐饮业的单调形态。

（5）街边摊：主要是指那些脏乱差的街边摊，比如搭个小帐篷，白天是经营场所，晚上可能就是用作休息场地的小摊。

从具体的餐饮格局分类来分析，酒店无疑是这五类当中竞争力最强的。但消费者的消费欲望并不会包括所有的服务项目，比如他们只想选择吃饭这一单项服务，他们就可以选择其他几个，所以酒店是最完美的，但也是众矢之的。其次价格竞争是这五类的一个重要标志，高档的餐厅和酒店价格无疑是五类中最高的，适合于比较上层的消费者，而快餐和街边摊贩则适合于下层消费者。在上层消费者领域，酒店的最大竞争对手就是高档餐厅，而且高档餐厅在餐饮上的专业化水平更高，在卫生方面，酒店的优势也很明显；在综合方面，酒店是占有绝对优势的。

餐厅在这五类中的特点是专业化水平比较高，适合于不同的经济群体，除了很少领域的人不会涉及餐厅，基本所有的人都会涉及；但在综合服务方面，它和酒店是无法比的，酒店占绝对优势；在专业化方面，餐厅是优势最明显的；在价格方面，相对于下层消费者，街边摊贩和快餐比较占优势。在卫生方面，餐厅最大的竞争对手是快餐业，快餐是省时间，对工作者这样的消费群体，快餐对餐厅的冲击很大；快餐业是针对中下层消费者和工作者特意设定的，省时间，而且有短暂休憩的场所，价格便宜；快餐业在价格方面占优势，街边商贩是其最大的竞争对手，但其在卫生方面却具有绝对优势，综合方面却远不如酒店和餐厅。

（二）餐饮业竞争者类型

餐饮企业不可能独占市场，它们都要面对形形色色的竞争者。在竞争性的市场上，除来自本行业的竞争者外，还有来自代用品生产者、潜在加入者、原材料供应者和购买者等多方力量的竞争。从消费需求的角度来看，餐饮业竞争者可以分为以下几个类型。

（1）愿望竞争者，是指提供不同产品以满足消费者不同需求的、与企业构成竞争关系的众多企业。消费者的需要是多方面的，但很难同时满足，在某一时刻可能只能满足其中的一个需要。例如，一个家庭成员过生日，是选择去星级饭店的餐厅就餐还是选择去普通餐馆就餐，此时这个家庭的愿望对酒店和餐馆来说，就叫“愿望竞争者”。

因此，从最广泛意义上说，生产不同产品、满足消费者不同需求的企业间存在着竞争关系。

（2）一般竞争者，是指提供不同产品以满足人们同一需求的、与企业构成竞争关系的众多企业。消费者会在确定目前需求的基础上进一步判定选择，即“采取什么方法能满足这一欲望”。例如，上述家庭经过反复考虑，决定去普通餐馆就餐庆祝生日。而满足这一愿望，可选择经营各种菜系的餐馆，这种餐馆就属于“一般竞争者”。

因此，对企业而言，消费者选择的过程使这些餐饮食品的生产经营者之间形成一种竞争关系，它们也就相互成为一般竞争者。

（3）产品形式竞争者，是指提供满足消费者同一需要不同形式的同一种产品的、与企业构成竞争关系的众多企业。消费者在满足同一需要的产品中要进一步决定购买其中的某一类产品，例如，上述家庭在选择好菜系之后，他们可以选择高、中、低档次的餐馆，这不同档次的餐馆可称为“产品形式竞争者”。

（4）品牌竞争者，是指提供满足消费者同一需要同种形式的不同品牌产品的、与企业构成竞争关系的众多企业。消费者在同一类产品品种中会面临品牌的选择，如当这个家庭选定了餐馆的档次后，又要考虑选择哪个品牌，那么，这种品牌餐饮店又构成了“品牌竞争者”。

二、辨别餐厅竞争者战略

市场营销战略（Marketing Strategy），是指企业在现代市场营销观念下，为实现其经营目标，对一定时期内市场营销发展的总体设想和规划。在企业营销管理过程中，制定企业营销策略是关键环节。企业营销策略的制定体现在市场营销组合的设计上。为了满足目标市场的需要，企业对自身可以控制的各种营销要素（如质量、包装、价格、广告、销售渠道等）进行优化组合。重点应该考虑产品策略、价格策略、渠道策略和促销策略，即“4Ps”营销组合。

（一）产品策略

1. 餐饮产品的概念

（1）餐饮产品概念包含三层含义。第一，核心产品：顾客能够从餐厅获得的最根本利益。例如，对于经济型顾客来说是物美价廉的食品；对于高档顾客意味着豪华、体面的精神经历，如“亚细亚——风雨中温馨的港湾”。第二，支持产品：核心产品的物质表现形式。例如餐厅的地理位置、周围环境、建筑风格、服务特色和水准、设施设备的档次等。第三，附加产品:顾客购买产品时所能够获得的附加利益。例如免费停车、报销打的费、免费照相、为婚宴顾客义务提供音乐、司仪等。

(2) 互补产品和互代产品。餐饮产品是整体产品,由多种单项产品构成。第一,餐饮产品间的互补关系,如服务、环境和菜肴的关系,其中任何一个质量下降,其他都会受到影响。100－1＝0,强调全面质量管理。第二,餐饮产品间的互代关系,相同功能的产品互相替代,如各式菜肴、菜单分析——畅销高利、不畅销高利、畅销低利、不畅销低利菜肴的取舍。

2. 餐饮产品生命周期

现代餐饮产品的生命周期又称寿命周期,是指餐饮产品从投放市场到退出市场的全过程,包括引入期、成长期、成熟期和衰退期四个不同阶段。餐饮产品生命周期四个阶段有其显著特征,它们直接影响着企业经营决策的制定,如表 5－2－1 所示。研究餐饮产品生命周期的最重要意义,就是针对产品所处的寿命周期阶段选择相应的市场营销策略。

表 5－2－1　产品生命周期各阶段特征

市场情况＼生命周期	引入期	成长期	成熟期	衰退期
市场增长	慢	加速	平缓	下降
市场渗透率	低	高	更高	最高
市场细分程度	针对冒险客人	整体市场	细分程度最高;有目标市场	不再有目标市场;获利可能最小
产品差异化状态	独一无二或差异化程度高	竞争者加入,差异程度减少	产品改造调整,但本质上无太大区别	竞争者退出;市场上出现新产品,但只是尝试性的
竞争产品种类	很少	增多	最多	减少的速度很快
竞争者数量	几乎无竞争对手	增多	最多	减少的速度很快

(1) 引入期的市场营销策略。引入期产品是餐饮企业的新产品,对新产品的市场营销一般着重考虑价格和促销两个因素。高价格和低价格与高促销和低促销经组合共有四种策略,包括快速撇脂策略、慢速撇脂策略、快速渗透策略、慢速渗透策略 。

(2) 成长期的市场营销策略。成长期的市场营销策略从以下几个方面考虑:①改进和提高产品质量,主要是改进菜品和服务两个方面的质量。②寻找新的市场细分,通过进一步细分市场或对现有细分市场进行重新分析,确定商品尚未满足的顾客群,迅速进入这一新市场。连锁企业的新店开发就是这一策略的使用。③改变广告宣传的重点,一方面,餐饮企业的广告从介绍传达产品信息转为说服和诱导消费者接受和购买产品;另一方面,将广告重心转到宣传产品形象上,逐渐打造产品品牌。④对于价格敏感型的市场采取适当的减价策略,餐饮企业由于接待能力有限,所以只有当接待量有剩余时才能使用此策略;在同一地区开分店时适时使用降价策略;对餐饮企业的外卖产品,完全可以使用此种策略。

(3) 成熟期的市场营销策略。成熟期

的市场营销重点是保持已有的市场占有率，有能力的话进一步提高市场份额。

①市场改良。市场改良通过增加购买人数和增加顾客消费量进行，其目的是增加市场份额。可采取的策略有：第一，寻找新的顾客或转变非使用者；第二，进入新的市场细分；第三，争取竞争对手的顾客；第四，寻求能够刺激消费者、增加产品使用率的方法。

②产品改良。成熟期产品的改良也是保持和扩大市场占有率的有效途径，重点从菜品、服务、流程等方面加以考虑。

③市场营销组合的改良。第一，价格。在成熟期尚有接待容量的情况下，可以考虑适当降低价格或采用较大的数量折扣，也可以考虑增加免费的服务项目。第二，广告。重新检查原有广告的有效性，通过调整广告的诉求，重新激起顾客的关注。第三，促销。成熟期的产品需要更加灵活的促销方式及不断创新的促销方法，这样才能激起消费者继续选择产品的热情。如采取"集点优惠""消费排名"等促销活动。

(4) 衰退期的市场营销策略。面对衰退期的产品，餐饮企业应根据自己的市场营销能力和实际市场状况，决定继续还是退出。

第一，继续策略。继续延续成熟期的原有策略，既不增加投入也不减少投入，继续原有目标市场的经营，直至完全退出市场。第二，收缩策略。大幅度降低促销水平，尽量减少销售和促销费用，以增加目前的利润。这种策略有可能导致产品加速衰退，但仍能从重视该产品的顾客中继续得到利润。第三，放弃策略。对于衰落比较迅速的产品，应当机立断，放弃经营。

3. 餐饮产品组合

(1) 产品组合概念。产品组合，也称产品搭配，是指一个企业提供给市场的全部产品线和产品项目的组合或搭配，即经营范围和结构。

产品线，指互相关联或相似的一组产品，即我国通常所谓的产品大类。产品线的划分依据为：产品功能上相似、消费上具有连带性、供给相同的顾客群、有相同的分销渠道(或属于同一价格范围)。

产品项目，指市场营销产品策略线(大类)中各种不同品种、档次、质量和价格的特定产品。例如，某餐厅经营菜肴、酒水、咖啡等产品。每大类中又有若干具体品种(产品项目)，所有这些产品大类和项目按一定比例搭配，就形成该店的产品组合。

(2) 产品策略组合决策的内容。产品组合决策，一般是从产品组合的宽度、长度、深度和相关性等方面作出决定。

产品组合的宽度，指一个企业生产经营的产品大类的多少，即拥有的产品线多少，多则宽，少则窄。

产品组合的深度，指产品线中每种产品所提供的花色、口味、规格的多少。

产品组合的相关性，指各个产品线在最终使用、生产条件、分销渠道或其他方面的相关联的程度。

4. 餐饮新产品开发

按产品研究开发过程，新产品可以分为全新产品、改进型新产品、模仿型新产品、形成系列型新产品、降低成本型新产品和重新定位型新产品。

(1) 全新产品。这种产品是指应用新原理、新技术、新材料，具有新结构、新功能的产品。该种新产品在全世界首先开发，能开创全新的市场。例如，在酒店发展史中，斯塔特勒所建造的酒店，开创了现代酒店的概念。

（2）改进型新产品。这种新产品是指在原有老产品的基础上进行改进，使产品在结构、功能、品质、花色、款式及包装上具有新的特点和新的突破。这种新产品与老产品十分接近，有利于顾客迅速接受，开发也不需要大量的资金，失败的可能性相对要小。例如，针对当今餐厅顾客对能在餐厅无线上网的需求，经营者在餐厅设连接国际互联网的线路，便使餐厅具有了新的功能。

（3）模仿型新产品。对国内外市场上已有的产品进行模仿生产，使之成为本餐厅的新产品。

（4）形成系列型新产品。它是指在原有的产品大类中开发出新的品种、花色、规格等，从而与餐厅原有产品形成系列，扩大产品的目标市场。如餐厅在内部结构方面，不断完善其功能结构，在原有单独功能区的基础上增加各种主题包厢等。

（5）降低成本型新产品。以较低的成本提供同样性能的新产品，主要是指餐厅利用新科技，改进生产工艺或提高生产效率，削减原产品的成本，但保持原有功能不变的新产品。例如，餐厅在管理和经营中大量使用现代计算机和互联网技术，使得餐厅组织结构简化、人员减少，在提供同样服务的情况下，大大降低了经营成本。

（6）重新定位型新产品。这种产品是指餐厅的老产品进入新的市场而被称为该市场的新产品。例如，随着餐厅竞争的加剧，许多高档餐厅走入寻常百姓家，开拓出一个新的市场。

（二）价格策略

在餐饮市场营销组合中，价格是唯一能创造收入的因素。其他因素只能增加成本。价格也是营销组合中最灵活的因素，它能依据市场需求的变化进行迅速的改变。同时，对于营销经理来说，定价和价格竞争是他们面临的最重要的问题。

1. 定价目标

价格制定的目标是由餐厅的经营目的决定的：

（1）以反映产品质量为目标，质价相符，物有所值。（2）以保持市场占有率为目标，为保持或扩大市场占有率，宜采取稳定略低的价格。需要注意的是：价格太高不行，太低则让人产生怀疑，价格相对稳定而不宜变动频繁，否则会使顾客产生预期降价心理，减少需求。（3）以符合市场行情为目标，价格制定不可脱离市场行情，注意同质同价。脱离质量标准而一味追求同价，顾客不会接受。（4）以有助于市场其他推销因素为目标。例如，要推出新品，可以先进行低价试吃，新品经过改良后再高价出售。

2. 定价策略

价格，始终是餐饮消费者关注的大问题。定价在市场营销组合中的地位已经逐步上升。一份对美国企业界的调研曾表明，从20世纪60年代到20世纪80年代，在美国企业界市场营销的诸因素中，价格因素及定价策略的重要性从第六位上升到第一位。定价已经成为现代营销首要的策略手段，是衡量现代企业市场竞争力的一项重要标志。

（1）定价原则。在为餐饮产品定价时要注意五个原则：

①餐饮产品的价格必须反映餐饮产品的价值；②餐饮产品的定价必须适应市场需求；③餐饮产品的定价应具有一定的灵活性；④餐饮产品的价格应保持相对稳定；⑤餐饮产品的定价应遵守国家的价格政策。

（2）餐饮价格构成。从理论上讲，餐饮

产品的价格应该是在收回生产成本的基础上，能补偿经营费用和上缴税金，并有一定的余额作为经营利润。因此，餐饮产品的价格构成应包括成本、费用、税金和利润几个部分。

与其他很多服务产品相比，餐饮产品的一个特殊性在于有形部分占有较大的比例。因此，有形的茶品和饮料部分耗用的成本与制造业中的生产成本相似，在价格构成中被作为成本项目看待。餐饮产品的另一个特殊性在于，无形的服务是顾客消费和易感知部分，它在餐饮产品中属于形式产品的层次，是完全不可或缺的。在制造业中，服务自然被视为是经营的费用，被纳入生产成本之外。但餐饮业服务的性质是餐饮生产活动的重要部分，本应归结为成本项目。换句话说，餐饮成本本应包括菜品（含点，下同）原料成本、酒水成本和服务成本三项。但在实际核算上，餐饮服务发生的支出被计为费用项目。在顾客的心目中，他们消费的产品成本主要就是菜品和酒水，他们在评价餐饮产品的价格时，通常就以这部分的感受为依据。由于上述原因，为强调餐饮产品中的有形部分的支出成本，我们特地将菜品原料和酒水成本称为直接成本，以显示这部分成本在餐饮价格中对顾客的意义。

根据餐饮核算的规定，餐饮价格中除去直接成本部分的余额称为毛利，扣除费用和税金之后的剩余部分才是餐饮经营的净利润。餐饮毛利是对市场营销活动非常重要的一个财务指标，餐饮企业的市场营销策划通常会规定一个合理的、符合市场定位的毛利率。在市场营销的管理和控制上，通过价格获得餐饮企业销售总收入，但只有同时控制毛利率指标才能保证企业理想的净收入。通过上述分析可以看出，餐饮产品的价格构成如下：

餐饮价格＝直接成本＋毛利

其中：直接成本＝菜品原料成本＋酒水成本

毛利＝费用＋税金＋利润

(3) 定价策略。

1)一般定价策略。包括合理价位策略。所谓合理，是指顾客能负担得起的，并且在餐饮企业有赢利的状况下，以餐饮成本为基础，再加上某一特定的倍数所订出的售价。餐饮企业将自行制定食物成本比例，并希望能控制所有的食物成本在该比例之上。此外，还有高低价格策略、目录价格策略、灵活价格策略等。

2)心理定价策略。餐饮企业在指定产品价格时，不仅要从经济学的角度考虑产品的成本、利润等问题，还应充分掌握顾客的消费心理，也就是说餐饮企业的产品和服务要针对顾客的心理制定价格，从而刺激顾客购买产品和要求服务。餐饮企业通常可以采用声望定价法、尾数定价法和分档定价法等心理定价策略。

心理学的分析和市场调查的统计数据结果显示，顾客对 99 元和 100 元这两种价格心理反应是完全不一样的，他们认为 99 元要便宜得多。因此在制定价格时，要注意定价的第一位数字，价格尾数多使用 6、8 等吉利数字。

3)折扣定价策略。为了鼓励顾客的购买行为，例如批量购买、淡季消费、使用现金等，许多企业都会在基本标价的基础上给予一定比例的折扣。餐饮业中常用数量折扣、清淡时间折扣。

数量折扣是卖方因买方购买的数量大而给予的一种折扣。一般以降价的形式出现。常见的数量折扣有团体价、会议价等。

清淡时间折扣是指餐饮企业为了提高座位周转率在生意清淡时段进行价格折扣。在做价格折扣决策时，必须研究价格折扣对盈利的影响，即通过对降价前后的毛利进行比较，算出降价后的销售量达到折价前的多少倍才算合理。

4）差别定价策略。差别定价法也称区分需求定价法。餐饮企业根据顾客、产品、地理位置等方面的差异，用一两种或两种以上不反映成本差异比例的价格，来推销一种产品或提供一种服务。例如一些食物和饮料，因为加了点缀物而价格大增，而成本几乎不变；同样是就餐，在酒店的餐厅消费就比服务人员送到客房消费价格要低；靠近商业中心、交通方便或者邻近风景区、处在风景点，其产品价格必然就高；在淡季时餐厅为吸引更多的顾客来用餐，通常会给出一个比较大的折扣；而在旺季时，这个折扣通常要小一些，甚至是不给折扣。

5）促销定价策略。促销定价策略也叫招徕定价法，是一种促销导向的定价策略。主要有亏损先导招徕策略、特殊事件定价、心理折扣三种。

亏损先导产品是指企业经过选择将那些价格定得很低的、用作诱饵吸引客人光顾餐厅的产品。顾客利用诱饵产品折价的机会进入餐厅时，通常还会购买其他产品。特别明显的是餐饮产品之间的互补性，例如西餐主菜菜品的折价会增加葡萄酒、开胃品、甜品的销售量。

特殊事件定价是指在销售淡季，餐厅利用节日、纪念日等特殊事件来制定价格，即低于标价的特殊时间价格，以招徕生意。例如，麦当劳在世界杯期间推出这样一次活动：在麦当劳观看世界杯比赛，每人只要花上 15 元，即可无限量吃薯条、喝可乐。

心理折扣是一种促销定价技巧，即人为地标一个高价，然后再大幅度地减价出售。例如，一些餐厅菜单上的定价偏高，但在门口打出打折的告示，给顾客的感觉是得到了很多优惠。

6）产品组合定价策略。当某种产品成为产品组合的一部分时，餐饮企业要寻找一组在整个产品组合方面能获得最大利润的共同价格。

餐厅通常会提供一系列档次不同的菜肴，这样就要制定价格等级。如果系列产品中的两个价格之间的差异是小的，顾客会倾向于购买较高档的那一种，而价格差异较大时顾客倾向于选择较低档的那一种。餐厅可以把成本较低的菜肴附加一个较高的毛利率，即成本占价格的比例低，这样的话如果顾客选择低档菜，那么这种定价法也可以使企业因低档菜肴的高附加利率而获取较多的利润。

另外，餐厅可以通过将一些选购产品的价格定得高一些来获得利润，也可以将价格定低以招揽生意，使顾客同时购买价格高的产品。如将食品的价格定得较低而酒水价格定得较高，靠酒水销售获得利润。

3. 定价方法

（1）成本导向定价法。成本导向定价法是指企业以餐饮产品的成本为基础，再加上一定的利润和税金而形成价格的一种定价方法。成本导向定价法简便易行，是我国现阶段最基本、最普遍的定价方法。它通常包括以下三种类型。

①成本加成定价法。即按成本再加上一定的百分比定价（加价率），不同餐厅的定价采用不同的加价率。这是最简单的方法。

餐饮产品的价格＝成本×（1＋加价率）

②成本系数定价法。成本系数定价法

适用于餐饮企业的菜品定价，其步骤为：计算产品成本；估计产品成本加成百分比；计算成本系数，用100%除以成本加成百分比；计算价格，用产品成本乘以成本系数。

③分类加价法。分类加价法也是适用于餐饮企业菜品定价的方法。为了考虑不同菜肴的市场受欢迎程度，克服成本系数法的不足，分类加价法是一个更好的选择。但分类加价法比成本系数法要复杂一些。

分类加价法的步骤如下：确定某菜肴的"加价率"。菜肴食品成本率＝100%－（营业费用率＋该菜肴的加价率）。价格＝食品成本÷菜肴食品成本率。

注：分类加价法中的菜肴食品成本仍然是指菜肴的直接成本。该方法的计算步骤中，只有一个参数需要确定，即菜肴的加价率。使用的关键是餐饮定价人员对加价率的合理估计。加价率越高，价格就越高。

根据经验，高成本的菜肴和销量大的菜肴应适当降低加价率；低成本和滞销的菜肴应适当提高加价率；开胃品和点心可以采用高加价率。

(2) 竞争导向定价法。竞争导向定价法是企业根据市场竞争状况确定商品价格的一种定价方式。其特点是：价格与成本和需求不发生直接关系。竞争导向定价法的具体做法是：企业在制定餐饮产品价格时，主要以竞争对手的价格为基础，与竞争产品价格保持一定的比例。竞争产品价格未变，即使本企业餐饮产品成本或市场需求变动了，也应维持原价；竞争产品价格变动，即使自身产品成本和市场需求未变，也要相应地调整价格。

这种以竞争为中心的定价方法既体现了按同行价格决定自己的价格，以求得到合理的收益且避免风险的定价策略，又体现了"捞一把就走"的展销新产品定价策略。以竞争为中心的定价方法由于不以成本为出发点，也不考虑消费者的意见，这种策略往往在临时性的特殊场合下使用。定价人员必须深入研究市场，充分分析竞争对手，否则，很可能定出不合理的菜单价格。

(3) 需求导向定价法。又称顾客导向定价法，是指餐饮企业根据市场需求状况和餐饮消费者的不同反应分别确定产品价格的一种定价方式。其特点是：平均成本相同的同一餐饮产品价格随需求变化而变化。需求导向定价法一般是以该产品的历史价格为基础，根据市场需求变化情况，在一定的幅度内变动价格，以便同一餐饮产品可以按两种或两种以上的价格销售。这种差价可以因顾客的购买能力、对餐饮产品的需求情况、餐饮产品的种类以及消费的时间、地点等因素而采用不同的形式。

（三）促销策略

企业促销活动是有组织、有计划、有目的的整体行为，不是孤立的、零碎的四处出击，而是各种促销手段组合为一个完整的体系，互相配合运用，加强效果。同时，不同的企业依据不同的市场情况也可以适当选择、互相搭配促销手段进行促销。

促销组合基本策略包括"推式策略"和"拉式策略"。"推式策略"是一种沿增值链自上而下的促销策略。它以人员推销为主，辅之以中间商销售促进，兼顾消费者的销售促进。把商品推向市场的促销策略，其目的是说服中间商与消费者购买企业产品，并层层渗透，最后到达消费者手中。餐饮中的团队、宴会销售均属此类。"拉式策略"是沿增值链自下而上的促销策略。它以广告促销为拳头产品，通过创意新、高投入、大规模的广告轰炸，直接诱发消费者的购买欲望，由消费者向零售商、零售商向批发商、批发商向制造商求购，由下至上，层层拉动购买。

1. 餐饮广告促销

广告是促销四大媒介的第一要素，是由企业承担费用，通过各种媒体，传播有关产品、服务或观念的信息，促进消费者采取符合企业意愿的行动的一种信息沟通方式。

作为信息沟通的广告，具有以下特点：首先，广告作为信息沟通手段，是企业沟通产需、促进销售、指导消费、满足需求的一种活动。广告本身并不是独立的实体，它可以促进销售，但不能决定消费。一种产品或劳务能否被消费者所认可，能否销售出去，决定性的是产品本身的质量和价格，而不是广告。其次，广告必须有广告费用的承担者。广告与宣传不同，宣传是指企业不付出费用，而以新闻、报道或其他形式，达到向消费者介绍产品的目的；而做广告，企业要付费。再次，广告是宣传产品、劳务或观念，产品、劳务是顾客的直接购买或消费对象，是市场的物质基础。观念是指企业的某种经营理念、观点、态度，如宣传企业加强质量管理、诚心诚意为顾客服务，是为了顾客形成安全感、增强满意度，以促成消费者对企业的好感，增强购买欲望。最后，广告是非人员传播信息的方式，它要通过大众媒体传递信息。

2. 优惠和赠品促销

优惠促销是指企业根据顾客消费本企业产品的频率、数量、付款方式等情况给予顾客不同形式和不同程度优惠的促销活动，是较为常见的一种促销形式。也正因为如此，设计这类促销活动应避免拘泥于常规，应具有创意和新颖性，否则起不到吸引顾客、增进销售的作用。

优惠活动的主要形式有：优惠券、现金折扣、惠顾奖励、特价包、折扣销售、错觉折价优惠。

赠品促销是指当顾客购买价格较高的商品时赠送一个相关商品或其他价格较低的商品，刺激高价格商品的销售。提供赠品不等于降价销售，虽然实质上的差别不大，但在效果上却差别很大。特别是对已经熟悉了商家推销积压商品及打折扣的消费者来说，提供赠品比降价更可信。以免费或付费为诱因来缩短或拉近品牌与消费者的距离，运用消费者乐意接受馈赠的心理，吸引其积极参与购买活动。

赠品促销形式也是多种多样的，主要有派送礼品、酬谢包装、邮寄赠品、刮刮卡。赠品促销还应注意三个问题，即赠品设计切忌随意，要注重赠品带给顾客的价值感和实用性，只有这样，才能使赠品赠的有效、赠的有理；赠品一定要易拿；不要夸大赠品价值，有些宣传看起来非常诱人：“购买我们的产品你一定会有超值的收获，买就送！”可当顾客兴冲冲地赶到现场时却大失所望。所谓超值就是一大堆单价几毛钱的塑料玩意儿，令顾客嗤之以鼻。

3. 公共关系

公共关系指餐饮企业为了与公众沟通信息，使餐饮企业与公众相互了解，协调各方面关系，树立良好形象，提高企业知名度和声誉，为企业的市场营销活动创造良好的外部环境而开展的一系列专题性或日常性活动的总和。这些活动始终贯穿于餐饮企业的发展过程，既包括各项专业色彩浓厚的专题公关活动，如新闻发布会、大型庆典活动、大型酬宾活动等，还包括所有日常性的活动，如日常的服务活动、广告活动、礼仪活动等。发挥公共关系浓厚的感情色彩的优势，往往能达到以情动人的效果。

4. 营业推广

营业推广也称销售促进，是企业用来刺激早期需求或引发强烈市场瓜分而采取的各种短期性促销方式的总称，目的在于劝诱消费者购买某一特定产品。推广餐饮企业的营业，包括产品展销、现场操作、赠送样品等多种促销方式。营业推广的各种方式能使消费者产生强烈而又快速的反应，能被用来表现产品的特点，也能被用来通过刺激使即将低落的销售量得到回升，但其推广效果往往是短期性的，对于建立长期品牌偏爱方面的效果并不理想。

5. 人员推销

人员推销这种方式比较古老，也是效果最好、费用最高的促销手段。餐饮企业的人员推销是指通过人际交往的方式向宾客进行介绍、说服等工作，促使宾客了解、爱好、购买本企业产品或要求服务，如联系走访代理商、中间商、机关、团体、VIP及零散宾客。这种促销方式的优势在于强化了交易过程中的感情色彩，有利于培养稳定的交易关系，但缺点是促销人员成本偏高。

6. 新技术与餐饮促销

人类社会正在向以信息技术为代表的技术经济时代转化。迎接技术进步、利用技术进步已经成为社会各行业发展的主流。作为传统行业的餐饮业也应加入到这一技术应用的行列当中来，把采用新技术作为增强竞争力的重要手段。

(1) 新型门店设备。目前，一向以劳动力密集为特征的餐饮业已开始重视对技术及其设备的应用。这些技术及设备主要应用于餐饮企业的生产、控制和营销过程，其核心为信息技术及其应用设备。比如餐饮收银系统、客户服务管理系统、电视监控系统、触摸屏点菜等。这些先进设备既增加了顾客的新奇体验，也方便了消费，使用餐环境更加新奇和现代化，从而使餐饮整体产品更具吸引力，加强和顺畅了店客双方的信息沟通。顾客既可以更直观、全面地了解产品服务信息，也可以更方便、准确地传达自己的消费要求。企业也能更快速准确地在复杂的餐饮生产销售流程中传递信息，提高服务速度和可靠性。新设备为企业全面收集和整理顾客信息资料提供了方便，为进一步的促销奠定了基础。餐饮企业应充分认识到新型技术设备的巨大作用，并结合企业自身的特点，有计划地选择采用这些技术设备，并在此基础上对自身的生产、销售流程进行改造，适应并充分发挥其作用。

(2) 网络与通信技术。网络与通信技术是信息技术的主要应用形式，它们的出现给现代化企业的营销带来了深刻的使命。主要形式有ERP系统、Call Center呼叫中心、销售决策支持系统、业务信息仓库。

真正实现信息化乃至网络营销，基本上企业要经过三个阶段：

(1) 初级阶段。即企业开始在一部分传统营销过程中引入计算机网络信息处理与交换技术，代替企业内部或外部分传统的信息储存和传递方式。例如，企业建立内部网络进行信息共享和一般商务资料的储存和处理；通过互联网传输电子邮件；在互联网上建立网页或网站，宣传产品和企业形象等。

(2) 中级阶段。即企业利用网络的信息传递部分代替了某些合同成立的有效条件，或者构成履行商务合同的部分义务。例如，企业实施网上在线式交易系统，网上有偿信息的提供，贸易伙伴之间约定文件或单据的传输等。从消费者的角度来看，他们从何处购物多了一种选择，购物更趋便利，消费者通过网络选择和订购自己所需的物品。许多餐饮企业就是在这个层次上发展了网上预订服务。

（3）高级阶段。这一层次是网络营销发展的理想阶段。在企业内部和企业之间，从交易的达成，到产品的生产、原材料供应、贸易伙伴之间单据的传输、货款的清算、产品和服务的提供等均实现了一体化的网络信息传输和消息处理。

（四）渠道策略

餐饮营销渠道也称分销渠道，指顾客从产生消费动机进入饭店，到最终消费饭店餐饮产品这整个过程中所经历的过程及相应的一切活动的总和。

1. 渠道的种类

餐饮产品的营销渠道主要包括直接销售渠道和间接销售渠道两类。

（1）直接销售渠道。又称零层次渠道，指餐饮企业不通过任何中间商直接向宾客销售产品，亦即宾客直接向酒店购买产品。餐饮企业通常有三种直接销售渠道可供选择。

①餐饮企业—客户（销售点为现场）。指餐饮企业直接向登门的宾客出售产品服务，这是餐饮企业的传统销售方式。

②餐饮企业—客户（销售点为客源地、客户公司或宾客家中）。指客户通过电话、传真、因特网等途径向餐厅预订产品。近年来，随着电脑的普及及信息技术的广泛应用，餐厅的重要营销渠道是网络。酒店应做好主页设计、网站建设、信息更新、需求回复等方面的工作，以强化营销效果。

③餐饮企业—自设销售网点—客户（销售点为网点现场）。指餐厅在经营区域或目标场领域内自设销售点，如餐厅在机场、车站等设立销售点，面向宾客直接销售。

（2）间接销售渠道。随着旅游市场的进一步国际化，单靠直接营销渠道已难以有效地吸引分散在各地的宾客，直接销售渠道愈显脆弱，许多餐饮企业开始借助于批发商、零售商、代理商等销售机构和个人在销售信息上的优势开展销售活动。这个借助于中间商将餐饮产品转移到最终消费者手中的途径称为间接销售渠道。

根据中间商介入的数量不同，间接销售渠道有不同的长度和宽度。营销渠道的长度指产品从餐饮企业转移到宾客这一过程中所涉及的中间商的数量。中间商的数量越多，销售渠道越长。所谓销售渠道的宽度，是指一个酒店在具体销售渠道中中间商以及销售网点的数目和分布格局。中间商及销售网点多的属于宽渠道；反之，则可称之为窄渠道。酒店通常有两种间接销售渠道可供选择。

①餐饮企业—零售商—宾客（在零售商经营的现场）。餐饮企业将产品以较低的价格出售给零售商，由零售商组织客源。

②餐饮企业—批发商—零售商—宾客（在零售商经营现场）。餐饮企业在与批发商（如经营团体包价旅游的旅行社）进行价格谈判的基础上，以大幅度低于门市价的价格，将其产品批量销售或预订给批发商，批发商则委托零售商将产品出售给宾客。

2. 营销渠道选择

餐饮企业在营销过程中选择何种营销方式，以直接营销还是以间接营销为主，如何确定营销渠道的长度和宽度，涉及营销渠道选择的问题。

（1）选择销售渠道需考虑的因素

①产品因素。产品因素主要指产品的

质量和性质。质高价优的产品由于往往被少数富有的购买者重复购买,因此宜采用直接营销渠道或窄短的营销渠道。相反,大众化的产品由于购买对象众多,分布较广,宜采用宽长的营销渠道。对于新产品,由于尚欠知名度,采用间接渠道销售往往需花费较多"口舌",不如采用直接营销渠道。

②餐饮企业自身因素。企业的经济实力、营销管理能力等都是应该考虑的因素,若是实力雄厚的企业,则完全可以自己组建销售队伍,或是用较高的佣金来组织更多、更好的中间商队伍。若企业的营销管理能力较强,也可以利用自己熟练的营销队伍来打开市场。反之,营销必须以中间商为渠道。

③营销对象因素。营销对象的人数、分布情况、购买习惯等都会影响企业对营销渠道的选择。若企业的营销对象数量大且分布广,企业宜采用长宽的营销渠道;反之,则直接营销较适合。

(2) 销售渠道策略

可供餐饮企业选择的销售渠道策略一般有如下五种。

①广泛销售策略。指对中间商不作选择,数量越多越好。该策略的优点是为宾客创造了购买方便,缺点是企业控制管理销售渠道的难度会加大。

②独家销售策略。指企业在一定的市场区域内择优选择一家中间商作为销售渠道。采用这一策略,有助于企业控制中间商,监督其改进服务态度,但相应地影响了宾客购买的方便性。

③选择性销售策略。指企业在一定的市场区域范围内挑选几家中间商作为销售渠道,这是一个较广泛的适用性策略。

④短渠道销售策略。指企业选择涉及中间商较少的销售渠道。

⑤长渠道销售策略。指企业选择涉及中间商较多的销售渠道。运用这一策略时,要考虑效率原则(便于宾客购买)、经济原则(销售渠道能带来足够的营业收入和利润)和客源原则(考虑客源的基本特点)。

3. 新型网络营销渠道

随着城市化进程的不断加快、人民生活水平的不断提高,居民消费观念、生活方式的变化,餐饮消费具有巨大的市场潜力。伴随着餐饮企业规模的增加,餐饮业面临发展瓶颈。打造信息化企业,实现精细管理,成为餐饮企业实现快速扩张和持续发展的必然选择。

(1) 餐饮网络营销新渠道——团购。自2010年团购在中国诞生到现在,餐饮一直是团购的热门行业。餐饮行业的主力消费群体在消费习惯、消费结构、消费偏好等方面也在发生变化。以外出就餐最为频繁的白领群体为例,调查显示:44.6%的白领平常光顾的餐馆人均消费集中在50～80元。在同档次的餐馆中,44.5%的白领优先考虑到"有优惠活动"的餐馆用餐。尤其值得注意的是,网络正在改变白领的就餐习惯,外出就餐前,白领习惯于查询美食网站来"做功课",更明显地倾向于参与团购活动来获得更大的实惠。今天有哪家餐厅组织团购了,一直关注的餐厅有没有团购,这家餐厅在美食点评网站上口碑如何,这些都是他们考虑的主要问题。在了解餐饮信息方面,56.5%的白领选择"主要通过美食网站",在决定消费选择时,也有超过一半的白领首选"参与团购",网络传播与网络成交已经成为白领选择餐饮服务的两大关键环节。

餐饮行业实际上存在一个可扩展的边际地带。对企业、消费者而言,依然具备非常巨大的双赢空间。餐饮企业的房租成本、人员成本都是固定的,浮动的菜品成本和额外支出的水电煤气等成本,往往只占到总成本的15%～30%,因此在达成一定的收益指标后,完全可以推出5折以下的团购活动,此时的边际成本趋向于零,而顾客会源源不断。他们会在正常时段成为回头客,或推荐其周围的人来店消费。

正是基于餐饮行业的这一特点,当前的团购网站中超过50%的项目都和餐饮有关。再加上餐饮营销渠道少、营销方式落后等诸多原因,在未来团购餐饮将成为餐饮企业营销的主要渠道。

(2) 餐饮网络营销新渠道:微博。近年来微博十分流行,然而微博已不再只是写个人日志的平台,它还是一个订餐的渠道。据了解,在微博上发一条私信,几分钟后就有热气腾腾的饭菜送上门来了。时下,这种微博订餐的方式在白领集中的商务楼里悄然流行。对于店主而言,这无疑是一种营销模式的转变,而白领们也通过这种方式找到了心仪的美食。

网络微博势不可挡地冲击着传统的沟通方式,它也为餐饮企业的品牌宣传提供了最及时迅捷的发布平台。以某餐饮企业为例,因为拍到某名人到该餐饮企业就餐时的一张照片,在微博上进行播报后,此企业迅速走红,从将要濒临倒闭到如今的生意红火。

台湾一家火锅店就联合新浪微博发起两岸美食的网络交流活动。据悉,台湾网友在淡水"辣妹子"顶级养生火锅店用餐时,只要秀出自己的新浪微博账号,就可以兑换一只价值100元新台币的超大新鲜虎虾。而食客们通过微博评论认为,这样的促销活动"还真是没见过,很有趣"!

(3) 餐饮网络营销新渠道:网上订餐。餐饮业本身有比其他行业更适合发展电子商务的特点,它以中小企业为主,大部分餐饮业老板都希望通过电子商务来降低成本,提高利润;电子商务从本质上来说是服务经济,没有哪个行业比餐饮业更精通服务经济的;电子商务是一种个性化服务的生产方式,餐饮业长期以来就是个性化、多样化的生产服务。因此,有眼光的餐饮业经营者不应该总是停留在盲目的价格战、地域战阶段,而应在信息化和电子商务领域抢得先机。

必胜客、麦当劳等快餐巨头通过信息化订餐外送服务使收益呈逐年上升趋势,并且已经成为企业利润新的增长点。随着团购、微博的发展,网上订餐业务尚有很大的发展空间。

(五) 新型营销策略

餐厅传统的营销手段主要是依靠宣传媒介来实现,比如通过电视、电台、互联网、报纸杂志等刊登餐厅开业或者促销广告,或者利用餐厅内部宣传单、邮寄广告和户外广告以及餐厅门口的告示牌、店内电梯等传递餐饮信息。目前,一些餐饮企业还采取了新兴的、行之有效的营销方法。

1. 新服务营销——向老客户推出专门服务

目前,餐饮业又有针对性地推出了服务营销,即专门针对餐厅老客户推出的营销手段。比如,臣鑫外婆桥大餐厅专门为老客户准备了顾客会员制服务。只要顾客出示有效的身份证,并到餐厅会员办公室存入一定的消费金额(两万元为最低起点),便可以获得会员账户,成为餐厅的VIP会员。在会员区,服务人员配有类似于对讲机的服务器，就餐客人如果有事情的话随时可以按桌子上的按钮“呼叫”服务人员，享受“无声服务”。此外，餐厅还为会员设置了专门订餐的电话，并且有专人负责接听。此电话和存有会员档案的电脑相连，会员的订餐电话响起时，电脑屏幕便直接显示该会员的档案内容：姓名、性别、爱好、喜欢的菜品等信息，方便餐厅为顾客提供完美的服务。

2. 餐厅形象营销——对餐厅形象的设计和策划

餐厅可以在店徽的设计、餐厅主题的选择、餐厅的装饰格调、家具、布局、色彩灯饰等方面下功夫，使之起到促销的作用。如可营造出20世纪30年代旧上海情调的上海餐厅；越南风情的芭蕉别墅；傣族风格的竹楼餐厅；富有浪漫、高雅艺术气息的西餐扒房；以红木（或仿红木）家具的太师椅、清宫服饰等面貌出现的高档中餐厅；以蒙古包、小方桌、花地毯作为主题形象，散发着粗犷、野味气息的蒙古餐厅；在餐厅门口的小黑板上用手写菜单以示古韵的方式招徕顾客；餐厅内到处可见红、白、绿三种鲜艳国旗色的意式餐厅；手提小红灯笼，身着红花绿叶小袄的迎宾员，操着清亮的川腔迎候食客，着中式大褂的后生，则手提一把有着长长壶嘴的大铜壶，犹如飞瀑一般隔人倒茶的川味餐厅，都属于餐厅形象营销成功的例子。

3. 媒体营销——对餐厅加以宣传

餐饮业营销人员可以通过两种方式利用媒体进行营销。第一种是直接邀请媒体人员参加餐厅活动。活动时，营销人员都应该邀请媒体代表参加。可以事先提供餐厅活动的有关信息，也可以用书面通报的形式或自拟新闻稿件的方式告知媒体，争取利用媒体对餐厅加以宣传。第二种，和媒体合作。餐厅可以与电视台、电台、报纸、杂志等媒介联合举办“美容食谱”“节日美食”“七彩生活”“饮食与健康”等小栏目，既可以扩大餐厅在社会上的正面影响力，提高餐厅的声誉，又可以为自己的经营特色、各种销售活动进行宣传。

4. 人员推销——合理利用餐厅内部进行推销

人员推销一般又可以分为两种情形，即专人推销和全员推销。一般餐饮业可设专门的推销人员来进行餐饮产品的营销工作，也可以利用餐厅里所有员工的力量为餐厅营销。对于专人营销员，则要求他们必须精通餐饮业务，了解市场行情，熟悉餐厅各餐饮设施设备的运转情况。全员营销员又分为两个层次，第一层次是由专职人员如营销总监、餐饮销售代理、销售部经理、销售人员等组成的；第二层次由兼职的推销人员构成，如餐饮总监（或餐饮部经理）、宴会部经理、餐厅经理、预订员、迎宾员以及各服务人员等。经理们可在每餐前至餐厅门口迎候食客；餐中巡视，现场解决各种投诉的疑难问题；餐毕向食客们诚恳道谢，并征询食客对菜点、酒水以及服务的不同意见；服务人员则通过他们热情礼貌的态度、娴熟高超的服务技巧、恰当得体的语言艺术，向食客们进行有声或无声的推销。

5. 菜单推销——利用各种形式的菜单向就餐食客推销

餐饮企业选用此种方式时，可以从三个方面加以注意。

其一，菜单的种类尽量做到丰富多彩。可以设计固定式菜单、循环式菜单、特选菜单、今日特选、厨师特选、每周特选、本月新菜、儿童菜单、中老年人菜单、情侣菜单、双休日菜单、美食节菜单等来进行宣传和营销。

其二，格式、大小灵活变化。各种菜单可以根据情况来选择不同质地，设计出意境不同、情趣各异的封面，格式、大小可灵活变化，并可分别制作成纸垫式、台卡式、招贴式、悬挂式、帐篷式等。

其三，考虑色彩。菜单的色彩或艳丽、或淡雅，式样或豪华气派、或玲珑秀气。

三、分析竞争者的优劣势

竞争者的优劣势分析实质上是竞争者的实力分析，是对各竞争者综合运用企业现有资源而在营销活动中表现出的竞争力的评价。这一活动通过追踪搜集竞争者的有关资料进行。

（一）竞争因素分析

（1）人力资源信息。包括竞争者领导集团素质，经理人员的才干、经历与业绩，公司最高决策层的经营导向；技术人员研究、开发、革新的能力与精神状态；推销人员的市场开拓能力与进取心；企业员工的奉献精神等。

（2）财务状况信息。包括竞争者的资金来源渠道、资金利用效果（资金周转、利润比率）、债务清偿能力。

（3）销售状况信息。包括近几年的销售额、市场占有率的大小和变动因素分析、市场占有率走势分析。

（4）产品劳务信息。包括产品实体、品质、特色、品牌包装、售后服务以及由此给消费者带来的满意度和信赖感。

（5）顾客评价信息。这是从顾客行为偏好的角度搜集竞争者的有关信息。国外营销学者在这方面提出心理占有率和情感占有率指标。心理占有率是指旨在回答“举出这个行业中你首先想到的一家公司”这一问题时提到竞争者的顾客在全部顾客中所占的百分比；情感占有率是指旨在回答“举出你喜欢购买其产品的公司”这一问题时提到竞争者的顾客在全部顾客中所占的百分比。在进行竞争者优劣势评价时，引入这两个指标是由于它们与市场占有率之间的关系密切。在心理占有率和情感占有率方面稳步进取的企业最终将获得市场占有率和利润。因此，一个企业最重要的并不在于某一特定的年份获利大小，因为这可能缘由多种因素的影响，重要的是企业是否已稳步地建立起顾客知晓度并为顾客所偏爱。

以上这几个方面指标基本上能反映出竞争对手的营销能力、资金能力、组织能力、生产经营能力的高低，通过将这些信息资料与本企业相比较，明确企业之处境，设计出适宜的经营策略。

餐饮企业进行市场定位的主要目的就是在竞争中取得有利地位，为了搞好市场定位就必须了解竞争者的优势与劣势，以及竞争者各种既定战略的执行情况，就需要搜集竞争者的有关信息和资料，包括竞争者的环境、饮食、人员优劣势，竞争者的餐饮经营策略和特色服务等。可以通过实地消费或向客户、供应商、中间商进行第一手营销调研，通过大众传媒、传闻等一手和二手资料来了解有关竞争者的优势和劣势。

（二）竞争者分析方法

1. SWOT 分析

SWOT（Strengths Weakness Opportunity Threats）分析法又称为态势分析法或优劣势分析法，用来确定企业自身的竞争优势（Strength）、竞争劣势（Weakness）、机会（Opportunity）和威胁（Threat），从而将公司的战略与公司内部资源、外部环境有机地结合起来。SWOT 分析法又常常被用于制定集团发展战略和分析竞争对手情况。进行 SWOT 分析时，主要有以下几个方面的内容。

(1) 优势，是组织机构的内部因素，具体包括：有利的竞争态势；充足的财政来源；良好的企业形象；技术力量；规模经济；产品质量；市场份额；成本优势；广告攻势等。

(2) 劣势，也是组织机构的内部因素，具体包括：设备老化；管理混乱；缺少关键技术；研究开发落后；资金短缺；经营不善；产品积压；竞争力差等。

(3) 机会，是组织机构的外部因素，具体包括：新产品；新市场；新需求；外国市场壁垒解除；竞争对手失误等。

(4) 威胁，也是组织机构的外部因素，具体包括：出现新的竞争对手；替代产品增多；市场紧缩；行业政策变化；经济衰退；客户偏好改变；突发事件等。

2. 波特五力模型

波特五力模型(Porter's Five Forces Model)，由迈克尔・波特(Michael Porter)于 20 世纪 80 年代初提出。波特五力模型认为，行业中存在着决定竞争规模和程度的五种力量，这五种力量综合起来影响着产业的吸引力。五种力量分别为进入壁垒、替代品威胁、买方议价能力、卖方议价能力以及现存竞争者之间的竞争。

(1) 新进入者的威胁(the threat of new entrants for an industry)：新进入者在给行业带来新生产能力、新资源的同时，希望在已被现有企业瓜分完毕的市场中赢得一席之地，这就有可能会与现有企业发生原材料与市场份额的竞争，最终导致行业中现有企业的盈利水平降低，严重的话还有可能危及这些企业的生存。

(2) 替代品的威胁(the threat of substitute products)：两个处于同行业或不同行业中的企业，可能会由于所生产的产品是互为替代品，从而在它们之间产生相互竞争的行为，这种源自于替代品的竞争会以各种形式影响行业中现有企业的竞争战略。

(3) 购买者的议价能力(bargaining power of buyers or customers)：购买者主要通过压价与要求提供较高的产品或服务质量的能力，来影响行业中现有企业的盈利能力。

(4) 供应商的议价能力(bargaining power of suppliers)：供方主要通过其提高投入要素价格与降低单位价值质量的能力，来影响行业中现有企业的盈利能力与产品竞争力。供方力量的强弱主要取决于他们所提供给买主的是什么投入要素，当供方所提供的投入要素其价值构成了买主产品总成本的较大比例、对买主产品生产过程非常重要，或者严重影响买主产品的质量时，供方对于买主的潜在讨价还价力量就大大增强。

(5) 同业竞争者的竞争程度(the intensity of competitive rivalry)：大部分行业中的企业，相互之间的利益都是紧密联系在一起的，作为企业整体战略一部分的各企业竞争战略，其目标都在于使自己的企业获得相对于竞争对手的优势，所以，在实施中就必然会产生冲突与对抗现象，这些冲突与对抗就构成了现有企业之间的竞争。现有企业之间的竞争常常表现在价格、广告、产品介绍、售后服务等方面，其竞争强度与许多因素有关。

【任务反馈】

餐饮企业如何正确地进行市场营销？

释疑：首先，要对市场环境进行调研，包括居民收入、消费水平、偏好，竞争性等；其次，在调研的基础上确定目标市场，根据目标市场的特征生产适销对路的产品；然后，进行营销策划；最后，在餐厅运营过程中应不断地根据顾客及竞争者的反应对餐厅产品及营销策略进行适当的更新。

任务三　餐厅经营现状分析

【任务目标】

①你应学会菜品分析与设计；②你应学会服务质量分析与管理；③你应学会环境氛围分析与管理；④你应学会财务状况分析。

【案例聚焦】

概念餐厅的失败

近日，一家“马桶主题餐厅”亮相杭州，该店老板称试营业以来天天亏钱，多数消费者并不买账。记者了解到，目前靠别具特色的用餐环境作为卖点来吸引消费者的主题餐厅抢滩各大城市，光北京就不下百家。究竟是搞笑还是文化？概念餐厅的出现引来了各方议论。

把精力放在菜品上才是王道。“目前国内餐饮业呈‘散兵游勇’局面，不成规模。”中国饭店协会副秘书长王振惠说，“概念餐厅可能短线‘走红’，在一段时间内让消费者感到新鲜，但新鲜感是有期限的。新鲜感带来的刺激过后，客人又往往把注意力集中在菜品上”。王振惠告诉记者，每个人对文化的认同有差异，这就会产生不同的市场需求。面对多元化的消费需求和不断求新、求变的消费理念，餐饮行业竞争激烈，呈多业态蓬勃发展的局面，这就不得不强化个性和特色。王振惠说，概念餐厅的饮食品种、就餐环境、营造氛围特立独行，值得许多同行学习借鉴。但现在国内许多主题餐厅往往“虎头蛇尾”，并没有把精力放在菜品上，这就造成了这类餐厅“短命”的现象。不少概念餐厅通常在创意上花过多的精力，对菜品的关注往往退居二线。如果单凭尝鲜的新面孔来维持经营，不切实际，也非长久之计。他强调，要长期经营下去，应回归到餐饮企业经营的本质上来，加强菜品制作的专业性，保证菜品口味的纯正，增加菜品品种，规范服务等。

创意不宜过于另类。有专家指出，另类餐厅能有多长的生命力，不仅仅要研究市场、提高餐饮质量，还应在文化层面上深化。王振惠说，如今消费者对环境的要求越来越高，卫生干净、情调独特、安静舒服等，环境选择体现了个人的审美观和价值观。大多数消费者的审美观念都是中国式的、比较保守的。也就是说，一个深受广大消费者喜爱的餐厅，首先要在环境上符合大多数人的审美观念和消费心理，“马桶餐厅”不被多数人接受，也是意料之中的。北京市餐饮协会相关负责人表示，以猎奇为噱头，如果把握不准，不能得到一定数量人群的认同，卖点也会变成“死穴”。过于另类将会偏离餐饮业的本质，色、香、味、意、形、卫生、健康，才是餐饮业的根本。在北京有许多概念餐厅生意火爆，但也有不少创意变成了怪异，消费者敬而远之。其实，餐饮业有很大的发展空间，体制、机制、菜品、服务、环境等多方面的变革和创新，可以说是新的发展契机。除了这些，还可以提供进行各种活动的设施，如会议、展会的场所，这样可以大大提高餐饮的附加值，经营者的眼光不可局限在环境因素上。

思考：应该从哪些方面分析餐厅经营的现状？餐厅在经营过程中最核心的是什么？

【任务执行】

①学习形式	分小组进行
②获取资料	通过查阅资料或实地调研，总结各类餐厅的经营现状
③成果展示	各小组提供餐厅经营现状分析报告并汇报成果，在课堂上展示
④学会总结	提交工作记录单和案例分析报告

一、菜品分析与设计

（一）菜肴取舍分析

菜单指数可以用来评估和确定菜肴受欢迎程度。餐厅管理者应该根据客人点菜的数量和每种菜的收入情况确定最受欢迎的菜，最不受欢迎的菜，成本低、利润高的菜，成本高、利润低的菜，成本低、利润低的菜，成本高、利润高的菜。据此，对菜单进行更正、取舍的调整：首先，去掉最不受欢迎的菜和成本高、利润低的菜；其次，将成本低、利润高的菜放置在菜单客人浏览的主要区域；然后，适当保留成本高、利润高的菜；最后，最受欢迎的菜根据其成本—利润关系，进行适当的取舍、增减，编制最大利润且条目数量最小的菜单。通过对菜单的适当调整，不仅可以降低原材料贮存导致的成本浪费，及原材料短缺造成的客人流失，还能够突出餐厅的特色菜，增加餐厅的市场份额和营业收入。

为了便于菜品的动态管理，留下最佳的旺销菜，需要制作一份菜品分析表。这张表格只录入凉菜每月销售前 10 名、后 10 名和热菜每月销售前 30 名、后 10 名，再将上榜菜品根据毛利、当月总销售量、平均日售量、占总销售额的百分比等逐层分析。分析步骤如下文所示。

表 5-3-1　某餐饮企业厨房菜品（凉菜）月分析表

编号	菜品	月排名	售价	成本	毛利（%）	月销量	平均日销	占总销售额百分比（%）	客人投诉及建议
1	特色拌菜	1	15	7	53	1 056	35	0.99	
2	开胃木耳	2	12	3.4	72	1 045	35	0.76	
3	蓝莓山药	3	22	7.5	66	921	30	1.37	
4	盆盆香	4	22	9.3	58	757	25	1.08	

1. 调查落榜菜

结合前几个月的分析表，对比查看从本月凉菜前 10 名和热菜前 30 名中落榜的菜品，从口味、出品等方面调查落榜原因。

寻找菜品落榜原因通常遵循以下程序：是否提高了定价、是否为季节菜、是否更换了主要操作厨师、是否更换了主辅料、是否在操作细节上出了问题等。找出问题所在后逐一解决。

案例 1：大碗居店曾经有道旺销菜——蛏子炒鳝丝，售价 38 元，一直稳居排行榜首位。后来因为鳝鱼成本从 12 元/斤涨到 22 元/斤，于是将菜价提高到 48 元，导致此菜第二个月便落榜了。此菜现在虽然没有进入热菜销售前 30 名，但一直保持中流实力，没有口味和技术问题，所以不需要淘汰。

案例 2：崇文门店有道菜——鱼头泡饼，以往每月能卖 1 200～1 300 份，去年 9 月份突然出现“大跳水”，当月只卖了 800 多份。经调查发现，崇文门店原先烹制此菜的厨师被调到大碗居新店，此菜转交给店中另一位技术过硬的厨师负责，但因这位师傅没有操作过此菜，细节出现失误：①每份菜的鱼头特制酱由 100 克减少为 80 克；②炖制时间由 8 分钟减到了 5 分钟；③葱、姜、蒜等料头减半使用。出现此种情况，一是因为该厨师没按标准菜单操作，二是因为该店厨师长监管不力。于是厨师长专程去崇文门店观察这位师傅的操作，并指出其中存在失误的地方。两个月后，此菜月销量回升到 1 230份。

2. 给后十名一个缓冲期

无论怎样更新菜单，总会有销售排名后十位的菜品，因此立即撤销当月排名靠后的菜品并不科学。首先各分店的厨师团队须对后十名菜品分别进行讨论，再根据不同的情况采用不同的处理方案。常见的有以下两种情况：

（1）菜品定价很高。此类菜品除了看销售量外还应参考“毛利”和“客人投诉及建议”两栏。针对定价高、毛利不低于 60%的菜品，第二个月要重点搜集客人的点评意见，若口碑很好则予以保留，因为它既不会降低酒店的美誉度，又能带来真金白银。

（2）定价居中、销售量低的菜品。这类菜品需要具体研究，改进其口味、装盘后保留在菜谱中，若半年内一直不景气则予以删除。

3. 不在分析表的菜品未必安全

不在菜品分析表中的菜品也会成为被淘汰的目标。菜品是否被淘汰不仅跟排名有关，部分菜品的原料不易得、原料或半成品不易保存、加工程序复杂，推出 3 个月后销售量仍没进入凉菜前 10 名或热菜前 30 名则予以淘汰。

案例：神仙驴肉锅这道菜对原料要求比较苛刻，只选用驴腩部位，推出后销量一般。因为原料不易得且对新鲜度要求过高，所以厨房备货量较少。食客来店中点此菜时常碰上沽清状况，引起不满。现在此菜已经被淘汰。

（二）菜品创新设计

1. 菜品创新的必备条件

（1）工作人员必须具备的相应素质：第一，胸怀壮志，具有热爱烹饪事业、热爱自己工作的一颗热诚的心；第二，对烹饪具有强烈的好奇心，善于观察、勤于思考；第三，具有永不知足的进取精神，不断地虚心学习、认真地刻苦钻研烹饪科学理论知识和技艺；第四，具有高度的责任感和自身充满自信心，有主见、有创见、有预见、有科学而理智的冒险精神，勇于探索、不断总结；第五，具有创新意识和创新能力，以及丰富的、灵活变通的想象能力，立足现实，开拓未来；第六，要有较高的烹饪理论和精湛的烹饪技艺，以及一定的艺术修养，并且自身具有丰富的实际经验；第七，具有全局观念和甘于奉献的精神。

（2）创新的菜品应具备的条件：第一，不是模仿而是有新的突破，并具有原所未有的新因素的新颖性；第二，无论工艺方面还是技术方面，产品成型都包含着创造性；第三，应以社会和市场的需求为前提，被社会和市场所认可，从而实现自身的价值和使用价值，没有一定的社会价值，就失去了创新的意义；第四，应具有时间的持续性和强盛的生命力，充分体现其价值；第五，应是具有食用性和营养价值的绿色食品，并具有科学性、艺术性，使人既能一饱眼福，又能大快朵颐，还能品味到其中的文化内涵，使得物质和精神都获得丰富的效益性，达到实现创新的最现实目的。

此外，菜肴创新具有风险性。尽管在菜肴创新的全部过程中都认真地分析、努力地立异创新，花费和投入了不少的精力财力，但是谁也无法准确地预测未来的结果，因为客观环境的变化和事态发展的趋势我们不可能绝对地左右，所以一旦投入大于收入或有投入无收入就会无效益，出现经济损失。菜肴创新同时要不断继承和发扬传统的烹饪文化。菜肴创新既不能单一模仿、品种的克隆、复制再造，也不能彻底废掉、完全根除、一味抛弃，而是在继承和发扬传统的基础上采用新的设想、新的举措，取得新的突破、新的成果，达到创新实质性的意义。

2. 菜品创新角度

(1) 烹饪工艺方面。从烹饪工艺方面来分析，原料成为菜品是刀工(形状加工)、烹制加工(冷制加工、热制加工)和调味三方面作用的结果，也就是说，由于工艺这一外因的作用，使菜坯料和调味料发生了质的变化，它们从原来原料的属性转变成为菜品属性，其结果为"形状""质地"(称口感、质感)、"味"(称味感、风味)。内因是事物发展的根本因素，外因通过内因而起作用。因此，烹饪工艺加工应属外在因素，"形状""质地""味"应是菜品的基本属性。

(2) 具体的实物方面。从具体的实物方面来分析，菜坯料(主料、辅料)是菜肴的基本物资因素之一。因为，从菜肴而言，菜品是由菜坯料和调味品两者组合而成的，两者缺一就不能加工成菜。但是，从菜品成品而言，菜坯料通过加工成菜品后仍然实实在在地存在，而调味品加工成菜品后本身已不存在，自身的物资属性已转化成另一种物资属性，由"味"来替代。也就是说，调味品原料的属性已从原有的原料属性转变成菜品的"味"这一基本属性。

(3) 成菜特征方面。菜肴有色、味、形、质地(口感)的表现形式特征，而几个特征与菜肴同生共存，缺一不可。从前面的分析可知味、形、质地已有归属。那菜肴的色泽又属于哪一范畴呢？菜肴的色泽与菜品的存在是难以分开的、相互依存的，基本上可言"没有完全无色的菜"，它仍然应是菜品存在的基本因素。但是因为在实际涉及的范围中有很多种因素都会对它产生影响，所以使它完全处于被动状况下受到制约。当然，在我们的创新思维中以色泽为出发点，利用此因素去寻找变化的条件也是完全可以的。科技的进步必将带动烹饪事业飞跃性的发展，只要我们把它转化用于烹饪工艺中，烹饪技术将会产生一次次的革命。

3. 菜品创新方法

(1) 挖掘法。从全国许多"仿古菜"的制作来看，厨师和餐饮工作者应考虑到：第一，仿古菜点，顾名思义是仿制，而不是对古代菜点的照搬，只要求它具有古代风韵。第二，仿制的每个菜点，从名称到原辅料，必须有翔实的史料记载和根据。否则，宁可不制也不凭主观猜想而臆造。第三，对待烹饪中的传统技艺，其原则是"取其精华，去其糟粕"，不能全盘拿来，对不合理、不科学、无使用价值的工艺和费工费时的菜品，要进行取舍和改进。第四，坚持地方、民族特色，特别在菜品的构思上，紧紧与烹饪文化相联系。第五，菜点在营养、卫生、口味上要符合当今人们的要求。挖掘历史菜点，经改良后为我所用，以突出餐饮经营的新风貌。

(2) 借鉴法。借他人之长，补己之短，是优秀厨师惯用的手法。譬如当今流行的各大饭店、宾馆的自助餐，就是从西方引进而来的。

(3) 采集法。生活是一个艺术大宝库，取之不尽，用之不竭。烹饪作为一种艺术，它的根也在民间。采集民间烹饪佳作，就是一个能够取得成功的路子，古今皆有。

(4) 翻新法。把过去已有的馔肴，结合今天人们的饮食需求，改造一番，翻新出来，也是一种创新的办法。

(5) 立异法。标新立异，出奇制胜得有点新道。如有声音的传统菜三鲜锅巴、锅巴肉片、锅巴海参、响铃肉片等，厨师受其启发，采用主辅变料之法创制的麻花鱼片、撒子响螺即有立异之意：将炸得滚烫的锅巴或响铃、麻花、撒子等置于盘内，当着食者的面浇上刚出锅的浓稠三鲜或肉片、海参、鱼片、响螺等汁，使人耳听有响声，眼见有气烟，鼻闻有香气，嘴品酥脆鲜嫩。

(6) 移植法。一台好戏，不少剧种都争相移植。源于各地的美馔佳肴，也同样可以用戏曲移植的办法拿来为我所用。譬如"扬州清炖狮子头"，四川将这款菜移植以来，根据当地的饮食习尚，烹饪方法由原来的炖法改用为炸或煎，再采用红烧或烧蒸而成，其形有大小之别，大的可做一个，如"大烧狮子头"，小的可做四个，取名为"四喜圆子"或"红烧狮子头"；近年来，还有将发好的鱼翅包入肉圆中，再放入特制清汤内，与火腿、竹荪、冬笋等，经清炖成为"鱼翅狮子头"，提高了菜肴档次。又如粤菜中的"姜葱爆蟹""清炒螺片"，经移植后基本采用原有烹法，只不过加入了四川的泡辣椒和泡仔姜。再如"咸鸭蛋黄炒蟹"一菜，移植到四川之后，烹制出"翻炒苦瓜或芦荟""翻炒黄瓜""咸蛋黄烩豆腐"等一系列菜，深受四川食者的喜爱。

(7) 变料法。就是一种以变料的方法创新菜肴。在四川烹饪界流行一句变料的行话：吃鸡不见鸡，吃肉不见肉。四川的传统名菜"仔鸡豆花"，虽是用鸡脯、鸡蛋清等用料制作的，但成菜在碗中似大豆做的豆花形象，使人见状难辨真假。而今四川很多餐馆新供应的"肉豆花""鱼豆花""兔豆花"，碗中只见豆花样，原料采用的却是猪、鱼、兔之肉。那么，可否试用大虾、鲜贝、鲜鱿之肉来制作"虾豆花""鲜贝豆花""鲜鱿豆花"呢？以变料法创新菜肴，厨坛前辈已给我们提供了一些很好的路子。

(8) 变味法。利用各个地方、各菜系已有的调和成果，选出当地食客所能接受的味型来丰富菜肴品种，也是一条捷路。近年来川菜厨师新创的蛋黄油、糍粑椒大蒜油、川椒生姜油、葱姜油、海鲜豉汁油、蒜香油等，再经烹调复合成新颖独具的食尚味型。同时还吸收了不少国内外的好味型，如西餐的糖醋茄汁味、荔枝茄汁味、咸鲜茄汁味、果汁味、咖喱味，粤菜的蚝油味、芥末味，湖南的家常剁椒等都很受四川人的喜爱。

(9) 摹状法。菜品造型可采取摹状的方法去表现和塑造厨师的主题构思，而不要仅限于"写实"的手法去机械摹仿自然界的东西。

可以这样说，厨师要善于利用任何荤素的烹饪原料来塑造自己想表现的主题。蔬菜、瓜果、禽畜肉类及肝腰心舌肚，鸡、鱼、虾、兔、猪肉等茸料，面粉、米粉、奶油、黄油之类原料，都是你随心所欲的造型材料。即便是葱子、蒜苗、青椒、仔姜等作调味用的原料，也可用来做造型材料。问题在于怎样利用这些原料，塑造些什么东西。

(10) 寓意法。文学艺术作品是很讲究通过形象来描绘意境的。意境就是意味、趣味、情调、境界。既讲"意在笔先"，又讲"意在言外"，还讲"意味深长"。烹饪创作，也可以运用文学艺术的创作方法来体现情趣、意味。因此，我们将“寓意”作为菜品成新的方法。运用“寓意”之法来创新菜肴，要抓住两个方面。一是在设计菜品时，构思要巧妙，要表现出盘中的诗情画意；二是菜肴命名雅致，名寓意趣。如一款起名叫“故乡月更明”的筵席二汤菜，把一首唐诗装进了菜中。唐代大诗人李白，26岁仗剑远游未归，思乡别离之情使他一生酷爱明月，吟月的诗歌也非常多，“举头望明月，低头思故乡”就是妇孺皆知的。此菜品借诗人对明月的情怀，以鲜鱿鱼为主料，再配以多种原料，采用最新工艺制成“鱿鱼糁”，入器皿中蒸成皎洁的圆月，其月表面饰以影绰的“广寒宫”和缭绕的彩云，注入特制的清汤，以竹荪扎成的蝴蝶放月四周而成。此菜画面似碧波粼粼，月光浮动，整道菜白若寒雪，细若膏脂而汤清如水，咸鲜不薄、清鲜隽永，质朴中显绝技，清鲜中见精深。

菜肴的命名寄寓着趣味，可以借鉴的事例很多。前人已给我们留下了丰富的遗产，譬如含有意趣的词语，像一品、三元、四喜、五福、六合、七星、八宝、九九长寿、十全十美、如意、龙凤、绣球、鸳鸯、芙蓉、翡翠等，我们都可以加以利用，吸取营养，领略其寓意的妙处。

(11) 偶然法。人世间，偶然的事情很多。清代嘉庆时，成都就有一款著名的“芙蓉豆腐汤”，是用荷花入菜，其清鲜味美，很受人青睐。一位号三峨樵人的老先生说明此菜的来历云：蓉花可食。相传大宪请客，厨役误污一碗，忙中以芙蓉花并各鲜味和豆腐改充之，名曰芙蓉豆制品汤。大宪以为新美，上下并传，人争效之。另有一款川菜肝膏汤，据传是一户富贵人家的老太爷久病卧床，家厨用鸡肝捣烂，取汁加味蒸熟献上，老爷觉得既好吃又易消化，非常满意，令家厨天天烹制此汤进献。有一次，家厨连汁带肝一道蒸成膏状了，老爷又等着要吃，厨师便巧言说，“怕老爷吃厌肝汁汤，今天特意做了一份肝膏汤改改口味”。老爷品尝后又觉得别番风味，顿时大喜，以后此菜传于市至今。烹饪创作，菜肴成新，偶然中往往有必然，对于有心人来说，抓住了“偶然”，“必然”也就有了。

创新是一个永不间断的连续的过程，也是厨师们特别是厨师长们一辈子思考研究的大事。在当今这个竞争激烈的市场中，烹调技能只是基础，创新才是厨师职业生命得以“强化”和“长寿”的根本。任何厨师，不论其职称多高，功绩多大，在当时当地，评价其水平的唯一标准就是他推出的菜品是否受到顾客欢迎，是否能够创造出经济效益，即市场是检验厨师和厨师长技能的唯一标准。

二、服务质量分析与管理

餐厅经营的关键是服务质量，服务质量的优劣直接关系到餐厅的声誉及社会效益和经济效益。餐厅从上到下都要重视服务质量。

(一) 服务质量内容

餐厅服务质量的基本内容，就总体内容来讲，有“硬件”和“软件”之分；就基本内容来讲，大致包括以下几个方面：

1. 服务态度

服务态度，是指餐厅各岗位的服务人员对待各类宾客所持的情绪反映。它是全心全意为宾客服务的思想在语言、表情、行为等方面的具体表现。服务态度是反映服务质量的基础，优质的服务是从优良的服务态度开始的。优良的服务态度主要表现为以下几点：①主动热情；②尽职尽责；③耐心周到；④文明礼貌。

2. 服务设备

服务设备，是指餐厅用于接待服务的设备设施。它直接反映出餐厅服务质量的物质技术水平。一般包括房屋建筑、机器设备、交通工具、冷暖空调、电器设备、卫生设备、通信设备、各类家具和室内装饰等。对餐厅的服务设备要加强管理，精心保养，使之始终处于完好、正常的状态，随时随地保证满足对客服务的需要。

3. 服务项目

餐厅通常是一个向宾客提供美食、休闲、娱乐的综合性服务的场所，这就决定了它的服务项目不能单一化，而应多样化。提供服务项目的多少，是酒店等级、规模、经营能力的体现。

现代餐厅的服务项目，大体可以分为两类：一类是在服务过程中有明确、具体的规定，围绕主体业务所设立的服务项目，称之为基本服务项目，如用餐；凡是由宾客提出但并不是每个宾客都有需求的服务项目，称之为附加服务项目。在某种程度上，具有个性化的附加服务项目比基本服务项目更能吸引宾客，给顾客留下难忘的印象。

4. 服务方式

服务方式是指餐厅在热情、周到地为宾客服务时所采用的形式和方法。其核心是如何给宾客提供各种便利。服务的方式有许多，如：微笑服务；个性化服务；细微化服务；定制化服务；无差距、零缺陷服务；情感化服务；无 NO 服务；超值服务等。

由于每个餐厅的设施设备不同、员工素质的差异、星级高低不等、接待对象不一样，所选择的服务方式是有差别的，但一些共性的服务则是每家餐厅都应提供的，如微笑服务、礼貌服务等。

5. 娴熟的服务技能

服务技能，是指服务人员在接待服务工作中应该掌握和具备的基本功。服务人员的操作技能娴熟与否，从一个侧面反映出其业务素质的高低和服务质量的好坏，娴熟的服务技能，是提高服务水平、保证服务质量的技术前提。

6. 服务程序

服务程序是构成餐厅服务质量的重要内容之一。实践证明，娴熟的服务技能加上科学的操作程序，是优质服务的基本保证。餐厅的服务程序是根据客人的要求和习惯，经过科学的归纳编制出来的规范化作业程序。按程序工作就能保证服务质量；而随心所欲，不按照规程办事就会导致工作被动，影响工作效率，招致客人投诉。

7. 服务效率

服务效率是服务工作的时间概念，也是向宾客提供某种服务的时限。它不仅体现出服务人员的业务素质，也体现了餐厅的管理效率，尤其在当今社会“时间就是金钱”的时间价值观念下，服务效率高不仅能够为客人节省时间，而且能够为客人带来效率。

8. 专业化的员工

人们常常忽略服务质量的重要内容。没有专业化的员工，其他服务设备、服务项目都谈不上完好，服务技能也不可能娴熟。因此，专业化的员工是服务质量的根本保证。

（二）服务质量分析方法

1. ABC 分析法

分析质量问题是为了解决质量问题，但不可能解决所有的问题，而是要先找出对服务质量影响最大的几项问题加以解决。ABC 分析法又称排列图法，以“关键是少数，次要是多数”这一原理为基本思想，通过对质量各方面的分析，以质量问题的个数和发生问题的频率为两个相关的标志进行定量分析，先计算出每个问题在问题总体中所占的比重，然后按照一定的标准把质量问题分为三类。

ABC分析法的步骤如下文所述。

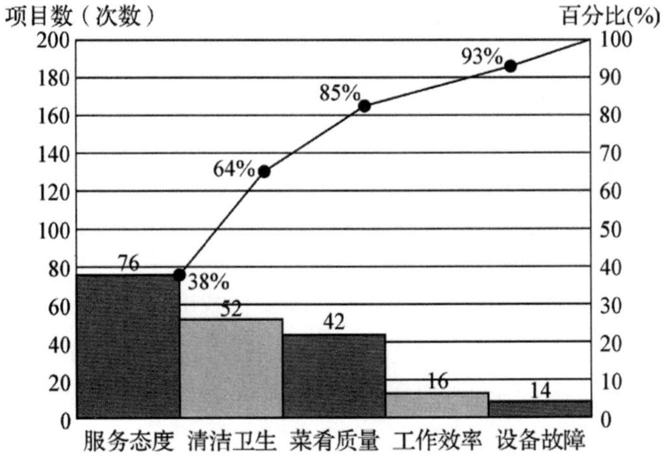

图 5－3－1　某餐厅服务质量 ABC 分析图

（1）收集服务质量问题信息——调查表、投诉与各部门的检查记录。

（2）分类、统计，制作服务质量问题统计表。

（3）分析找出主要质量问题：

①累计频率在80%以内的为A类因素，是主要因素，即是亟待解决的质量问题；

②累计频率在80%～90%的为B类因素，是次要因素；

③累计频率在90%以上的为C类因素，是一般因素。（如图5－3－1）

其中A类因素只能是一至两个的质量问题，最多不能超过三个，否则就不能称为主要因素。将A类因素纳入服务质量的PDCA循环中去，从而实现有效的服务质量管理。

2. 质量结构分析图

质量结构分析图又称圆形分析图、饼分图。它根据餐厅服务质量调查资料，将统计结果绘制在一张圆形图上。管理人员通过质量结构分析图，可以非常直观、形象地看到影响餐厅服务质量的主要因素，便于有针对性地提出改进措施。其具体分析如下：

（1）收集质量问题分析。餐厅管理者应通过各种原始记录、质量信息报表、质量检查结果表、宾客意见调查表、客人投诉处理记录表、质量考核表等方式多方收集饭店现存的质量问题。

（2）信息地汇总、分类和计算。对收集到的质量问题信息进行汇总，并根据不同的内容将其分类，然后计算每类质量问题的构成比例。

（3）划出圆形图。首先画一个大小适宜的圆形，并在圆心周围画一个小圆圈（内填分析内容）；然后从最高点开始，按顺时针方向，根据问题种类及其构成比例分割圆形，并用直线与小圆圈相连；最后在分割的圆形中填入相应的问题种类及构成比例。至此，根据圆形图，餐厅存在的服务质量问题及其程度即可一目了然。（如图5－3－2）

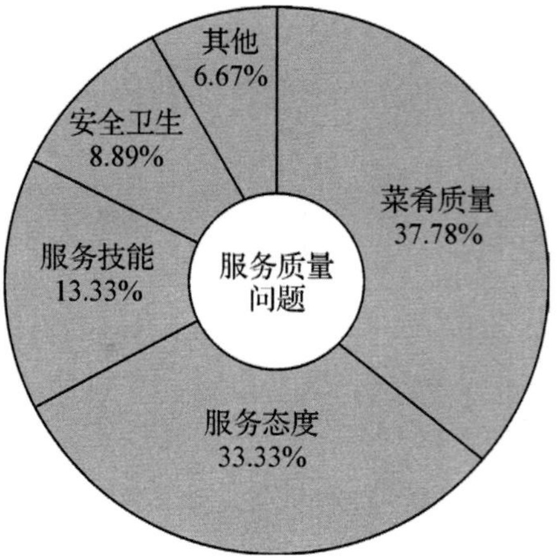

图 5－3－2 某餐厅服务质量圆形分析图

3. 因果分析图法

用 ABC 分析法是寻找主要存在的问题，找出这些质量问题产生的原因用因果分析图法分析是最简单而有效的。因果分析图法是指通过存在的质量问题及其产生原因的系统分析，以图示的方法直观地表示两者之间的因果关系。其形同鱼刺，又像树枝，因此又称鱼刺图、树枝图。影响服务质量的因素是错综复杂的，并且是多方面的。因果分析图法对影响质量（结果）的各种因素（原因）之间的关系进行整理分析，并且把原因与结果之间的关系用带箭头的线表示出来（如图 5－3－3 所示）。分析步骤如下：

①确定要分析的主要质量问题，即通过 ABC 法找出 A 类问题；②分析 A 类质量问题产生的原因，找出质量问题的各种原因是用好这个方法的关键；③将找出的原因进行整理，按结果与原因之间的关系画出因果分析图。

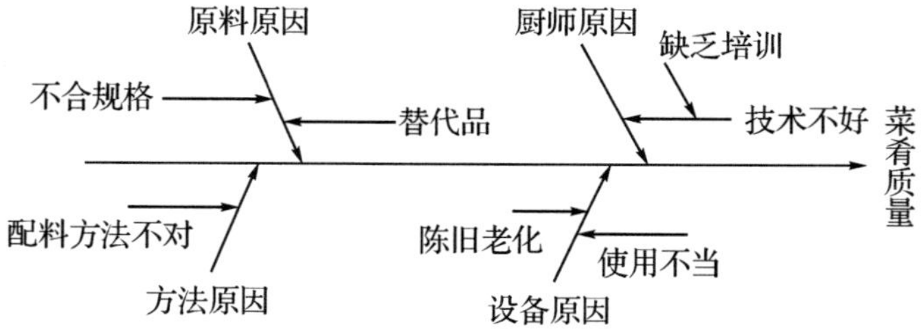

图 5－3－3 某餐厅服务质量问题因果分析图

4. PDCA 循环法

所谓 PDCA 循环，就是按照计划（Plan）、执行（Do）、检查（Check）、处理（Action）四个阶段的顺序进行管理工作，并按照这样的顺序循环不止地进行下去。PDCA 循环的主要特点是：餐饮服务各个岗位、各个方面都有自己的 PDCA 循环，并且大环套小环，一环扣一环，共同推动大循环，形成了各方面相互促进、有机联系的整体。另外，PDCA 循环每转动一圈就使服务质量提高到一个新的水平，服务质量就会有新的内容和目标。这样循环往复，质量问题不断被解决，服务水平、管理水平就不断提高。

运用 PDCA 循环法解决质量问题，通常可具体划分为四个阶段八个步骤：

（1）计划阶段。这一阶段的任务是通过问题分析，找出产生质量问题的原因，并制定解决措施和要达到的目标。这一阶段包含四个步骤：

步骤一：分析现状，找出存在的问题。问题的找出基于对可靠数据的分析，那么，如何对得到的准确信息进行整理分析呢？常用方法如下：

①圆形百分比分析法。圆形百分比分

析图主要用于表示各项数据的构成比例，其特点是较为简单、直观。

②排列图分析法。排列图是一种能直观反映出影响质量的各因素主次关系的统计图，它能帮助我们找到必须解决的主要质量问题。

排列图是一个直角坐标图，横坐标表示影响质量的各因素；左边的纵坐标表示频数，也就是某质量问题出现的次数；右边的纵坐标表示频率，是各质量因素在全部因素中所占的百分比数。按频数的高低自左至右依次画出排列图，每一个矩形的高度表示影响质量因素的大小，然后将各因素频率逐项相加并用曲线表示。

步骤二：分析产生质量问题的原因。影响餐饮服务质量的原因是多方面的，分析工作要细致、全面。可以请各方面人员参加，听取不同意见，然后对各种问题进行恰当的分类归纳，找出影响服务质量的主要原因和若干小原因，最终细到可以直接针对某一原因采取措施。分析可借助于因果图。

步骤三：从分析中找出主要影响因素。分析影响服务质量的原因，往往可以找出很多主客观因素，既有硬件的，也有软件的，要从中抓住主要因素作为解决问题的突破点。

步骤四：制定解决质量问题的具体措施，拟定实施计划以及预期达到的目标效果。目标的确定要结合实际，计划、措施要具体可行。一般应明确以下问题：

"Why"——为什么要制定这一措施或目标

"What"——预计解决什么问题，达到什么目标

"Where"——在什么部门或什么范围内执行这一措施

"Who"——由谁或哪个部门具体负责实施

"When"——什么时间开始，什么时间完成

"How"——如何执行这一措施或计划

(2) 实施阶段。

步骤五：按已定目标、计划和措施执行。这一阶段要求严格按照已定的计划和目标，实实在在地去执行。

执行过程中要注意两个问题：一是做好各种原始记录，及时反馈执行中出现的各种情况；二是做好克服困难的准备。在计划实施的过程中一定会遇到各种各样的困难，这是对执行人执行能力的考验，要注意沟通与协调，发挥合力，并做好员工培训等准备工作。

(3) 检查阶段。

步骤六：检查计划执行情况。这一步就是要把措施执行的结果和计划要求进行对比，看看是否达到了预期目标和效果，或者达到了什么程度，哪些方面取得了成功，还存在哪些问题，原因在哪里。检查要严格、认真，切实反映实际的执行情况。

(4) 处理阶段。

这一阶段要把成功的经验形成标准巩固下来，同时要总结失败的教训。包括两个步骤。

步骤七：总结经验教训，对已解决的质量问题提出巩固措施，使之标准化。

步骤八：提出尚未解决的问题，作为遗留问题转入下一个循环，以求得解决。

三、环境氛围分析

(一) 餐厅主题风格

1. 主题类型

主题餐厅是通过文化嫁接的方式，以创造一个或多个文化主题为标志，并围绕主题

来营造餐饮环境氛围，提供特色饮食服务的场所。以下几个类型的主题餐厅是中国餐饮市场上出现的类型，有的是在中国文化背景下产生的，有的则是引用了国外的先进理念，但都具有一定的代表性。

（1）“运动”型。随着北京申奥的成功，这种主题餐厅也真正地火了起来。比如在世界杯期间，以足球为主题的餐吧就十分火爆，沙拉吧台都是足球的造型，餐厅的每一个装饰、每一个细节都尽情地诠释着对体育的偏爱和迷恋，球星的塑像、运动的图片，把这里装点成了运动的空间，让人时刻都想动起来。

（2）“怀旧复古”型。城市越来越现代化，但是还是有很多的现代人喜欢怀旧，在上海，很多以怀旧为主题的餐厅相继出现，如老电影餐厅，室内的墙壁上悬挂着老电影的海报、播放着老上海歌星演唱的曲子，吸引了不少老上海和外国游客。

（3）“农家风味”型。坐落在北京城一个小胡同里的“忆苦思甜大杂院”，它的装潢很有特色，包间里的饭桌放在炕上，炕头放一个老式收音机，墙上贴着当年的宣传画，没有空调，只有电风扇，没有豪华吊灯和考究的墙纸，那些管道也裸露在外面，这样的环境，不仅吸引当年的知青故地重游，品尝地道的农家菜，而且使那些没有插过队的人也好奇地想探个究竟。

（4）“绿色生态环保”型。“热带雨林”餐厅就是以原始自然和环保为主题的餐厅，集餐饮、娱乐、零售于一体。它拥有独特的经营理念——让您在前所未有的超写实的室内热带雨林进行一次冒险。在经营中，倡导“人与自然和谐相处、注重环保”的理念，得到空前成功。餐厅内保持了“热带雨林”的原始丛林特色：置身其中，可以看到青葱茂密的森林、宏伟壮观的岩石、栩栩如生的野生动物、瀑布，让人在与大自然的交流中，享受美妙而难忘的用餐经历。值得一提的是，“热带雨林”主题餐厅对环保的关注和投入，“热带雨林”组织和开展了各种活动，以帮助消费者，特别是少年儿童，树立保护环境、保护野生资源及动物的意识。另一个例子是位于北京的“红太阳生态园”，它是由一个彻底废弃的玻璃温室改建的，占地面积40 000 m^2，营业面积 15 000 m^2，其中约60％的用地面积用于景观环境改造，一年四季绿意融融，鲜花盛开，碧水长流。

（5）“素食”型。以佛家素食为主要经营对象的“功德林”饭店在上海、北京都开设了分店，它在内部设计上体现着佛家文化气息，外部设计端庄古朴，突出佛门素食、素雅、清净的特点，它的经营理念是引导顾客健康饮食，发掘素食文化的精髓。

（6）“典型文化代表人物”型。在北京后海经营杭州菜的“孔乙己酒店”，就是从鲁迅先生的小说中寻找到的灵感。它的室内装潢古色古香，穿过“曲径通幽”的竹林，推开雕花的木门，居然看见“鲁迅先生”坐在主厅正中，而餐馆的服务人员打扮成身着对襟马褂、肩搭白毛巾的老北京酒肆茶馆里伙计的形象。顾客坐下来必先得到一盘茴香豆作为开胃小菜，使得顾客联想到鲁迅先生小说中描述的景象，并仔细回味着书中的故事。

（7）“异域风情”型。这种餐厅在环境的营造上，以某个国家或地区独有的风土人情、民风民俗为主题，如巴西烤肉、越南餐馆。随着韩国电视剧《大长今》的流行，韩国料理也非常风靡。

（8）“另类”型。另类这个主题一听就是为追新求异的年轻人准备的。现在出现了很多另类的餐厅。譬如以“监狱饭”为主题的“禅酷”餐厅，是北京第一家打出主题餐厅招牌的餐厅，监狱风格也曾经让很多年轻人趋之若鹜。按照监狱风格设计的餐厅颇有个性：铁栏杆做门窗、铁链子做门帘，门口有头戴钢盔的“卫兵”把守，服务人员身着狱卒服饰，整个餐厅内没有绝对封闭的用餐包间。通透的铁窗似的栅栏把整个餐厅装扮得疏密有序又互不干扰，错落有致的地形隔离出不同风格的用餐环境，柔柔的灯光营造着静雅与安逸的氛围。只有身穿囚衣、脚套铁镣的人偶塑像和用作装饰的金属链条及一道一道酷似监狱的铁栅栏体现着监狱的主题风格。

还有台湾一家以“马桶”为主题的餐厅，室内装潢是以卫生间的标准设计的，从座位、餐桌到盛器，全部都是马桶的形象。而智利的一家动物餐厅，除了厨师和收银员之外，“服务员”都是动物，门口有鹦鹉欢迎问好，金丝猴帮客人存放衣物，长耳犬领客人入座并递上菜单，黑猩猩和短尾猴负责上菜送酒。

此外，音乐、漫画、商务等凡是能够吸引到一定数量客人的主题，都可以设计成为一个主题餐厅，只是要根据具体的主题选择适宜的规模和地点来经营。

2. 氛围营造

现代人对主题餐厅的要求越来越高，所以对餐厅的用餐环境和用餐氛围也是非常重视的。餐饮空间的主题性营造就是在室内餐饮环境中，为了表达某种主题含义或突出某种要素而进行的理性设计。在设计之前，首先一定要确立明确的主题，这是整个设计的切入点，然后决定整个餐厅的风格和细节。在满足了使用功能和符合技术要求的前提下，进行主题氛围的营造。我们在餐厅中进行主题氛围营造使用的主要方法有五种。

第一种就是利用空间形态进行主题氛围营造。就是由各个界面围合而成的室内空间，在不同的形态空间里活动会使人产生不同的心理感受。空间的不同使在其空间环境中的人产生生理和心理上的人格化，可以利用空间不同形态的比例变化、大小变化以及顾客所在位置上的变化给人们带来不同的感受。

第二种是利用照明进行主题氛围营造。就人的最直观的东西来讲，光是很重要的，没有光就没有一切。在室内空间中，光不仅是为了满足人们的视觉需要，而且也是营造室内主题气氛的重要手段，光还可以起到改变空间、美化空间的作用。它还直接影响着环境的艺术效果、物体的视觉效果（如大小、形状、质感和色彩）。光的强度的不同可以打出很多不同层次的光，经过光的颜色、光的明暗、光的造型，从而营造出丰富的环境气氛。

第三种是利用色彩进行主题氛围营造。色彩是附着于形体和相对独立的形体上的。色彩的变化直接影响着人们的直观表现，色彩与人的心理、生理有密切的关系，不同的色彩会造成人不同的视觉感受、心理感受。通过色彩的变化可以渲染、烘托不同的空间气氛，显示不同的主题氛围。

第四种是利用材料与肌理进行主题氛围营造。肌理是材料表面的组织构造所产生的视觉效果，每种材料都有其固有的视觉和触觉的特征。常见的室内材料有：木材，它会给人一种柔和温暖、亲切自然的感受；钢材和铝材具有现代感，给人一种比较华丽、优雅的感受；铁则古拙厚重；砖的肌理朴素淳厚极具装饰效果；毛石、水泥充满原始力量感；玻璃轻巧、通透、光亮。用这些包含不同特点的肌理材料表达主题创意，营造主题氛围。

第五种就是利用陈设进行主题氛围营造。餐厅中的装饰形态及陈设对主题的表达起着关键性的作用。如桌布、窗帘、挂毯、字画、雕塑、收藏品和纪念品等，所用物件都应围绕餐厅主题选择。无论外形、色彩、材质还是内容，都要以能烘托主题氛围为原则。

四、财务状况分析

（一）餐厅经营预算

预算指标又叫计划指标或管理参数，它是用数字来表示企业和部门在预算期内经营管理所要达到的水平或绩效，也是反映企业和部门经营管理状况的重要数据。

1. 餐饮预算管理的特点

（1）价值取向的外向性；（2）工作性质的导向性：一是预算指标的预测和确定要以市场为导向；二是各项预算指标一经确定，就具有明确的指导作用；（3）指标安排的预见性；（4）工作内容的综合性。

2. 餐饮预算管理的内容

（1）营业收入预算。餐饮企业的营业收入，是进行经营分析的一个重要方面。它的大小决定了企业利润的大小，也反映出企业的经营规模和水平。通过对餐饮企业的营业收入状况进行分析，既可及时发现经营中存在的问题，找出造成营业收入下降的原因，巩固已有的业绩，又能为下期确定新的经营措施提供依据。我们对餐饮企业的营业收入分析主要从它的构成因素着手，逐步了解各个因素对它的影响，从而找出经营中的销售问题，提出有效的改进意见。餐饮企业的收入构成主要因素包括以下三个方面：餐位数、餐位周转率以及人均消费水平。

餐饮企业的销售收入可用以下公式表示：

销售收入＝餐位数×餐位周转率×人均消费水平

餐位数是指餐饮企业一次性能容纳客人同时就餐的座位数。

计算期的餐位数＝餐位×餐次×计算期天数

餐位周转率是指每天每个餐位使用的频率。餐位周转率的计算公式如下：

餐位周转率＝某段时间的就餐人数/(餐位数×供餐次数×经营天数)

餐位数属于客观因素，受企业投资资金和门面大小的限制，餐位周转率也属于客观因素，可以通过管理的优化得到相应的提高。一般情况下，餐位数越多，餐位周转率越快，那么销售收入也就越多。

人均消费水平是指每位客人的消费能力。客人的消费水平越高，企业的收入就越多。人均消费水平可以用以下公式表示：

人均消费水平＝餐厅销售收入/就餐人次

（2）营业成本预算。营业成本是指食品原材料成本。对餐饮企业来讲，营业成本费用的多少，影响的不仅仅是利润，而且将影响到在与其他餐厅竞争中所处的地位。成本费用越低，竞争中所掌握的主动性越大。在收入相等的情况下，成本费用越低，盈利越多。因此，对企业经营成本费用进行分析，寻找降低成本费用的途径，是提高餐饮企业经济效益的基本手段。

直接成本的计算公式为：$C=P\times Q$，C为直接成本，P为价格，Q为数量。因此，销售产品或酒水成本价格和数量都是影响总直接成本的主要原因。影响企业产品和酒水成本价格的因素非常多，有物价上涨的客观因素，也有企业成本控制与管理的主观因素，例如采购方面成本的价格，储存方面产品的报损和成本的增加，生产方面产品的净料率等。客观方面我们难以把握，因此我们主要从主观方面进行改进，例如，加强供应商管理，控制采购价格，通过采用先进先出等存储管理制度，减少产品在储存中的损耗和成本的增加，生产方面加强机械化和标准化，减少产品不合理的耗料。

（3）人工成本预算。餐饮企业属于服务行业，大多数都由人的劳动创造，人工成本是餐饮成本中必不可少的组成部分。例如，某餐饮企业的人工成本由两部分组成，一部分为基本工资，一部分为绩效工资。从调查中可知，某餐饮企业员工人数没有变动，但基本工资随着物价上涨每人增加了100～200元不等，而绩效工资根据企业的销售和员工的表现情况也都有一定幅度的提升。控制餐饮企业的人工成本绝不是要减少员工工资待遇，而是要合理安排人员结构，提高劳动效率。

（4）营业费用预算。餐饮营业费用是指除原料成本和人工成本以外的各种费用支出。企业的营业费用包括固定费用和可变费用。固定费用一般指在一定范围内比较固定的成本，不会因为销量的增加而变动；变动费用是指会随着生意的好坏而进行变动的成本。餐饮企业的租金、维修检查费以及折旧费等属于固定费用。简单地用费用绝对值来判断餐饮企业费用控制的好坏并不合适，因为可变费用与餐饮企业接待量的多少有直接关系。随着接待量的增加，销售收入不断上升，可变费用随之增加也是正常的。因此我们对费用的分析应从费用率的分析指标着手进行。费用率的公式可表示如下：

费用率＝餐饮企业可变费用/餐饮企业销售收入×100％

对于费用的控制，一定要让员工有节省不浪费的全局意识。俗话说，聚少成多。如果长期坚持下来一点一滴的细节问题，那么对费用的控制应该还会有进一步的提高。

（5）营业利润预算。餐饮经济效益是销售收入扣除各项成本费用后的余额，即营业利润。它分为税前利润和税后利润。利润是企业经营的最终成果，是检验企业经营状况、反映经营管理水平的综合指标，这也是企业经营者、投资者、债权者最关注的方面。进行利润分析的目的，就在于找出影响利润大小的因素及其影响程度，并在此基础上找出增加盈利或扭转亏损的方法。餐饮企业的利润主要受收入、毛利率、营业费用以及收入结构的变化四个方面因素的影响。企业毛利润率和净利润率的计算公式如下：

毛利润率＝毛利润/总收入×100％＝（总收入－总直接成本）/总收入×100％

利润率＝税前利润/总收入×100％＝（总收入－总直接成本－总工资－总经营费用）/总收入×100％

3. 餐饮预算管理的任务

（1）预算编制任务；（2）预算执行任务；（3）预算控制任务。

上述任务可概括为四点：

①分析经营环境，收集预算资料；②预测预算指标，编制预算方案；③搞好综合平衡，形成计划指标；④发挥控制职能，完成预算任务。

4. 编制餐饮预算指标的客观依据

（1）地区经济和旅游发展状况及其发展趋势。

（2）企业周围的市场环境和客源状况。

（3）企业等级规格和接待能力。

（4）企业餐饮管理的历史资料和季节

波动程度。

5. 影响餐饮预算指标的主要因素

(1) 餐厅上座率。由当地市场的供求关系和企业自身的管理水平决定。以预测为主,上座率越高,预算效果越好。

(2) 价格水平。包括菜单价格和市场物价,由当地经济和旅游发展水平、消费水平、餐饮企业等级质量规格决定。菜单价格影响营业收入,市场物价影响原料成本和餐饮费用。

(3) 人均消费。由客源档次和客源结构两个因素决定。在客源总量预测相同时,影响餐饮营业收入指标。

(4) 毛利率。毛利决定价格,同时影响原材料成本。预算综合毛利率和分类毛利率不同,餐厅成本不同。

(5) 饮料比率。酒水饮料是餐饮销售收入的重要来源。餐厅类型不同,饮料比例不同,饮料收入也不同。

6. 确定餐饮预算指标需要注意的三个问题

(1) 一是各项指标都应经过预测分析,特别是主要销售指标的确定,不能想当然。

(2) 二是预测方法的选择既要与预测对象所面对的市场类型相适应,又要选择两到三种方法进行预测。

(3) 三是各项指标在预测分析的基础上所得到的平均值还要与市场发展趋势和企业可挖掘的潜力相结合。

(二) 餐厅成本控制

1. 餐饮成本的概念

从广义上讲,餐饮成本包括生产和销售餐饮产品所耗费的全部费用。即食品原材料成本、燃料成本、员工的工资、固定资产折旧费等。

2. 餐饮成本类型

(1) 直接成本与间接成本。直接成本是指生产某种产品或提供某项服务时直接计入某一成本计算对象的费用,如食品原材料支出、员工工资等。间接成本就是与生产产品和提供服务难以形成直接量化关系的成本,主要包括固定资产折旧、管理费用和营销费用等。直接成本与间接成本,是成本按其与生产工艺关系的一种分类方法。直接成本是与产品生产工艺直接有关的成本;间接成本是与产品生产工艺没有直接关系的成本。直接成本可以从改进生产工艺、降低消耗额等入手来降低;间接成本则通过加强费用的预算管理、过程控制,降低消耗单位的费用总额等策略来降低。

(2) 可控成本与不可控成本。可控成本是指能被具体责任单位或个人的行为所制约的成本,具有相对性。确定可控成本应具备三个条件:首先,有关的责任单位或个人有办法了解所发生耗费的性质;其次,有关的责任单位或个人有办法对所发生耗费加以计量;第三,有关的责任单位或个人有办法对所发生的耗费施加控制。不可控成本是指无法通过主观努力施加控制的成本,具有相对性。

(3) 固定成本与变动成本。固定成本是指成本总额在一定时期和一定业务量范围内,不受业务量增减变动影响而保持不变的成本。变动成本是指那些成本的总发生额在相关范围内随业务量的变动而呈线性变动的成本。

(4) 营业成本。营业成本是财务制度方面的概念。餐饮企业在经营过程中发生的各项直接支出,计入营业成本。

3. 成本控制的方法

成本控制就是指以成本作为控制的手

段，通过制定成本总水平指标值、可比产品成本降低率以及成本中心控制成本的责任等，达到对经济活动实施有效控制的目的的一系列管理活动与过程。要进行有效的成本控制，必须事先确定一个科学合理的定量指标—标准（或目标）值，在生产加工过程中不断采集实际发生的数据。偏差＝标准（或目标）值－实际值。成本控制中出现的偏差有两类：优偏差和劣偏差。成本控制的方法如下所述：

（1）食品原材料成本控制。在食品原材料的成本控制过程中，应按两个独立的核算分析方法进行：其一，传统的期间耗用原材料成本的核算，其二，以期间实际生产销售记录折算耗用原材料成本的核算，两者的相对误差在一定范围内就算合格。其中，期间耗用原材料成本核算的方法有：第一，一般以一个月作为一个计算期间，由本期间耗用原材料成本公式计算出来，这种方法的本质是以存计耗，倒求成本。但这种方法漏洞较多，无法进行详细核算，不适应高层次经营管理的要求。第二，详细记录生产过程中耗用原材料成本的核算方法：采用在整个菜点生产加工过程中，按实际情况逐份逐批量详细记录的方法，在期间末统计汇总本期间耗用原材料成本。

（2）采购环节的成本控制。采购环节的成本控制包括对采购价格和采购数量的控制两个方面。

①对采购价格的控制。

一般餐饮企业控制采购价格的方法主要有以下几个方面：

第一，限价采购。限价采购就是对所需的食品原材料规定或限定进货价格，这种方法一般适用于鲜活食品原材料。

第二，竞争报价。竞争报价是由采购部向多家供货商索取供货价格表，或者是将本企业所需采用的食品原材料写明规格与质量要求，请供货商在报价单上填上近期或长期供货的价格，采购部根据供货商所提供的报价单进行分析，确定向谁订货。

第三，规定供货单位和供货渠道。

第四，控制大宗和贵重食品原材料的购货权。对于贵重和大宗食品原材料的采购，须由餐饮部门提供使用情况的报告，采购部提供各供货商的价格报告，具体向谁购买必须由企业作出决定。

第五，提高采购批量和改变购货规格。

第六，根据市场行情适时采购。

②对采购数量的控制。

第一，易变质食品原材料采购数量的确定。容易变质的食品原材料指购入后只能在较短时间内使用的那些食品原材料，一般指鲜活食品原材料。

应采购数量＝需使用数量－现有数量

确定应采购数量的程序如下：

a. 确定正常使用数量；b. 确定各种鲜活易变质的食品原材料的现有数量；c. 计算正常使用数量与现有数量之差，确定应采购数；d. 根据特殊宴会、节目或其他特殊情况调整正常使用量。

第二，不易变质食品原材料采购数量的确定。不易变质的食品原材料通常称做主食品原材料。餐饮企业不易变质食品原材料采购数量的确定有几种方法：一是定期订货法，二是永续盘存法，三是标准存货量确定法，四是再订购数量等。

1）定期订货法。订货量＝下期需使用量－现有数量＋下期期末应有数量。

2）永续盘存法。采用永续盘存法的主要目的是保证进货数量，既满足预期的需要，又防止每次进货过多。它要求每次收发食品原材料时，都在永续盘存表上做好记录。

3）标准存货量的确定。需要综合考虑以下因素：仓储容量、管理人员规定的存货价值范围、适当的订货频率、使用量、供应单位规定的最低送货量。

4）再订购数量。再订购数量是指每次存货数量降至再订购点时所应该订购的数量。再订购数量应足以使存货数量恢复至标准存货量。

（3）存储环节的成本控制。

①食品原材料的消耗定额。食品原材料的消耗定额是指在一定的技术条件下，为加工餐厅所需菜点而消耗的食品原材料数量标准。它是编制食品原材料采购计划和计算其他指标的基础，表明业务经营过程中食品原材料的使用情况。

制定食品原材料消耗定额的方法有：

a. 经验估计法。它是以有关人员的经验和历史资料为依据，通过分析估计来确定食品原材料消耗定额的方法。

b. 统计分析法。它是根据实际食品原材料消耗的历史资料，通过简单的计算和分析，确定食品原材料消耗定额的方法。

c. 技术分析法。它是根据实地观察、测定或者通过技术计算确定食品原材料消耗定额的方法。

②食品原材料的储备定额。食品原材料的储备定额是指在一定的条件下，为完成一定的接待任务，保证经营活动不间断地进行所必需的最经济合理的食品原材料数量标准。它是编制食品原材料采购计划的基础，也是采购、订货、存货、仓库管理和储备资金管理的主要依据。具体有以下几种类型：

a. 经常储备。经常储备是指前后两批食品原材料进店的间隔期间，为满足业务经营需要而建立的食品原材料储备。经常储备的数量是呈周期性变化的，一般是每批食品原材料进货时达到最高值，第二批食品原材料进货前降低到最低点。经常储备定额根据进货间隔天数和平均每天的需要量计算，计算公式如下：

经常储备定额＝进货间隔天数×平均每天需要量

其中，平均每天需要量是用全年需要量除以日历年天数得出的。

b. 保险储备。保险储备是一种后备性质的储备，是为防止交货误期、运输受阻等原因造成的生产脱节而设立的一种储备。保险储备定额是由平均每天需要量和保险储备天数两个因素决定的，计算公式如下：

保险储备定额＝平均每天需要量×保险天数

食品原材料定额是由经常储备定额和保险储备定额组成的，计算公式如下：

食品原材料储备定额＝经常储备定额＋保险储备定额＝平均每天需要量×（进货间隔天数＋保险天数）

c. 季节储备。季节储备是为了克服某些原材料供应受季节性影响而建立的食品原材料储备。季节储备是由进货的季节性和销售的季节波动所引起的，一般有两种情况：一是受餐厅的淡旺季影响，旺季销售量大，各种食品原材料消耗大；淡季销售量小。二是某种食品原材料的生产受季节影响。酒店只能在某段时间内组织进货，并储备中断期内的全部用量，计算公式如下：

季节储备量＝平均每天需要量×中断天数

d. 经济储备。从企业本身的经济利益出发计算食品原材料的储备定额，称经济储备定额。

订货时间的确定要依据提出采购申请

的时间和两批食品原材料采购之间的时间间隔，即订货周期。订货时间确定的主要方法是订货点法。订货点是指为及时补充库存食品原材料而确定的订货时间或库存数量。备运时间是指从办理订货手续直到食品原材料进店的全部时间，包括发出订货单、办理订货手续、运货的进库前验收等时间的总和。

订货点＝每日平均需要量×备运时间＋保险储备量

订货点法还可以分为定量订货点法和定期订货点法两种。定量订货点法，是指库存数量固定，订货时间不固定，当库存量下降到订货点时就发出订货单，而订货数量可采用经济批量。这种方法适用于占用资金较多的食品原材料。定期订货点法是指订货时间固定，按规定订货时间发出订货单，这种方法适用于占用资金较少的食品原材料。

（4）菜品生产过程成本控制。

①过程控制包括加工过程控制、配份过程控制、烹调过程控制。

加工过程控制，即按照厨房的食品原材料计划单组织采购，达到控制数量和品质的目的。出材率是表明食品原材料利用程度的指标，其基本计算公式如下：

出材率＝加工后可用食品原材料重量/加工前全部食品原材料重量×100％

配份过程控制是菜点成本控制的核心，要求杜绝失误、重复、遗漏、错配、多配，是保证质量的重要环节。首先，在有条件的情况下称量控制，按标准菜谱、用餐人数进行称量，既避免了食品原材料的浪费，又确保了菜点成品的质量。其次，应做到凭订货单和账务员的认可，厨师方配制，并由服务人员将所点的菜点与订货单进行核对，从而形成相互的制约。

烹调过程控制是菜点成品生产的核心环节，对该过程的控制是确保菜点成品质量的关键，因此必须严格控制厨师的火候、操作规范等，严格督导厨师按标准规范操作，实行日抽样检验考核制度。

②制定控制方法。具体包括以下三种类型：

程序控制法，按厨房生产流程，在加工、配制和烹调三道程序中，以每道工序的最终点为程序控制点，每道工序终点的生产者为质量控制者，配制厨师对不合格品进行再加工、烹调厨师对不合格的配制提出改正，这样使每个人在生产过程中都受到监控。

责任控制法，按每个岗位的职责，实行监督、层层控制。

重点控制法，对某些容易出现生产问题的环节要重点管理、重点抓、重点检查。及时总结经验教训，分析问题产生的原因，找到解决问题的方法，达到防患于未然的目的。

（5）酒水生产过程成本控制。

①确定酒水成本，可分为整瓶和零杯酒水销售成本以及配制酒水的成本。

整瓶酒水销售成本的核算。整瓶销售是指酒水以瓶为单位进行销售，这是最基本的销售形式。

整瓶酒水的成本就是其进货价格，以此为基数计算销售价格。

零杯酒水销售成本的核算。酒水的零杯销售是酒吧经营中基本的销售形式，主要用于一些烈性酒。零杯销售必须计算每瓶酒水的销售份额，然后统计出每个期间的总销售数。

$$\text{单位成本}=\frac{\text{每瓶酒水进价}}{(\text{每瓶酒水容量}-\text{损耗量})/\text{份数}}$$

配制酒水成本的核算。酒水混合销售的成本控制比较复杂，在计算酒水成本时，要严格按照酒水标准进行，以利于加强成本核算。基本计算方法如下：

酒水成本＝配方中该酒水用量×实际销售量

②酒水成本控制，可从原材料、设备、员工、销售等环节来进行。

酒吧原材料主要指各种酒水和其他辅料、配料，它们的成本在酒水部成本中占的比例最大。酒水控制的主要原则是：价格合理、品种合适、质量合格、口味合意。酒吧使用的原材料包括酒水原材料、鸡尾酒装饰物、吸管等，管理者对这些都要严格控制。

设备，从简。

对员工的控制主要体现在两个方面：首先，要根据工作岗位确定需要什么样的员工，并根据工作的长期发展和员工的素质确定如何培训员工技能。其次，对员工行为进行控制。

做好销售环节的成本控制，首先需要制定合理的价格，既要使企业盈利，又要让消费者满意。要做好销售环节的成本控制，最主要的是控制好酒水的销售收入，使用合适的收银机及道德素养高的收银员。

（6）人工成本控制。

①人工成本的概念。人工成本是指一定时期内，餐饮企业在生产经营中使用劳动力而发生的各项成本费用的总和。狭义的人工成本主要包括：基本工资、奖金、补贴、各项社会保险、福利费、员工培训费、劳动保护费、工作餐费、制服费、员工住房费和其他人工成本费等。广义的人工成本还包括企业招聘、解聘的费用等。

②人工成本构成。

工资总额指各餐饮企业在一定时期内，以货币或实物形式直接支付给本企业员工的劳动报酬总额。

社会保险指国家通过一定的方法对职工支付的各项社会保险费用。

福利费指企业在工资以外按照国家规定开支的职工福利费用。

员工培训费指餐饮企业为员工学习先进技术和提高文化水平而支付的费用。

劳动保护费指餐饮企业购买员工实际使用的劳动保护用品的费用。

员工住房费指餐饮企业为改善员工居住条件而支付的费用。

其他人工成本费用。

③影响人工成本的因素。

一是作业的复杂程度。如果餐厅购买现成的、制作好的并预先分好份额的原料，只需要极少的制作时间，只需要在销售前加热即可，那么就只需要较少的职工，也不需要什么厨师。如果所有购进的原料都需要进行复杂的粗加工，包括宰杀、切割、洗涤和切配，那么就需要较多的职工，还需要较高水平的厨师，需要专业的采购人员、验收人员，同时还增加了对管理人员的要求。企业若要减少人员的设置，可以减少加工环节和加工程度，多使用已加工的半成品。

二是服务的类型。服务程度低的，如自助餐、快餐，需要较少的服务人员，对服务技术的要求也较低。反之，服务程度高的、服务程序复杂的就餐服务，如桌餐服务、宴会派菜服务，就需要较多的服务人员，同时对服务人员的技能要求也较高。因此开发自助服务的产品可使企业减少人员的编制。

三是销售品种。菜单品种较少的餐厅，只需要较少的烹调和服务人员，而且节省原料的采购和保管人员。反之，就需要较多的人员。

四是设备。在厨房中使用现代化的加工

机械代替传统的人工操作，能节省时间，减少人力成本。例如，使用洗碗机、削皮机、切片机、锯骨机等可以减少员工数量，同时提高工作效率。

五是客流量和生产规模。由于餐饮企业产品的生产和销售几乎是同时进行的，产品的生产数量与当时客流量的大小直接相关。因而人员配备要与不同时段的销售数量相称。餐饮企业在配备职工人数和安排班次时必须预计不同时段的客流量，找出客流规律，合理地安排班次和员工人数。

六是科学的操作规范和培训。对每一项服务或操作制定科学的操作程序，并通过培训使员工熟练实施，将会帮助员工提高工作效率，减少工作差错也可以达到“少用工、多出活”的效果。

④合理的员工配备。

第一，测算业务需求。需要多少员工与营业量有关，因而在进行员工配备时，必须对营业量进行分析。根据每日就餐人数和菜品销售量资料，能较准确地估计每日的营业量。这样我们就能根据对各日营业量的预测来配备员工数。

表 5－3－2　某餐厅连续五周午餐就餐人次统计表

日期	星期一	星期二	星期三	星期四	星期五	星期六	星期日
第一周	81	124	108	129	158	175	159
第二周	75	90	125	137	140	190	179
第三周	92	119	130	108	128	219	192
第四周	85	105	108	114	170	168	161
第五周	95	145	113	110	139	149	142
中位数	85	119	113	114	140	175	161

表 5－3－3　某餐厅连续五周晚餐就餐人次统计表

日期	星期一	星期二	星期三	星期四	星期五	星期六	星期日
第一周	114	143	128	159	198	205	169
第二周	90	128	138	167	180	250	199
第三周	112	157	150	148	178	239	200
第四周	105	114	108	150	190	200	175
第五周	145	120	130	110	149	189	142
中位数	112	128	130	150	180	205	175

在表 5－3－2 中，最后一行的中位数是取连续五个星期同一天就餐人数的数值大小位居中间的数，所以星期一的中位数为 85，星期二为 119，以此类推。由于就某一天来看，就餐人数的多少会受一些意外因素的影响，所以必须尽可能搜集比较多的资料，这里统计了连续五周的资料，对搜集来的资料，每周的同一天，也会因为各种因素的影响而各不相同，有高有低。为了取得比较有代表性的数字，我们可以采用取它们的中位数的方法，由于中位数是位居该组数据的中间值，所以相对来说有比较好的代表性。同样用中位数的方法估计出晚餐的营业量，以便于员工数量的安排。

第二，确定工作定额。员工人数的安排除了与营业量有关外，还与工作定额有关。工作定额是指在一定时间内每个员工提供服务或生产产品的数量。工作定额通常以供餐的时数作时间单位，也有的以小时或每班的工作时数作时间单位。例如，每餐服务数、每小时服务数、每天服务数等。服务数量一般以客人服务数、菜品服务数、营业收入金额等来表示。如果以客人数作工作定额不太合适，也可以用每位服务人员每天的营业额作为工作定额。如酒吧服务人员的工作定额为 2 000 元/每天。

表 5-3-4 某餐厅员工每餐服务的客人数

餐次	服务人员	厨师	洗碗
早餐	30～40 客人/每餐	50～60 客人/每餐	100～120 客人/每餐
午、晚餐	25～30 客人/每餐	30～40 客人/每餐	80～90 客人/每餐

第三，工作安排和人员需求测算。根据上述的工作定额可以决定餐厅的员工配备数。如根据表 5-3-2、表 5-3-3 和表 5-3-4 的资料，可以进行红星餐厅的员工配备，考虑每餐需要多少员工。

需要的员工数＝就餐人数/工作定额

如星期一午餐所需要的员工数＝85/30≈3(人)，以此类推，如表 5-3-5 所示。

表 5-3-5 某餐厅员工配备情况

工种	人数	日期 预计就餐人数 餐次	一	二	三	四	五	六	日
		午餐	80	119	113	114	140	175	161
		晚餐	112	128	130	150	180	205	175
服务员	25～30	午餐	3	4	4	4	5	6	6
		晚餐	4	5	5	5	6	7	6
洗碗工	80～90	午餐	1	2	2	2	2	2	2
		晚餐	2	2	2	2	2	3	2
厨师	30～40	午餐	3	3	3	3	4	5	4
		晚餐	3	4	4	5	5	6	5

针对餐饮业每日营业的高峰和清淡时段客源变化大、供餐时间不连贯的特点，为节省人工往往可采取以下措施：

第一，可以利用分班制。安排员工在上午工作几个小时，下午工作几个小时，在餐厅不营业或营业清淡的时间可以不安排或少安排员工上班。但是每天最多分两班。

第二，可以利用临时工。餐厅中有许多工作属非技术或半技术工种，可以雇用临时工。这样可以减少人力成本，但也要注意为保证服务和产品质量，必须以正式工为主，即使雇用临时工，也最好保持相对稳定的雇佣关系。这样可以保证人员来源和服务质量的稳定性。

第三，配备固定员工，如管理人员、采购员、库房管理员、收银员、勤杂员等。

第四，工资预算。当员工数量确定之后，便可以按员工数量和工资标准进行工资预算，如表 5-3-6 所示。工资预算一旦制定，就应该用预算来控制工资费用的实际发生额，以使工资费用控制在合理的水平。所谓合理的水平就是能保证正常经营的最节省的费用水平。

表 5-3-6 某餐厅员工工资预算

工种	人数	工资标准	总额
厨师	6	5 000	30 000
服务人员	7	800	5 600
洗碗工	2	500	1 000
洗碗工(临时工)	1	420	420

续表

工种	人数	工资标准	总额
收银员	2	850	1 700
经理	1	6 000	6 000
财务	2	1 800	3 600
采购员	2	1 500	1 500
库房管理员	1	1 200	1 200
勤杂工	1	500	500
合计	25		51 520

(7) 其他成本控制。

①低值易耗品的成本控制。低值易耗品成本的日常控制主要通过将实际消耗与期初预算相比较,分析差异,提出改进措施来进行。

合理损耗=当期营业收入×合理损耗率

减少餐具损耗的措施:明确管理职责,加大管理力度;建立健全餐具的采购申请、存储和领用制度;加强餐具定期盘存检查,每日登记使用、盘存、损耗情况;加强对贵重餐具的管理,由专门人员每日盘点,统计损失,专人洗涤保管;加强员工培训,强化损耗控制意识;加强餐具的洗涤管理,正确使用洗涤设备,降低餐具在洗涤中的损耗;加强财务控制力度,每季度财务部门制作餐具损耗分析表,对各餐厅损耗的数量、品种进行分析,并将分析报告送至各部门。

②水、电、燃料费用控制。具体核算某一餐饮产品消耗的燃料费用时,以该产品材料成本乘以确定后的成本燃料率,即为该餐饮产品消耗的燃料费用。

成本燃料率=一定时期烹饪燃料费用/一定时期原材料成本总额×100%

某产品燃料费用=某产品原材料成本×成本燃料率

更多的时候企业在进行燃料费用预算时,往往是结合上一年度的燃料费用情况,预测其在本年度的增减变动,对上一年度的燃料费用加以调整来计算本年度燃料费用数额,或者按照营业收入的一定比例计提,计算本年度燃料费用数额。实际发生的燃料费用就可以用燃料的实际消耗量乘以燃料价格来计算,并需要将实际发生的燃料费用随时和燃料费用的预算进行比较,加以控制。

燃料费用=燃料的进货价格×燃料耗用量

水、电、燃料费用的日常管理如下:

水的控制包括:第一,根据操作的需要,各部门安装不同类型的水龙头;第二,控制冲水量及冲水时间,随时关紧水龙头;第三,洗涤食品原材料的时候要讲究方法,先浸泡,再冲洗;第四,每日要检查水管是否有漏水现象,水龙头是否有关不紧现象。

电的控制包括:第一,厨房的照明可分为两组,非营业时间可以只开一组;第二,根据经营量的多少决定开鼓风和排气设备的时间;第三,各种电力加工设备使用完后要及时关闭开关,避免无效工作,浪费电量;第四,定期检查空调设备的冷凝器、蒸发器,请专业人士清洁上面的污垢,保证空调设备正常运行,减少耗电量。

燃料的控制包括:第一,根据食品原材料的性质选择加热的方式,控制火力的大小及用火的时间,能在一起加热的不分开处理;第二,根据经营量的多少决定开炉的数量;第三,加热完成应及时关火。

总之,以预算为标准,实施控制。

③固定资产维修费用。

固定资产维修费用的预算额可按照营业收入的一定比例来测算,即按照维修费用率(维修费用占营业收入的比例)来测算。

维修费用=营业收入×维修费用率

固定资产维修费用的控制包括日常控制、固定资产的维修控制、固定资产的预防性维护控制。

在固定资产维修费用的日常控制过程中，要提高使用部门员工的主人翁意识，严格遵守操作规程，精心维护设备，降低设备设施的损耗；加强使用人员的技术培训，降低因操作不当造成的损耗；对固定资产实行计时、合理、有效的保养，使其处于最佳的运行状态。

当发生设备故障时，由使用部门填送报修单，通过填写这张报修单，一方面可以控制维修的及时性和质量；另一方面可以作为登记和核算维修费用的原始凭证。

对于一些重要的设施设备，要进行预防性维护，以免一旦发生故障，给生产经营带来损害。

④固定资产折旧费用控制。固定资产折旧是指固定资产在使用过程中因为逐渐磨损而导致其价值逐渐减少，其货币表现就是折旧。固定资产需要按月计提折旧，计入当期损益。

固定资产的折旧分为应计提折旧和不计提折旧。

固定资产应计提折旧包括：第一，房屋及建筑物；第二，在用的机器设备、交通工具等；第三，季节性停用、修理停用的设备；第四，以融资租赁方式租入的设备；第五，以经营租赁方式租出的设备。

固定资产不计提折旧包括：第一，房屋及建筑物未使用、不需用的机器设备；第二，已提足折旧继续使用的固定资产；第三，未提足折旧提前报废的固定资产；第四，以融资租赁方式租出的设备；第五，以经营租赁方式租入的设备；第六，国家规定不计提折旧的其他固定资产。

折旧的主要影响因素包括：

一是固定资产的原值，是指购建或取得固定资产时所发生的全部支出，又被称为原始价值，原值是确定固定资产折旧额的基础。

二是固定资产的预计净残值，是指固定资产报废时所取得的残值收入减去清理费用后的余额。财务制度规定固定资产的净残值率按原值的3%～5%确定。

三是固定资产预计使用年限，是指在正常情况下，固定资产可以使用的时间。

企业应当根据固定资产的性质和使用情况，合理确定固定资产的使用年限和预计净残值。固定资产的年限、预计净残值一经确定，不得随意变更。

折旧费用的核算。折旧的基本计算公式如下：固定资产折旧额＝计提基础×折旧率。

表5-3-7　固定资产折旧的计算方法

分类	方法	介绍	特点	计提基础	折旧率
直线折旧法	使用年限法	将固定资产的应计提折旧额均匀分摊到固定资产的预计使用寿命内	每年折旧额相同	原值	$\frac{1-净残值率}{预计使用年限}$
	工作量法	根据实际工作量计算每期应计提折旧额的一种方法	与实际工作量的多少	实际工作量	$\frac{1-净残值率}{工作量}$

续表

分类	方法	介绍	特点	计提基础	折旧率
加速折旧法	双倍余额递减法	不考虑净残值，根据每期期初账面余额和双倍的直线折旧率计算折旧。只有最后两年按照直线折旧法计提折旧	折旧额逐年降低，最后两年相等	账面净值＝原值－累计折旧	$\frac{2}{预计使用年限}$
	年数总和法	以应计提折旧总额乘以逐年递减的折旧率计算折旧	折旧额逐年降低	应计折旧额＝原值－净残值	$\frac{尚可使用年限}{年数总和}$

①净残值率＝原值/预计净残值。

②工作量通常是指机器设备能工作的机器小时、交通运输工具的总运行里程。

③双倍余额递减法在最后两年计提折旧时要考虑预计净残值，因此，最后两年每年的折旧额＝(期初账面价值－预计净残值)/2。

④尚可使用年限＝预计使用年限－已使用年限。

年数总和＝[预计使用年限×(预计使用年限＋1)]/2

固定资产折旧费的控制：

a. 正确确定应计提固定资产折旧的范围和价值，这是企业计算折旧的前提。新增的固定资产自投入使用的次月起开始计提折旧，减少的固定资产自次月起停止计提折旧；

b. 合理估计固定资产的使用年限和净残值。

固定资产计算折旧的最低年限如下：

房屋、建筑物为 20 年

飞机、火车、轮船、机器、机械和其他生产设备为 10 年

与生产经营活动有关的器皿、工具、家具等为 5 年

飞机、火车、轮船以外的运输工具为 4 年

电子设备为 3 年

财务制度规定固定资产的净残值率一般按原值的 3％～5％计算。

选择适合的折旧计算方法。中国的财经制度规定企业固定资产的折旧方法一般采用平均年限法，交通运输工具可以采用工作量。财政部的部分设备，可以采用余额递减法和年数总和法这样的加速折旧法。

采用合适的折旧率计算折旧。固定资产折旧率可以分为个别折旧率、分类折旧率和综合折旧率三种。

【任务反馈】

如何灵活运用相关知识控制餐饮企业的成本？

释疑：首先，要熟练掌握餐饮企业的成本构成、成本控制的知识。其次，要懂得餐饮企业的日常经营消耗主要集中在菜品的原材料上，因此，要对涉及原材料的任何一个环节进行成本控制，这就需要在采购、出入库、菜品制作等成本核算方面具有非常严格的流程和制度。

◆项目评价

【知识/技能评价】

①餐饮消费者购买决策行为如何?

②如何确定餐饮企业竞争者?

③餐饮企业竞争者的竞争策略是什么?

④作为餐饮企业,如何确定竞争对象?

⑤餐饮企业的运营状况可以从哪几个方面来分析?

【实训演练】

分小组进行情境模拟演练:每个小组4～5人,选取一家中型餐饮企业,对该企业的运营状况进行调查并撰写调查报告。

【项目链接】

餐饮企业的经营分析可以参考如下进程:(1)对消费者进行分析,包括分析消费者特征、影响消费者选择的因素、消费者的购买决策过程;(2)对竞争者进行分析,包括竞争者的类型、竞争者的策略、评估竞争者的优劣势;(3)对餐饮企业内部运营状况进行分析,包括菜品的分析与设计、服务质量的分析与管理、环境氛围的分析与营造、财务项目的分析与控制。

为了增加学生对餐饮企业运营管理等知识的理解,建议学生阅览《餐饮服务与管理》《餐饮企业成本分析与控制》等书籍,并可关注“中国餐饮行业协会”或各省餐饮行业协会网页动态,了解更多餐饮行业的发展动态。

×××集团新菜品发布会策划方案

选定主题:传承与创新

为坚持初衷理念,发扬川菜文化,6月21日,×××集团在华贸店举行题为“传承与创新”的新闻发布会。餐饮企业传承是前提,发展是要求,应该在传承厨艺的基础上发展新菜品,在发展的过程中继承,创新是对以往继承的终结者,又是未来创新的启蒙家。

时间选择:四季之初

在确定新品上市发布会的时间之前,应明确一点:新品上市的最佳时机。首先要避开节假日,因为这是餐饮企业最忙的时候;还要避开本地的重大活动、餐饮旺季,更要避开与新闻界的宣传报道重点相左或撞车,时时搜索网络信息。恰当的时机选择是餐饮企业新品发布会取得成功的保障,一般来说是每个季节交替的时候,一年办四次发布会,即春季新品发布、夏季新品发布、秋季新品发布和冬季新品发布。

发布会流程上的时间,通常为上午10点或下午3点,持续1～2小时之间,包括迎宾签到、分发资料、主持人开场、领导讲话、新品介绍、会后品尝等。许多餐饮企业都有自己的季节菜单,每次推出新菜品,都会邀请媒体参加。

策划出彩:菜品展台

新闻发布会现场,有一个长约5米、宽约1.5米的大型展台,中间摆放×××品牌的脸谱标志,各种创意菜品摆放得错落有致,充分把川菜的一菜一格、百菜百味的特点体现出来,让在场的每一位了解到川菜不止有麻有辣,还有甜、咸、酸,可浓郁、可清鲜,用料广博、味道多样。

在展出展台的同时,主持人要介绍的厨师团队,他们不拘于传统的做法,研究当代人的饮食习惯及喜好,把经典川菜加以改良优化,定期推出新颖、健康、营养的菜品,如本期推出的糖做极品毛血旺、水煮澳龙、江南过桥排骨、鲜青椒水煮巴沙鱼等,都是既保留川菜的经典口味,又加以改良创新的菜肴,经久不衰。并且×××集团每半年会更新一次菜单,同时还会推出时令菜品。例如战斧牛排是采用精心挑选的带骨牛肋，经过腌制、卤、蒸、煎等程序制作而成，香味四溢，配上时令鲜果，香而不腻；金蓝汁鱼籽酱配龙虾螯是精选富含丰富蛋白质的优质加拿大龙虾螯，配上精心调制的清香口味的金蓝汁，再配以沙律酱拌的鲜鱼籽；迷你冬瓜盅炖龙虾尾是选用上等龙虾尾、瑶柱，加入炖汤烹制而成，冬瓜清香味浓，龙虾尾肉质细嫩，适合夏季食用，清热解暑。

展台的展示区可以供众多媒体拍照，随后会在二楼的就餐区，让与会者品尝发布的新品，这样就可以让人从感观到味觉充分了解最新菜品。

借力用力：推荐电商

在新品发布会现场，一定会讨论到当下的餐饮形式，首先，集团董事长张×对中国餐饮企业作分析，发表自己的看法，提出为适应市场发展，各大餐饮同行纷纷寻求业务转型及新的品牌定位；其次，销售部总监发布餐饮企业如何通过电商做营销活动。

作为多年来一直遵循的商务正餐的经营理念，时尚的环境、经典的口味、创新的出品、集团采购、标准化管理成为核心的竞争力，这些正是×××集团持续发展的原因，也正是这些使得×××餐厅遍布16个省份、23个城市，拥有近70家直营店。营销总监发言说："为迎合市场的发展，我们率先引入电子商务的服务方式，采用O2O的营销模式，即'线上到线下'，其商业核心就是把线上的消费者带到现实的商店中去，在线支付购买线下的商品和服务，再到线下去享受服务。"该营销模式在使服务更便捷优质的同时，又能使客户获得更多的增值服务。与此同时，APP客户端实现了支付业务，并结合官方微信、微博的运营，带动大量的信息转化为消费。×××集团还推出了外卖外烩、私人聚会及团膳业务，能使公司业务更多地辐射商圈，增加消费者的沟通与粘合度。此外，集团将逐步实现后厨工业化进程：实现食品配送标准化，增加冷链食品的生产，发挥中央集采的优势，以此来抵抗餐饮市场人工、食材等成本的上涨，增强食品安全的可控性，让消费者享受到放心、安全、绿色的食品。

在随后的座谈访问中，集团总裁安×又就菜品的研发回答了记者的提问。通过新品发布会餐饮企业可以将最新的企业动态、最新的菜品、最新的营销活动通过媒体发布出去，起到借力用力的效果。

项目六　餐饮发展趋势

◆项目目标

【行业要求】

面对员工的高流失率，作为餐饮企业，它们更需要那些热爱餐饮业、忠于餐饮业，并励志将餐饮工作作为自己一生追求的事业的员工。

【学习目标】

本项目讲述两个任务，包括餐饮企业员工的职业发展路径、餐饮企业未来发展趋势。其中需要重点掌握的知识是：餐饮企业员工职业路径类型、餐饮企业员工职业发展规划内容、餐饮企业未来发展的趋势等。

◆项目任务

员工流失是餐饮业面临的棘手问题。餐饮工作具有时间长、强度大、重复性等特点，若企业缺乏对员工的职业规划，员工对未来感知渺茫，便会失去工作动力。因此，不论从企业角度，还是从员工角度，学习员工职业发展的相关知识非常重要。此项目主要论述了餐饮企业员工职业发展路径及变迁的概念、几种职业发展路径、餐饮企业员工的职业发展路径、餐饮企业员工职业路径影响因素、餐饮企业员工职业路径规划等知识。

任务一　餐饮企业员工职业发展路径及变迁

【任务目标】

①你要了解餐饮企业员工职业发展路径及其变迁的概念；②你要理解几种职业发展路径；③你要掌握餐饮企业员工的职业发展路径；④你要了解影响餐饮企业员工职业路径的因素；⑤你要掌握职业路径规划的方法。

【案例聚焦】

《中国旅游报》曾刊登了一篇题为《用什么留住你，年轻的饭店从业者》的文章，这个话题很好。饭店业属于人力和知识密集型的服务产业。人力、人才是饭店业最大、最主要的资本。留住人才对饭店在激烈竞争的市场中更好地生存和发展显得格外重要。

而如今饭店业的现状是人员流动性大、人才流失严重。饭店没有重视员工职业生涯规划是其中一个重要的原因。

员工职业生涯规划是在发达国家兴起的一种新兴人力资源管理技术，在人才竞争日益激烈的今天，已有越来越多的企业把员工职业生涯规划作为人力资源管理的重要战略组成部分。通过对员工职业生涯的管理，企业能达到自身人力资源需求与员工职业生涯需求之间的平衡，创造一个高效率的工作环境和引人、育人、留人的氛围。但在当下，我们的饭店行业在这方面却存在着颇多的问题。

一是许多饭店没有员工职业生涯规划，有相当一部分饭店的经营管理人员根本没有意识到员工职业生涯规划的重要性。他们的经营思维还停留在驱动自己的员工为企业谋取利益的最大化、压缩员工应得利益或者顾客比员工更重要的层面上。这一类的饭店，优秀员工流失最严重。

二是员工职业生涯规划只是一个口号。实际上，如今许多饭店的员工职业生涯规划最多只是一个规划的思路，并没有根植于本饭店的具体管理工作，员工的激励体系也没有与之相配套。许多饭店仍习惯于将其所谓的员工职业生涯规划在招收新员工时进行夸大宣传和承诺，对于其具体的实施却没有实质性的内容，导致许多员工工作一段时间以后感觉没有希望而最终选择另谋高就。

三是员工职业生涯规划没有做到员工需求与企业需求的有机结合。许多饭店的员工职业生涯规划是企业自行制定的，没有做到与员工的很好沟通，不能真正体现员工作为个体的职业发展的要求。如此一来就形成了一种类似于两张皮的状态，不能达到预期的目的。

思考：什么是职业生涯规划？如何进行规划？

【任务执行】

①学习形式	分小组进行
②获取资料	通过访谈的方式，获得某餐饮企业员工的职业发展情况，总结出员工的职业变化情况及一般规律、影响员工对职位或职业选择的因素；通过查找资料或访谈的方式，总结餐饮企业员工的职业发展规划方案
③成果展示	各小组汇报成果，在课堂上展示
④学会总结	提交工作记录单和案例分析报告

一、认知职业发展路径的概念及类型

（一）职业路径的概念

职业路径是一个人一系列工作经历所形成的轨迹，是关于时间的函数。对每一个时间段上的一系列职业位置的连续性考察，可以反映出相关工作经历的过程或结果。职位的数量构成职业路径长度（career length），职位的变化构成了职业路径方向，体现为职业变迁（career mobility），包括职位变迁、部门变迁、职业变迁等。

（二）关于职业发展路径的几种说法

第一种，在职业发展路径的相关理论中，较为完整而且影响较大的是施恩的三维职业发展路径模型。施恩指出，个人在特定组织内职位变动的三种流动方式（如图 6－1－1 所示），包括纵向流动，即组织中个人职位等级的升迁（从 A—B 或 C—D 的职位变迁）；横向流动，即个人在组织中的职务沿着职能部门同一等级进行变迁（从 A—C 或者 B—D 的职位变迁）；核心地位流动，即个人从组织外围逐步向组织的“权利”内核变动（从 A—O 或 C—O 的职位变迁）。该模型描绘了个人在组织中的三种发展路线：随着组织职务阶梯向上爬，在组织内部不同功能部门之间轮换，以及向组织权利核心靠拢（如图 6－1－1 中箭头所示）。

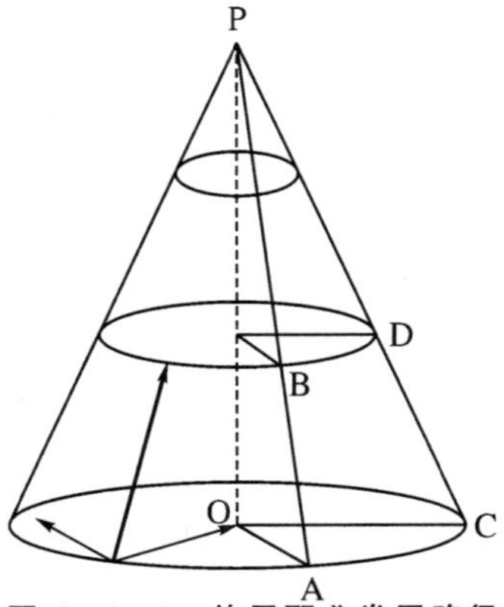

图 6－1－1　施恩职业发展路径

第二种，吴贵明总结了直线型、螺旋型、跳跃型和双重型四种职业发展路径。(1) 直线型发展路径。一生从事单一的职业，追求垂直向上的职位晋升。(2) 螺旋型发展路径。一生从事两种或两种以上职业，在不同职业甚至不同行业中寻求发展，培养灵活的就业能力，使职业道路四通八达。(3) 跳跃型发展路径。通过越级晋升实现在职务等级或职称等级上的发展，它需要特殊的机遇或个人特别的努力，并非普遍适用的路径。(4) 双重型发展路径。组织中设置两个可以相互跨越的职业发展通道，即管理型和技术型职业发展通道，员工可自行决定其职业发展的方向，大多为专业技术人员。

第三种，相关人士认为，职业发展路径还包括：(1) 单阶梯模式。在“走技术道路”和“走管理道路”中做出单一选择。(2) 双阶梯模式。在技术道路和管理道路上同时得到发展。(3) 多阶梯模式。在双阶梯模式基础上进一步细化，如“三通道”分法。

其中，吴贵明的四类职业发展路径立足于个人职位和职业转换，描述职业发展路径形态，而施恩的三维职业发展路径立足于组织，关注职业发展和变迁的方向与趋势。

二、认知餐饮企业员工职业发展路径种类及影响因素

(一) 餐饮企业员工职业发展路径

蔡丽伟根据酒店实际，绘制出酒店职业发展流动模式，如图 6-1-2 所示。

职业发展流动模式实际上就是职业发展路径。其中，纵向流动模式是指组织中个人工作等级职位的升降。其变动可用上、下升降的圆锥体来描述。纵向上的流动意味着职位等级的升高，同时也向组织核心靠

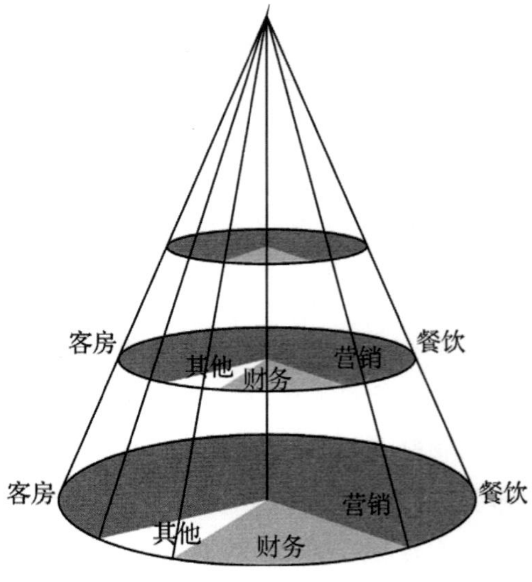

图 6-1-2　餐饮企业员工职业发展路径示意图

拢。横向流动模式是指组织中的个人沿着职能部门或技术部门的同一等级发展变动。它表现为围绕圆锥体周围，从一个职能或技术部门向另一个职能或技术部门变动。核心地位流动模式指的是由组织外围逐步向组织的内圈方向变动。表现为从圆锥体外围向圆锥体中心变动。职业发展中后期的餐饮员工可采用这一模式进行职业发展。在实践中，这三种职位变动模式可以单独发生，也可以进行有机组合。如纵向流动与横向流动相结合的职位变动模式，用于培养酒店继任管理人员。

总经理职业发展路径。对总经理职业发展路径的研究结果表明：总经理大部分时间在同一家酒店中度过。同时将近 75% 的总经理来自餐饮部、前台和客房等三个操作部门，近一半(44.5%)的总经理来自餐饮部。女性管理者通常比较年轻，年长女性的职业发展受到限制。女性管理者的职业发展路径较为单一，大部分在前厅、客房、餐饮部任职，而安保部、工程部和厨师等岗位几乎没有，存在性别隔离，担任总经理和副总

经理的比例却较低，“玻璃天花板”现象比较突出。

（二）餐饮企业员工职业发展路径的影响因素

餐饮员工的职业发展受到社会因素、组织因素、个人因素以及家庭因素等多方面因素的影响。

1. 社会因素

（1）劳动力市场。国家制定相关政策鼓励人才的流动，在客观上加快了餐饮劳动力的供给，餐饮业从业人员在市场利益的驱动下，有可能向其他条件更好的行业转移，可能影响到餐饮员工的职业发展。这为人员的流动提供了有利条件。

（2）社会价值观念。餐饮业属服务性行业，在传统观念中，从事餐饮工作常被认为是“伺候人”“吃青春饭”，低人一等，被人瞧不起，其员工对餐饮工作也缺乏职业自豪感。餐饮业还被认为是一个必须经历“二次就业”的行业，在这样的环境下，餐饮员工的长期发展多少会受到影响。

2. 组织因素

（1）工作特点。餐饮行业很早就被这样描述：工作强度大，工作时间不固定，节假日仍需要工作，工资报酬很低。餐饮作为对客提供综合性服务的场所，工作要求高。同时重复的工作使得餐饮员工尤其是一线员工服务工作单调而枯燥，容易离职。

（2）工作压力。情绪劳动是餐饮员工工作压力的主要来源，长时间的情绪不协调会导致一系列失调症状，如低自尊、抑郁、对工作玩忽职守和疏远，严重的产生职业倦怠甚至职业枯竭。餐饮服务除了体力劳动与脑力劳动之外，员工还需要付出大量的情绪劳动，如“微笑服务”。同时，“容忍和委屈”是餐饮服务工作的要求。餐饮客人比较敏感和挑剔，员工随时可能受到客人的抱怨和指责。压抑和伪装的情绪给餐饮企业员工带来较大压力。

（3）管理机制。薪酬水平的高低和薪酬结构的合理性与否、与绩效的结合松紧度、晋升制度是否公平合理、有无培训机会等，将影响雇员的工作热情和组织忠诚度，进而影响组织承诺。

3. 个人因素

（1）人口统计因素。年龄、学历及受教育程度、婚姻状况、工作年限等对职业发展水平都有影响，不同年龄段、不同学历水平、不同工作年限对职业的期待和规划是有区别的。

（2）性格与能力。性格、兴趣、能力水平，如学习、掌握知识的能力，对职业选择和发展有重要影响。很多学者对职业选择与性格、气质和兴趣进行过研究，最著名的是霍兰德（Holland）的职业性向论（如表 6－1－1）。此外，能力和经验是保证职业生涯成功的重要因素。

表 6－1－1　霍兰德职业兴趣测试

职业兴趣	特点
社会型(S)	其基本的倾向是合作、友善、助人、负责任、圆滑、善于社交言谈、善解人意等。他们喜欢社会交往，关心社会问题，具有教育能力和善于与人相处等人际关系方面的能力，适合这一类人的典型的职业有教师、公务员、咨询员、社会工作者等以与人接触为中心的社会服务型的工作

续表

职业兴趣	特点
企业型(E)	其基本的倾向是喜欢冒险、精力充沛、善于社交、自信心强。他们强烈关注目标的追求,喜欢从事为获得利益而操纵、驱动他人的活动。由于具备优秀的主导性和说服人、与人接触的能力,这一类型的人特别适合从事领导工作或企业经营管理工作
常规型(C)	其基本的倾向是顺从、谨慎、保守、实际、稳重、有效率、善于自我控制。他们喜欢从事记录、整理档案资料、操作办公机械、处理数据资料等有系统、有条理的活动,具备文书、算术等能力,适合他们从事的典型职业包括事务员、会计师、银行职员等
现实型(R)	喜欢以物、机械、动物、工作等为对象,从事有规则的、明确的、有序的、系统的活动。因此,这类人偏好的是以机械和物为对象的技能性和技术性职业。为了胜任工作,他们需要具备与机械、电气技术等有关的能力。他们的性格往往是顺应、具体、朴实的,社交能力则比较缺乏
研究型(I)	喜欢根据观察而对物理的、生物的、文化的现象进行抽象的、创造性的研究活动。因此,这类人偏好的是智力的、抽象的、分析的、独立的、带有研究性质的职业活动,诸如科学家、医生、工程师等
艺术型(A)	具有想象、冲动、直觉、无秩序、情绪化、理想化、有创意、不重实际等特点,他们喜欢艺术性的职业环境,也具备语言、美术、音乐、演艺等方面的艺术能力,擅长以形态和语言来创作艺术作品,而对事务性的工作则难以胜任。文学创作、音乐、美术、演艺等职业特别适合他们

(3) 职业价值观和抱负。职业价值观是在个人对职业探索的基础上形成的职业价值判断的标准,以及在职业方面所要取得的成就。个人的职业价值观和职业抱负对职业发展的作用明显。个人的职业能力与学历、职业经历、个性等密切相关,职业抱负、职业投入度、职业发展培训会促进职业能力提高,进而推动职业发展目标的实现,提高职业满意度。个人在职业发展过程中的能动性发挥重要的作用。

4. 家庭因素

来自家庭方面的因素会影响个人的职业价值观和职业发展过程,主要表现为工作—家庭冲突、社会刻板印象等,对女性职员尤其明显。随着工作方式以及人们的职业价值观发生了较大变化,工作和家庭之间相互冲突的影响越来越大。工作—家庭冲突表现为:基于时间的工作—家庭冲突、基于精神压力的工作—家庭冲突和基于行为的工作—家庭冲突。传统上,男性的主要职责是工作和事业,工作的直接目标是使家庭经济生活得到改善。女性的主要职责则是家庭事务,包括收拾家务、照顾老人、生儿育女等。职业女性在工作家庭平衡方面压力更大,追求职业成功更加艰难。

三、制定餐饮企业员工职业发展规划

(一) 职业发展规划的定义

职业发展就是员工能有逻辑性地从一个岗位转移到另一个更高、更复杂、对其更有吸引力的工作岗位上去。职业生涯管理包括两种类型:一种是由组织主动实施的职业生涯管理;另一种是由个人主动进行的职业生涯管理。有效的职业生涯管理应以组织职业生涯来推动个人职业生涯的实现,同时个人职业生涯要与组织发展相融合。

餐饮企业员工职业生涯规划是指餐饮企业对所属员工个人的职业生涯进行设计、规划、执行、评估、反馈和修正的一个整体性、全面性的链条。同时，也是餐饮企业提供的用于激发员工的工作热情度和忠诚度，对餐饮行业产生归属感的行为过程。

（二）职业发展规划的原则

1. 开放的心态

在员工职业发展目标设计的过程中，企业与员工个人本着开放的心态，在互动交流中共同设计切合实际的职业发展目标。员工应从自我诊断、评价、分析入手，进而由所在部门依据其工作效率、表现、绩效及优缺点共同制订初步的设计草案，再由人力资源部门进一步分析和评价。人力资源部在综合各方面的意见和征询本人意见的前提下，形成阶段性的员工职业发展规划设计。由于需要三方共同协作完成，同时信息的准确性和完备性是有效人才培养的重要基础，因此，坦诚和开放的态度尤为重要。

2. 管理的动态性

公司外部生存环境及内部组织环境的不断变化，以及员工自身的变化都促使员工职业发展规划需要不断地滚动修订。具体地说，从公司层面来看，面临的环境及对人力资源的要求并非一成不变，公司适应外部环境的变化对员工阶段性的职业发展目标设定有影响；从员工层面来看，由于每个人的学习能力及适应能力存在差异，在不同的职业发展阶段，伴随着岗位和层次的变化、自身素质的改善和提升，在定期与不定期的跟踪和指导中，都需要对预先制定的员工职业发展目标进行修订。

3. 培养的针对性和多元化

结合员工的职业发展目标，企业与员工个人共同制订有计划的培养方案，包括教育培训计划及自我学习成长计划。培养方式可考虑培训、轮岗、工作丰富化等多种形式。

4. 晋升与调动的有机结合

员工在实现职业发展目标的过程中，能力是晋升的重要依据，对能力的界定和衡量，以及对员工潜力的评价是员工职业发展中的重要一环。

（三）职业发展规划的内容

1. 测评员工素质，指导个人职业生涯规划

企业应在员工入职之初，运用一系列筛选、评价员工的工具和技术，对员工的素质加以测评。测评的主要内容包括：智力测评、个性测评、职业兴趣测验、管理能力测评、气质测验、一般能力倾向测验、领导类型测评等。企业通过测评让员工了解到自己的能力与潜力，确定发展方向，正确地进行职业定位。企业也应根据员工的能力与职业特点并结合企业的总体发展计划指导其制定自身的职业生涯目标与规划。

2. 制定酒店职业生涯管理手册，辅以内部招聘

酒店的职业生涯管理手册用来向员工提供各种与职业相关的信息，包括：企业发展战略、价值观与行为标准；职业发展计划内容；各类职务的背景知识与指导信息；不同岗位的定性描述及岗位胜任特征；具体的晋升条件和方式等。酒店如有职位空缺，应在合理适当的情况下考虑内部招聘，为员工的发展晋升提供机会。内部招聘不仅能使酒店更加有效地发现人才和提供职业生涯机遇，也更能激发员工的工作积极性，增加员工对企业的忠诚度与满意度。

3. 将培训作为实现职业生涯管理的重要组成部分

职业生涯导向下的员工培训有别于非生涯导向下的培训，应该做到三方面的转变：一是在培训需求分析时既要考虑企业发展需要，也要纳入员工个人的发展；二是培训不仅要考虑企业短期需要，也要把员工和企业的长期发展需要考虑进来；三是培训的需求分析由企业和员工共同制定。具体的培训内容大致可以分为知识培训、技能培训、思维培训、观念培训、心理培训等五个方面。

4. 设计科学的员工职业生涯发展路径

提供发展途径是组织在员工职业生涯发展中所承担的最重要职能。目前，传统的职业发展路径是纵向延伸的，这对餐饮企业来说限制比较大。业务优秀的人员不一定适合管理岗位，完全依据原有岗位工作表现提升员工最终只能导致每个岗位都是由不能胜任的员工所担任。另外，餐饮企业基层员工较多，仅依靠有限的行政晋升无法满足员工的职业生涯目标。因此，餐饮企业应实行双阶梯制度，即平行的管理晋升阶梯和专业技术晋升阶梯。其主要作用是给服务人员提供晋升动力和发展空间，为处于非管理职务的专业人士提供不同的职业晋升路径，既保证有效激励，又能促使其充分发挥特长。餐饮企业可通过设立员工等级制来实现专业技术晋升阶梯，如餐厅和厨房服务人员可按其技能水平与工作质量，分为免检员工、抽检员工、全检员工三个等级，并设置相应的薪酬待遇；对前台和销售员工可按其业绩及服务水平给予不同的折扣权限。等级设置的数量主要考虑该系列员工职业生涯周期和能力成长特点，要同等级晋升可能需要的年限相匹配，同时设置明确的等级能力标准。

5. 构建良好的情感氛围和心理环境

组织在职业生涯管理的过程中，竭力为员工构建良好的情感氛围和心理环境，在员工职业生涯早期，员工稳定性不强，但热情高、可塑性强，因此这一阶段的重点在于引导。组织应协助员工完成对本企业的认知、岗位知识与技能的掌握、组织文化的融合等工作；帮助员工完成科学合理的个人职业生涯规划；提供职业咨询及其他咨询；加强员工的职业认同感，与其建立良好的心理契约，克服现实震动；同时组织为员工提供的初期工作应是具有挑战性的。研究表明，员工初期的工作越具有挑战性，其工作的效率越高，绩效越优异，即“皮格马利翁效应”。在员工的职业生涯中期，组织应致力于帮助员工实现自身的价值，保持员工队伍的稳定性和高效性。如为员工安排培训、提供轮岗或晋升机会、根据企业和个人的发展情况帮助员工调整职业生涯规划等内容，同时应该为员工考虑家庭与工作的平衡协调问题，将家庭因素列入考虑晋升或工作转换的条件中。在员工的职业生涯后期，组织一方面要关注员工的福利待遇及各项现实问题，帮助其进行心理转换和角色转换；另一方面还要抓住老员工的宝贵从业经验这一资源，将他们纳入组织的顾问团、督导团等，发挥特长与优势。

6. 建立完善有效的职业生涯评估体系

职业生涯管理是受众多客观条件和主观因素影响的长期动态过程，因此必须要根据组织、个人及客观环境的变化对职业生涯管理的各个环节及时加以评估、反馈和调整。职业生涯评估体系应该包括成功标准评估、机会评估、过程评估和成效评估。成功标准是整个评估的基点，但是必须遵循全面、客观的原则，从个人、社会、家庭、组织等各个方面予以综合权衡。机会评估增强了职业生涯管理的可行性，过程评估和成效评估有利于及时发现问题和差距，对职业生涯规划和管理作出调整和修正。职业生涯评估通常可以采用绩效考评、专业人员沟通、年度评估与考核等方式。

【任务反馈】

新进员工应该如何去配合酒店进行职业发展规划设计？

释疑：首先，你要了解企业关于员工的职业发展的相关制度；其次，你要能够客观地对自身的知识、能力、兴趣爱好等进行评价；然后，你要做出自己的职业规划；最后，你要将个人的职业规划与企业对你的规划进行调和，将个人目标与企业发展目标结合起来，坚持不懈地努力，在过程中，还要适应市场或企业发展的要求，做好调整职业目标的心理准备。

任务二　掌握餐饮企业发展趋势

【任务目标】

①你要了解中国餐饮业发展中存在的问题；②你要掌握中国餐饮业未来的发展趋势；③你要能够开拓思路、大胆创新，为餐饮业能够更好地发展建言献策。

【案例聚焦】

中国烹饪协会数据分析表明：美国是世界餐饮规模最大的国家，根据美国餐馆协会统计，2013 年—2017 年五年间美国餐饮收入增长率平均约为 3.5%。无论是餐饮行业管理服务水平，还是标准化水平、连锁经营程度和集中化程度，美国餐饮业都处于领先地位。QSR 杂志发布的 2016 年全球快餐休闲餐饮品牌前十位都来自美国，十强销售额总和占到了全美的 15.5%，而前三位的麦当劳、星巴克、赛百味就占 8.2%，在全世界均拥有万家以上连锁门店。

在欧洲，外出就餐是当下最流行的休闲活动之一，这也就促进了当地餐饮业蓬勃发展。欧洲最大的两个餐饮市场是英国和法国，意大利、西班牙等国家也具有重要影响力。

亚洲各国中，日本餐饮行业发展战略根据经济形势和市场变化不断转变调整，餐饮品牌发展模式也由“大而全”演变至“小而精”。日本餐饮市场发达程度位列世界领先水平，其独有的餐饮管理理念拥有绝对优势。根据日本总务省统计局数据显示，2017 年 1—11 月，日本餐饮服务业销售额为 199 647 亿日元，同比增长 0.8%，其中外卖外送占比 11.6%；从业人数 495 万人，同比增长 1.7%。

根据韩国餐饮产业协会数据，2015 年，韩国餐饮产业规模 83 万亿韩元，同比增长 3.8%。2016 年开始，韩国餐饮市场发展呈现小幅下降趋势。韩国非常重视本土餐饮品类和品牌的发展，针对不同人群不同需求推出不同种类菜品，力求顺应消费发展变化趋势。该协会预测 2018 年“一人家庭”仍为重要消费群体，专注于小而精单品的韩餐店、注重消费享受的休闲简餐、在线外卖外送将成为消费新趋势。

相比之下，中国餐饮业规模虽然当前位

列世界第二位，发展潜力和动能都被世人所看好，以现在速度将于2021年赶超美国，但是中国餐饮市场在业态、质量、地域、城乡等方面还存在发展不平衡不充分等问题。

思考：中国餐饮企业发展存在哪些问题？如何解决这些问题？

【任务执行】

①学习形式	分小组进行
②获取资料	通过查阅资料或访谈的方式，总结餐饮企业发展中存在的问题；通过查阅资料、访谈或作比较方式，分析中国餐饮业未来的发展趋势
③成果展示	各小组汇报成果，在课堂上展示
④学会总结	提交工作记录单和案例分析报告

一、了解中国餐饮企业发展存在的问题

（一）餐饮企业的集中度较低，且经营尚不稳定

产业集中度也就是市场集中度，是指市场上的某种行业内少数企业的销售量、生产量、资产总额等方面对这一行业的支配程度，它一般是用此行业若干家企业的某一指标（大多数情况下用销售额指标）占该行业总量的百分比来表示。一个产业的市场集中度如何，表明该产业位居前列的企业对市场支配能力的强弱，是研究产业竞争性和垄断性的一个最常用的指标。而中国餐饮百强的集中度仍然不稳定，餐饮百强企业营业收入占到全国餐饮收入5.6%，百强企业集中度有所降低，内部两极分化日趋集中。数据显示，2018年前30名大型企业营收就占到了百强总营收的75%。而后50名企业营收总和比重持续收窄至13.4%。虽然中国的餐饮企业在表象上显现出增速快、潜力大的特点，但由于很多企业基础较差，整体实力还比较弱小，大多数属于小企业，产业集中度仍然偏低，经营尚不稳定，淘汰率较高。因此，中国餐饮企业今后一段时间的主题依旧是如何做大做强。

（二）人员短缺与人员流动频繁使行业发展面临挑战

近年来，餐饮企业人员短缺与流动频繁一直是企业发展的瓶颈。许多企业成了“培训基地”，不停地培训新员工又不停地流失老员工。人力资源部成为企业最忙碌的部门。同时，原来企业严格的管理制度，因为要“留人”，也不得不大打折扣。北京市餐饮行业协会培训中心（北京市餐饮行业人力资源部）的数据显示，2018年，仅有63%的餐饮管理者会在业内流转。这一数据较往年有明显下滑，这预示着2019年度，不仅基层员工难招，管理岗位也是一将难求。另外，快递、外卖、网约车的崛起，同样都是门槛不高的行业，工作方式更灵活，吸引了大量务工人员。这也让原本就招工难的餐饮业雪上加霜。

（三）行业发展层次多样，餐饮业态不断变迁，管理水平亟须提升

随着餐饮业发展的不断升温，餐饮企业层次多样，小企业开始从生存求发展，中型企业从发展到注重品牌建设，大企业则开始从品牌建设进入投资融资阶段。同时，餐饮业态也在不断变迁，出现了一店多态、业态融合以及美食综合体等多种形式的经营态势。但是，在国内大多数企业都存在管理制度不健

全、流程不规范、家族管理色彩浓厚、不尊重人才等现象，行业管理水平亟须提升。

二、中国餐饮企业发展趋势

当前，中国餐饮行业发展方式正由外延扩张型向内涵集约型转变、由规模速度型向质量效率型转变，逐步在经营管理、品牌塑造、模式创新、技术应用、现代供应链等环节全方位改进。餐饮业供给侧结构性改革以提高供给质量为主攻方向，以提高发展质量和效益为中心。

（一）中高端合理需求走高

大众化餐饮蓬勃发展，而中高端餐饮也逐渐回归理性。随着消费结构不断升级，餐饮消费需求更趋品质化、精细化、体验化，中高端需求再次细分至超高端、高端、中高端、中端，既注重消费场景和菜品精致美感，又能够达到宴请、聚会双重体验的模式开始受欢迎。

（二）短板领域谋求新发展

休闲简餐成为新时期极具发展潜力的业态。而且，作为餐饮业不平衡不充分的发展领域，社区餐饮、老年餐饮、团餐、农村餐饮一直是业内短板。2017 年，团餐率先试水，高铁用餐打破垄断，联合社会餐饮推出互联网订餐服务。虽然团餐、农村餐饮等市场规范化发展还有差距，但具有强劲的发展潜力和市场活力。

（三）不懈探索餐饮智能化

互联网信息技术为餐饮智能化提供了坚实的技术支撑，以精细化科学化管理作为切入点，运用新技术、新科技和新理念帮助餐饮企业摆脱“四高一低”（房租价格高、人工费用高、能源价格高、原材料成本高、利润越来越低）的困境，也为消费者带来了不同的消费体验。最近，口碑、德克士等纷纷推出“无人餐厅”，饭美美推出“自动售饭机”，不断开创智能餐饮新零售时代。

【任务反馈】

你认为应该如何解决中国餐饮企业发展中的问题？

释疑：目前，中国餐饮业主要面临三大问题：一是规模小、产业集中化程度低；二是人力资源管理水平差，人员流动频繁；三是管理水平低，缺乏标准化管理。首先，你要能够理解上文中提出的相关解决措施；其次，你要能够提出更具体的解决方案，例如，餐饮业标准化经营管理模式、如何将“养”充分体现在餐饮企业中。而这些就需要你大量阅读相关文献资料。

◆项目评价

【知识/技能评价】

①什么是职业发展路径及变迁？

②员工的职业发展路径有几种？

③餐饮企业员工的职业发展路径是什么？

④餐饮企业发展中存在的问题及解决措施有哪些？

⑤你是否愿意进入餐饮企业工作？为什么？若你成为餐饮企业的一名新员工，请写出你的职业发展规划。

【实训演练】

分小组进行情境模拟演练：每个小组

4～5人，其中2～3人扮演餐饮企业员工职业规划师，2～3人扮演餐饮企业员工，完成一次职业规划前期的访谈工作，并最终提出一份针对员工的职业规划的初步方案。

【项目链接】

员工职业发展规划可以参考如下进程：(1) 职业生涯规划的自我认知(对自己进行全方位、多角度的分析)，包括职业兴趣、职业能力、职业价值观、综合评价等；(2) 职业生涯规划的职业分析，包括家庭环境分析、学校环境分析、社会环境分析、职业环境分析；(3) 职业生涯规划的设计，包括短期目标、中期目标、长期目标；(4) 职业生涯规划的评估调整，包括评估调查、评估时间、规划调整原则。

为了增加学生对餐饮行业及其人力资源管理的相关知识，建议学生阅览《餐饮企业人力资源管理》《餐饮服务与管理》等书籍，并可关注"中国餐饮行业协会"或各省餐饮行业协会网页动态，了解更多餐饮行业的发展动态。

如何进行员工职业生涯规划？欲望、目标、行动、调适是其基本应涉及的四大步骤。

关于欲望，首先对于企业而言，要有强烈的欲望帮助员工发展。道理很简单，只有员工发展了，才会有企业的发展，所以企业要像重视利润增长一样重视员工的能力发展；而员工在立足于做一个合格员工的基本前提下，也要树立自己的远大理想。若一个人不知道自己想要什么，也不清楚该往何处走，势必得过且过，做一天和尚撞一天钟，这样的人，很难创造价值，更不要奢谈有意义的人生。要规划好职业生涯，若企业没有要员工发展的欲望，光有员工的想法，或员工没有发展的欲望，光有企业的想法，都不会成功；只有两者欲望的交集，才有最佳的动力促进职业生涯的规划与管理。

二是目标。企业要结合未来发展的目标，明确员工的培养发展目标，通过人力资源发展规划、职业通道设计等策略，驱动员工发展；而员工要明确自身的发展定位，知道自己要往何处走，并结合自身资源确定切实可行的短、中、长期发展目标，这样，才有前行的方向。

三是行动。企业要采取必要的措施，并敦促各级部门主管也一同参与，让员工能逐步地实现预定的目标；员工本人，也得将自己所设定的职业发展目标，转化成每年、每月甚至每天的行动策略。没有行动，目标最终将是黄粱一梦。

最后是调适。没有任何一项目标的设定一经确定便成永远。随着外在环境和员工的不断发展变化，员工对自身的定位和发展目标必然有所调整，所以，企业和员工应着眼于这种调整，及时变化相应的行动策略，在变化中调适方向，直至最终找准自己的定位，不断前行。

日益激烈的市场竞争促使每一个企业加快技术进步和组织变革的速度，与此同时，公司对人的需求也发生了广泛而深刻的变化，工作对人的要求越来越以拥有更多的知识和更高的技能为前提，这就需要我们对员工的职业生涯进行成长上的规划和管理，以满足企业更好地用人、留人，最终驱动个人和企业的共同发展。

附录

附 A　餐饮服务常用术语英汉对照

bread-crumb：面包屑（粉）
bread knife：面包刀
bread sauce：面包沙司
break：钞示兑开（大额钞票）
break-even：收支平衡、盈亏线、保本点
break-even chart：收支平衡图
break-even point：收支平衡点
breakables：易碎物品
breakdown of the bill：账目细分
breakfast bar：早餐柜台
breakfast buffet：自助早餐
breakfast card：早餐卡
breakfast cup：早餐杯
breakfast in bed：床上早餐
breakfast service：早餐服务
breakfast setting：早餐摆台方式
brioche：奶油鸡蛋小面包
broad bean：蚕豆
broaden sources of income and reduce expenditure：开源节流
broth：肉汤；清汤
brown bread：黑面包
brunch：早午餐
budget：预算
budget cost：预算，预算成本核算，计划成本
budget hotel：经济型旅馆
budget ledger：预算总账
budget making：预算编制
budget program：预算方案
budget report：预算报告
budget steak house：廉价牛排馆
budget-oriented property：经济型饭店
buffet：自助餐
buffet party：自助餐会
buffet restaurant：自助餐厅
bulb：灯泡
bulletin board：布告栏
bun：小甜面包
bungalow-type accommodation：平房式住房
bus service：汽车接送服务
busboy：餐厅男杂工
busgirl：餐厅女杂工
business card：（业务）名片
business center：商务中心
business efficiency：经营效率
business ethics：商业道德
business facilities：商务设施
business hours：营业时间
business income：营业收入
business law：商法
business licence：营业执照
business meeting：商务会议
business objective：经营目标
business profit：营业利润
business report：营业报告
business skill：经营方法（技巧）
business strategy：经营战略
business tax：营业税
business traveler：商务旅游者
busy：占线
butter：黄油
butter dish：黄油碟
butter knife：黄油刀
butter sauce：奶油沙司

buy one,get one free:买一送一
buyers' market:买方市场
buying rate:(银行)买入价
by convention:按照惯例
cabbage:卷心菜
cafeteria:自助餐厅
cake fork:糕饼叉
cake knife:蛋糕刀
cake tongs:糕饼夹
call box:公共电话亭
campari:金巴利酒
camphor ball:樟脑丸
can opener:开罐头刀
cancellation:取消
cancellation fee:取消费
candle:蜡烛
candle stick:蜡台
canned beer:罐装啤酒
canned drinks:罐装饮料
capacity of the market:市场容量
capital cost:资本成本
capital intensive:资本密集度
capital project studies:资金规划研究
capital structure:资本结构
captain:领班
carafe:玻璃水瓶;饮料瓶
caravanning facilities:活动房设施
carbon paper:复写纸
care to step:请留意阶梯
career training:就业培训
carpark:停车场
carpenter:木匠
carpet:地毯
cart:手推车
cash:现金
cash account:现金账户
cash audit:现金审核
cash book:现金账(簿)
cash box:钱箱(柜)
cash desk:收款台,账台
cash drawer:现金抽屉
cash only:只收现金(告示)
cash paid-out:现金代支
cash payment:现金付款
cash pledge:押金
cash purchase:现金购买
cash receipt report:现金收入报告
cash register:收银机
cash settlement:现金结算
cashier:出纳员
cashier's cheque (check):银行本票
cashier's counter:付款处
cashier's report:出纳员报表
casserole:赌场,赌博旅馆
casual audit:抽查账目
casual worker (labourer):临时工
category of rooms:客房类别
category of taxation:税目
catering department:饮食部
catering for a banquet:举办宴会
catering manager:饮食部经理
ceiling:天花板
ceiling price:限价,最高价格
celery:芹菜
central air-conditioning:中央空调
central processing:中央处理中心
chain:连锁(企业)
chairman of the board:董事长
champagne:香槟酒
champagne cider:香槟酒苹果
champagne cup:大酒杯
change:零钱,找头

change of guest resource：客源变化
change of reservation date：变更预订日期
changeable cost：变动成本
charge form：收账单
charge to：付账单位(人)
check(cheque)：支票
check endorsement：支票背书
check list：核对清单
check only for account：转账支票
check-out by company account：公司付账
check stub：支票存根
check the information：核对信息
check-up on the financial work：财务检查
cheese knife：乳酪刀
chef：厨师(长)
chef's suggestions：厨师长推荐菜品
cheque for transfer：转账支票
cherry：樱桃
cherry pie：樱桃馅饼
chicken：鸡
chicken breast：鸡脯
chicken leg：鸡腿
chili sauce：辣酱油
Chinese cabbage：大白菜
Chinese dinner service：中餐服务
Chinese food：中国菜
chopping board：案板
chopsticks：筷子
chopsticks rack：筷架
chopsticks sheath：筷套
cider：苹果汁
cigarette machine：自动售香烟机
city ledger：客户往来账
clam：蛤
classic elegance：古雅气氛
cleanliness：洁净
cleaner：清洁工
cleaning staff：清洁工
clear soup：清汤
clear the desk：清理桌子
client：客户
clock card：考勤卡
close accounts：结算，结账
close down：停业
Coca-Cola：可口可乐
cocktail：鸡尾酒
cocktail lounge：(大厅一侧)鸡尾酒吧间
cocktail party(reception)：鸡尾酒会
cocktail sauce：开胃沙司
cocoa：可可
coconut milk：椰子汁
coffee：咖啡
coffee-break：喝咖啡休息
coffee mill：咖啡豆磨具
coffee pot：咖啡壶
coffee shop：咖啡馆(厅)
coffee spoon：咖啡匙
coffee-maker：咖啡壶；制咖啡的人或公司
coffee-mate：咖啡伴侣
cold water：冷水
cold-water tap：冷水管
committed capacity cost：折旧费
common carp：鲤鱼
compensation：赔偿
competitive advantage：竞争优势
competitive means：竞争手段
competitive power：竞争力
competitive price：竞争价格
competitive strategy：竞争策略
complain：投诉
complain box：投诉箱
complete sets of equipment：成套设备

complex facilities:综合设施
complimentary:免费的
complimentary breakfast:免费早餐
complimentary room:免费房
computer management:计算机管理
computer network:计算机网络
computer program:计算机程序
condensed milk:炼乳
condiment:调味品
condition of consumption:消费状况
condominium:长住式公寓
congee:粥,稀饭
congregate meal:集体(一起)用餐
connoisseur:专家;葡萄酒鉴定家
consumable ledger:消费(耗)品总账
consumables:消费(耗)品
consumer attitude:消费者态度
consumer behavior:消费者行为
consumer benefit:消费者利益
consumer concerns:消费者所关心的
consumer demand:消费者需求
consumer mentality:消费者心理
consumer motivation:消费动机
consumerism:保护消费者
consumption level:消费水平
consumption of materials:物资消耗
consumptive characteristic:消费特点
continental breakfast:大陆式早餐
CP(continental plan):大陆式房价收费立法
contingent capability:应变能力
contract:合同
contract employee:合同工
contract of employment:雇用合同
contract price:包价,合同价
contract system:承包制;合同制
contractual joint-venture:契约合营
control card:管制表
controllable expenses:可控开支
convenience:方便
convenience food:方便食品
convenience food system:常规饮食法
conventional food service:(外汇)兑换率
conversion rate:(外汇)兑换率
cook:厨师,烹调
cook ware:炊具
cookie:小甜饼,曲奇饼
cooking facilities:厨房设备
cooking utensils:烹饪用具
cooking wine:料酒
corkage:(顾客自带酒)开瓶费
corkscrew:开塞钻
corn soup:玉米羹
corporate rate:优惠价格
corrected total:冲销后总账
corridor:走廊
cost:成本
cost accountant:成本会计师
cost accounting:成本会计
cost keeper:成本管理员
cost of development:开发成本
cost of sales:销售成本
cost of wear and tear:损耗费
cost price:成本价格
cost statistics:成本统计
cost-benefit analysis:成本利润分析
cost push:成本增加(趋势)
Courvoisier VSOP:拿破仑干邑白兰地
cover charge:附加费,服务费
covered bowl:盖碗
crab meat:蟹粉(肉)
cracked ice:冰块

cream sauce:奶油沙司
crisp:炸土豆片
critical:苛刻的,苛求的
croissant:新月形面包;羊角面包
cruet:调味品瓶
cruet stand:调味品瓶架
cubbyhole:文件分类架
cube sugar:方糖
cucumber:黄瓜
cuisine:厨房,烹饪
culture brunch:带有文化性的餐会
currency:货币
currency value:币值
current account:往来账户
current expenses:日常经营费用
current rate:现价
curry:咖喱(粉)
curry powder:咖喱粉
customer first:顾客至上
customer's expectation:顾客的期望值
cut-off date:截止日期
cut-off time:截止时间
cut-price competition:削价竞争
daily average consumption:日平均消费
danish pastries:丹麦甜馅饼
dark beer:黑啤酒
deal with complaints:处理投诉
decorating:装饰布置
delivery:(预订后)送食品上门
dessert:甜食
dessert bar:甜食柜台
dessert fork:甜食叉
dessert knife:甜食刀
dessert menu:甜食单
dessert spoon:甜食匙
diet:饮食
dietary:食谱
diet cure:食疗
diet technician:营养师
dietician:营养学家
dining room:餐厅
dining room supervisor:餐厅管理员(领班)
dinner cloth:正餐桌巾
dinner club:晚餐俱乐部
dinner glass:玻璃餐具
dinner pail:就餐桶
dinner party:宴会
dinner service(set):成套餐具
dinner setting:晚餐摆台方式
dinner showroom:食品陈列室
dinner table:餐桌
dinner ware:餐具
dinner hour:就餐时间
dish cloth:抹布
dish pan:洗碗盆
dishwasher:洗碗工,洗碗机
disinfected:已消毒
doughnut:炸面饼圈
drinks:饮料
drinks trolley:饮料小车
drunk:醉客
duck:鸭
dumpling:饺子
eating market:饮食市场
eel:鳝鱼
egg-beater:打蛋器
egg-beater:鸡蛋杯
eight-jewel rice pudding:八宝饭
employee cafeteria:员工餐厅
employee meal periods:员工用餐时间
employee meals:员工工作餐
English breakfast:英式早餐

entree:主菜,正菜
entree plate:中号食盘
escargot:(食用)蜗牛
espresso coffee:蒸汽加压煮出的咖啡
ethnic cuisine:民族风味菜
ethnic restaurant:风味餐馆
evening snack:晚间小吃
exhaust fan:排气扇
expense:费用
expense account:支出账目,报销单
expenses of administrative management:行政管理费
expensive:昂贵的
family restaurant:家庭式餐馆
farewell party:告别宴会
fast-food:快餐
fast-food chain:快餐连锁店
fast-food operation:快餐经营
fast-food service:快餐服务
fillet:肉片,鱼片
fish:鱼
fish dishes:鱼餐
fish knife:鱼刀
fish slice:(侍者用)分鱼刀
fish stick:鱼排
fish tank:鱼缸
flour:面粉
food:食品,菜肴
food & beverage department:餐饮部
food & beverage department schedule of incomes and expenses:餐饮部收支一览表
food and beverage manager:餐饮部经理
food and beverage revenue:餐饮收入
food cost:食品成本
food cost control:食品成本控制
food cost-control techniques:食品成本控制法
food ingredients:食品成分
food order office:食品定购部
food plan:用餐方式
food poisoning:食物中毒
food preparation:配制好的食品
food processing:食品加工
food production:食品生产
food production management:食品生产(制作)管理
food sanitation:食品卫生
food science:食品营养学
food service industry:饮食业
food service market:饮食市场
food storage:食品贮藏
food system:食品产销系统
fork:叉
franchised restaurant:(大企业内)连锁餐厅
free newspaper:免费报纸
French fries:法式炸土豆条
French vermouth:法国苦艾酒(味美思)
French-bread sandwich:法式面包三明治
fried food:油炸食品
fresh frozen food:新鲜冰冻食品
fresh fruit:新鲜水果
fried noodle:炒面
fried rice:炒饭
freezing equipment:冷冻设备
frozen food:冷冻食品
fruit:水果
fruit dish:水果碟
fruit drink:果汁饮料
fruit juice:果汁
fruit juice cocktail:混合果汁饮料

fruit pudding：水果布丁
fruit syrup：果子露汁
fruit wine：果子酒
game：野味
garden mange cook：冷食厨师
garden bean：青刀豆，四季豆
garlic：大蒜
garnish：配菜
gin：杜松子酒
ginger：生姜
ginger ale：姜汁饮料
goose：鹅
gourmet restaurant：美食餐厅
gourmet powder：味精
granulated sugar：砂糖
green bean：青豆
green tea：绿茶
grill：炙烤的肉类食物
grill room：炙烤肉食的餐室
grilled chicken：扒鸡
guest check：（客人点菜单）联单
ham：火腿
haute cuisine：名厨烹饪，佳肴
health diets：保健饮食
Heineken：喜力（啤酒）
high butter fat：高乳脂
high tea：（下午）正式茶点
hors d'oeuvres：（法语）餐前小点心
hot dog：热狗
hot green pepper：青椒
hot pepper：辣椒
hot red pepper：红椒
hot sauce：辣沙司
ice：冰块
ice bucket：冰桶
ice tongs：冰夹
ice water：冰水
ice-cream：冰淇淋
ice-cream parlor：冷饮室
ice-tray：（冰箱内）制冰块的盘子
Irish whisky：爱尔兰威士忌
Italian vermouth：意大利苦艾酒（味美思）
Japanese teppanyaki：日本铁板烧
Japanese-style room：日本式客房
jasmine tea：茉莉花茶
jelly：果子冻
jelly fish：海蜇
kitchen chief：厨房总管
kitchen helper：厨房下手
kitchen utensils：厨房用具
kitchen-sink：厨房中的洗涤水池
kitchenette：小厨房
kitchen ware：厨房用具
kleenx：面巾纸
knife：刀
knock at the door：敲门
lamb chop：羊排
large-scale hotel：大型饭店
late supper：夜晚餐
lay the table：摆台（餐前布置餐桌，刀、叉等）
layout of the menu：菜单的设计
lazy susan：（餐桌上）转动大餐盘
lean meat：瘦肉
lemon juice：柠檬汁
level of cleaning：洁净程度
light snack：简便快餐
light wine：低度酒
liqueur：甜露酒
liqueur glass：小酒杯
liquor：酒
liver：肝

lobster:龙虾
lump sugar:方糖
lunch service:午餐供应
lunch setting:午餐摆台方式
luncheon buffet:自助午餐
luncheon meat:午餐肉
luxury food service:豪华餐饮服务
luxury food service facilities:豪华饮食设施
luxury restaurant:豪华餐馆
macaroni:通心粉
maid:女服务人员
malted milk:麦乳精
mandarin fish:鳜鱼
mandarin orange:柑橘
Maotai wine:茅台酒
margarine:人造奶油,麦淇淋
marmalade:果酱
Martini:马提尼酒
Martini cocktail:马提尼鸡尾酒
meal charge:餐费
meal coupon(voucher):餐券
meal ticket:餐券
meat chopper:绞肉机
meat dishes:肉类
meat grinder(mincer):绞肉机
menu:菜单
menu board:菜单公告牌
method of payment:付账方法
method of service:服务方式
microwave oven:微波炉
midday meal:午餐
midnight snack:夜宵
mild wine:低度酒
milk:牛奶
milk drinks:牛奶饮料
milk jug:牛奶罐
milk shake:牛奶和冰淇淋搅和的饮料
minced pie:肉馅饼
minibar:客房小型酒吧
mixed drink:混合饮料,配制饮料
mop:拖把
morning snack:早上小吃
morning tea:早茶
mouthwash:漱口水
multiple dining room:多功能餐厅
mush:玉米粥
mushroom:蘑菇
mustard:芥末
mutton:羊肉
mutton chop:羊排
napkin:餐巾
napkin ring:餐巾环
neutral wine:中性酒
nutmeg:豆蔻
nutrition:营养
oats:麦片粥
on the house:免费,餐厅(饭店)请客
onion:洋葱
open bar:免费供应的酒吧
open-air restaurant:野外餐厅
opening wine bottles:开酒瓶
orange:橘子
orange juice:橙汁
order:点菜
palace cuisine:仿膳餐
pancake:薄煎饼,烙饼
pantry:餐具室,食品室
pantryman:餐厅管理员
paper glass:纸杯
paper napkin:餐巾纸
paper towel:纸毛巾
parfait:冻糕

pastry cook:糕饼师
pea:豌豆
pear:梨
pepper:胡椒粉
pepper box:胡椒瓶
pepper corn:胡椒粒
pepper sauce:辣椒沙司
Pepsi-Cola:百事可乐
percolator:(带过滤网的)咖啡壶
pie:馅饼
pine colada:雪白菠椰汁
pineapple:菠萝
pineapple juice:菠萝汁
pizza:意大利馅饼
pizza parlor:(意大利式)烘馅饼店
place mat:餐桌上的纸垫
plastic shower curtain:塑料浴帘
plate basket:餐具篮
plate dinner:饭菜盛在一个盘子里的正餐
plate lunch:饭菜盛在一个盘子里的午餐
plate mat:垫盘
plate powder:擦银器粉
plate rack:餐具架
plush bathrobe:长毛绒浴衣
pommard:波马红葡萄酒
popular dishes:大众菜
porcelain tableware:瓷器餐具
pork:猪肉
pork chop:猪排
potato:土豆
poultry:禽类
prawn:明虾,对虾
pre-dinner drinks:餐前饮料
preserved eggs:松花蛋
preserves dish:果酱碟
preserves spoon:果酱匙
printing of the menu:菜单的印刷
prixfixe:定好价格的客饭
pudding:布丁
puff:松饼
punch:混合饮料
purchase:购买
put on the table cloth:铺桌布
Tsing Dao beer:青岛啤酒
quail:鹌鹑
ready food:熟食
ready food system:熟食制作法
ready-to-eat meal:即席膳食,快餐
red wine:红葡萄酒
red wine glass:红酒杯
refreshing drink:清凉饮料
refreshments:茶点
regular client:老顾客
restaurant captain:餐厅领班
restaurant cashier:餐厅出纳员
restaurant decoration:餐厅装饰
restaurant industry:餐馆业
restaurant manager:餐厅经理
restaurant patron:餐厅主顾
restaurant receipt:餐厅收入
restaurant reservation:餐厅订座
rib:排骨
rice bowl:饭碗
rice crusts:锅巴
ripe wine:醇酒
roast duck:烤鸭
roast pork:叉烧
rye bread:(裸麦)黑面包
salad bar:冷拌生菜餐柜
salad fork:色拉叉
salad knife:色拉刀
salad oil:色拉油

salt shaker:盐瓶
sardine:沙丁鱼
sashimi:生鱼片
saucer:茶碟
sausage:香肠
sausage roll:香肠卷
scallop:干贝
seafood:海鲜
seafood fork:海鲜叉
self-service condiment and trimming bar:自助调味与配菜餐柜
server:(食品)托盘
service bar:餐厅酒柜
service plate:底托盘
serviette:餐巾
serving chopsticks:分菜用筷
serving fork:分菜用叉
serving soup:取汤
serving spoon:分菜用匙
serving trolley:餐厅手推车
sesame oil:香油
shad:鲥鱼
Shao-Hsing rice wine:绍兴酒
shark's fin:鱼翅
shelled shrimp:虾仁
sherry:雪利酒
short-order cook:快餐厨师
shrimp:虾
side knife:附加刀
side dish:附加盘
side plate:餐具柜
simple fare:便餐
small ale:淡啤酒
smokehouse:鱼肉熏制房
snack:小吃,快餐
snail:蜗牛
soft drink:软饮料(不含酒精)
sommelier:斟酒服务人员
soufflé:蛋奶酥
soup bowl:汤碗
soup ladle:汤勺
soup spoon:汤匙
soy sauce:酱油
soybean:黄豆
sparkling wine:汽泡酒
specialty restaurant:特色餐馆
spice:香料
spice sauce:辣沙司
spillage:渗漏,溢出
spoon:调羹
spring roll:春卷
Sprite:雪碧
square tray:方盘
squid:鱿鱼
stainless steel kitchen utensils:不锈钢厨房用具
stainless steel knife and fork:不锈钢刀叉
steak house:牛排餐厅
steamed bread:馒头
steward:食品保管员
still champagne:无泡香槟酒
straw:麦秆吸管
straw slippers:草拖鞋
strawberry:草莓
strawberry jam:草莓酱
strong complaint:强烈抗议
strong wine:烈性酒
sugar bowl:糖缸
sugar tongs:糖夹
sukiyaki:(日本式)火锅
sundae:圣代(食品)
supper service:晚餐供应

table cloth：台布
table d'hote：客饭
table decoration：餐桌装饰
table glass：桌上玻璃器皿
table linen：餐桌布
table manners：餐桌(吃饭)礼仪
table number：桌号
table plan：餐桌排列方案
table service：餐桌侍餐
table setting：餐桌摆台
table spoon：汤匙
table water：食用矿泉水
tableware：餐具
tea things：茶具
tea tray：茶盘
telephone supervisor：电话管理员
toast bread：烤面包
toast rack：烤面包片托架
today's special：当日特色菜
trifle：松糕
turtle：甲鱼
unique style：独特的风格
utensil：厨房用具
vegetable：蔬菜
vegetable cook：蔬菜厨师
vegetable food：素食
vegetable sauce：蔬菜调味汁
vegetarian：素食者
vinegar：醋
vinegar cruet：醋瓶
wagon service：(厨师当客人的面烹调)小餐车
wait at (on) table：侍候进餐
waitress：(餐厅)女侍者
water glass：水杯
water melon：西瓜
western food：西式菜
western restaurant：西餐厅
whisky：威士忌酒
whisky and soda：威士忌苏打
white coffee：牛奶咖啡
white horse：白马酒
white wine：白酒
white wine glass：白酒酒杯
whiteboard：白板
wine cashier：酒柜出纳
wine glass：酒杯
wine keeper：斟酒服务人员
wine list：酒单
yellow fish：黄鱼
yellow rice wine：黄酒
yogurt：酸牛奶

附 B　餐饮服务常用接待用语英汉对照

1. 先生，早安。两位吗？

Good morning, sir. A table for two?

是的。

That's right.

2. 我带您入座。这边请。

I'll show you to your table. This way, please.

3. 请坐。要茶还是咖啡？

Please take a seat. Which would you prefer, tea or coffee?

咖啡。

Coffee, please!

4. 两位都要咖啡吗？

Two coffee?

是的。

Yes.

5. 这是菜单。决定好要点菜时，麻烦招呼一下服务员，好吗？

Here is your menu. Could you call a waiter when you are ready to order?

6. 要点什么菜？

May I take your order now?

我要一份美式早餐和咖啡。

Yes, I'd like an American breakfast with coffee.

7. 好的，太太。一份美式早餐和咖啡。还要不要别的？

Certainly, madam. An American breakfast with coffee. Will there be anything else?

不，那样就够了。

No, that's all.

8. 现在要还是待会儿要？

Now or later?

9. 请稍等，很快就拿来。

Just a moment, please. I'll bring it right away.

10. 待会儿要。我想看一下今天的英文报，拿给我，好吗？

Later will do. I want to read today's English newspaper, could you bring it for me?

当然可以，先生。给您。

Certainly, sir. Here you are.

11. 先生，让您久等了。请用您的早餐。

Thank you for waiting, sir. Please enjoy your breakfast.

12. 午安，先生。欢迎光临餐厅。

Good afternoon, sir. Welcome to the dining-hall.

13. 请问有几位？

How many persons, please?

四位。

A table for four, please.

14. 有没有预约？

Do you have a reservation?

没有。

No.

15. 请这边走。坐这儿行吗？

This way, please. Would you take this one?

我不喜欢这张桌子，请另外找一张。

I don't care for this table. Show me another, please.

16. 您喜欢哪个位置？

Where would you prefer to sit?

嗯，请给我靠窗的座位。

Well, by the window, please.

17. 那个地方恐怕还没准备好。

I'm afraid that area is under preparation.

18. 那个位置恐怕有人订了。

I'm afraid that table is reserved.

19. 您喜欢坐餐桌，还是吧台？

Would you prefer to sit at a table or at the bar?

20. 您有什么事？

Can I help you?

我想订一张8人桌，今晚要。

I would like to book a table for eight for tonight.

21. 好的，先生。您什么时间来呢？

Certainly, sir. What time would you like your table?

八点钟。

At 8 p.m.

22. 您喜欢大厅的座位还是小餐厅的座位？

Would you prefer a table in the main restaurant or in a private room?

23. 您要的是中餐还是西餐？

What's it going to be, Chinese food or Western food?

24. 对不起，餐厅现在客满。如果你们愿意等的话，我们非常欢迎。

I'm sorry, the house is full now. If you would like to wait, we are more than welcome to do so.

你看要等多久？

How long do you think we'll have to wait?

25. 我看至少要等10分钟。

I'd say at least 10 minutes.

可以。

OK.

26. 谢谢。你们先在那边坐下来等好吗？一有空桌就请你们入座。

Thanks. Now would you please take a seat and wait over there? We'll have you seated as soon as we get a vacant table.

27. 我带您入座，这边请。

I'll show you to your table. This way, please.

28. 这个位置好吗？

Is this fine?

好，这里很好。

OK. That'll be fine.

29. 先生，请随便坐。

Please sit where you like.

谢谢。

Thanks.

30. 要不要给您的儿子（女儿、小孩）一张高椅？

Would you like a high chair for your son (daughter, child)?

31. 服务人员会来为您点菜，请稍等。

A waiter will come to take your order, just a moment, please.

32. 这是菜单，请慢慢看。

Here is your menu, Please take your time.

33. 点菜前想喝点什么吗？

Do you care for anything to drink before you order?

不，谢谢。我们直接点菜吧。

No, thanks. I think we'll order straight away.

34. 你们准备点菜了吗？

Are you ready to order now?
不，我们还在看菜单呢。
No, we're still looking at the menu.

35. 选好菜了吗?(决定好点什么了吗?)
Have you decided yet?
好了。我要一份馄饨汤，然后要蛋卷。主菜我要糖醋肉。
Yes, I'll start with wonton soup followed by egg rolls and for the maincouse. I'd like to have the sweet and sour pork.

36. 您要几个蛋卷?
How many egg rolls would you like?
我要两个。
I'll have two.

37. 甜食您要点儿什么，夫人?
Any for dessert for you, madam?
我要水果色拉。
I'll have fruit salad for dessert.

38. 一份馄饨汤、两个蛋卷、一份糖醋肉和水果色拉。谢谢您。您呢，先生?
Wonton soup, two egg rolls, sweet and sour pork and fruit salad. Thanks. What about you, sir?
我先来一份酸辣汤，然后给我来锅贴。主菜我要大虾炒面。
I'll start with hot and sour soup followed by the fried dumplings. And for entrée I'll have shrimp fried noodles.

39. 您要几个锅贴?
How many fried dumplings do you want?
3 个就够了。
Three will be enough.

40. 那么就是酸辣汤、锅贴和大虾炒面。甜食您要点什么?
So that's hot and sour soup, three fried dumplings and shrimp fried noodles. What dessert do you want?
我要奶油巧克力。
I'll take the chocolate truffle.

41. 要不要来点儿饮料?
Would you like anything to drink?
请先给我来瓶啤酒。
I'd like a bottle of beer first.

42. 您呢，夫人?
And you, madam?
请给我来听橘汁。
I'd like an orange juice, please.

43. 先生，您的啤酒。夫人，您的橘汁。
This's one bottle of beer fou you, sir, and one orange juice for you, madam.

44. 我第一次来中国，能为我介绍几个中国菜吗?
This is my first time to China, will you recommend me some Chinese dishes?
您要多少标准的?
How much would you spend?

45. 价钱多少无所谓，但要质量好的特色菜。
I don't care about money, I'd like to have some nice dishes of Chinese characteristics.
我为您介绍清炒虾仁、芙蓉鸡片好吗?
Would you like saute plainshalled shrimp, fried chicken slice with egg-white?

46. 您要汤吗?
Would you like any soup?
有什么汤?
What kinds of soup do you have?

47. 有鸡片汤、三鲜汤等。

We have sliced chicken soup, soup of sea food etc.

48. 请给我一碗西红柿汤。

I'd like a bowl of tomato soup.

49. 我们有山东菜、四川菜和上海菜。

We have Shandong food, Sichuan food and Shanghai food.

50. 有没有红烧海参?

Is there any stewed sea cucumber?

没有。我们有炒大虾。

I'm afraid not. We've braised prawns.

51. 有什么素菜?

Are there any vegetable dishes?

素三鲜和海米白菜汤很好。

I can recommend stir fried bamboo shoots with mushrooms and greens and consommé of dried shrimp and cabbage.

52. 给我加一份鸡油白菜好了。

I want another portion of cabbage cook in chicken oil.

53. 我想尝一尝火腿和香肠。

I'd like to try ham and sousage.

54. 如果您想换口味的话,这里有鸡粒青豆汤和奶油蘑菇汤。

If you want to change your taste, we serve consomm'e a la reint and cream of mushrooms.

55. 我要吃吉利大虾和烟鲳鱼。

I'd like to have prawns cutlet and smoked pomfret.

56. 顺便问一下,这儿的腰肉牛排怎么样?

By the way, what about the sirloinsleak here?

57. 炸土豆条和煮卷心菜也很不错。

Fried potato and boiled cabbage are also very nice.

58. 我要面包、黄油和果酱。

I want bread with butter and jam.

59. 您想吃些时蔬吗?

Would you like any dishes in season?

60. 我的饭准备好了吗?

Is my meal ready?

一切都好了。

Everything's ok.

61. 需要增加菜吗?

Any more dishes?

每样都添一份。

Another portion of each, please.

62. 请把盐和胡椒面带来。

Please bring the salt and pepper.

63. 我们的冷食有草莓、冰淇淋、烩水果。

For cold refreshment we have strawberries, ice cream and stewed fruit.

64. 您需要哪一种?

Which do you want?

我要荔枝烩水果或者3份西瓜。

I'd like to have either lichee compote or three portions of watermelon.

65. 请给我一块餐布。

Please bring me a napkin.

对不起,我忘了。

I'm sorry, I forget it.

66. 这儿的里脊扒做得很好。

The fillet is well grilled here.

67. 这儿的烤鸭不如前门烤鸭店做的。

The duck is not so well roasted as that in the Qianmen Roast Duck Restaurant.

68. 这儿的烩鸡咸了,那个牛肉串淡了。

There's too much salt in stewed chicken and the mutton shashlik is tasteless.

69. 这把刀是脏的。请你换把干净的好吗？
This knife is dirty. Would you bring me a clean one, please?

70. 您的意见很好，对我们改进工作帮助很大。
You've put forward a very good suggestion. It'll help us a lot in improving our future work.

71. 我代表饭店领导向你表示感谢。
On behalf of leaders of the hotel, I express our thanks to you.

72. 出了什么事了吗，先生？
Is anything wrong, sir?

73. 您觉得不好吃，很抱歉，先生。我把这盘送厨房去。再给您换一盘。
I'm sorry you didn't enjoy it, sir, I'll return it to the kitchen and bring you a new one.

74. 这回的牛排怎么样？
How is your steak this time, sir?

75. 这道菜很烫，请小心。
This dish is very hot , please be careful.

76. 先生，我可以收拾桌子吗？
May I clean the table, sir?

77. 谢谢您在本餐厅用餐，欢迎再度光临。
Thank you for dining with us. Please come again.

78. 先生，您可以在座位上付款。
You may pay at your table, sir.

79. 你们有什么酒？
What wine do you serve?
我们有威士忌、白兰地、葡萄酒。
We have Whisky, Brandy and Grape wine.

80. 请给我葡萄酒。
Grape wine, please.
您要红葡萄酒还是白葡萄酒？
Do you prefer red one or white one?

81. 请再来一杯威士忌。
A cup of Whisky, please.
要加苏打水吗？
Would you like it with soda water?

82. 加一点。
Just a little.

83. 这是什么酒？
What kind of wine is it?
是中国名酒茅台。
It's Chinese famous wine, Maotai.

84. 是烈性酒吗？
Is it spirits?
是的，有 55 度。
Yes, 55 (centigrade) degrees.

85. 给我来一杯。
Let me try a cup of it.

86. 今天天热，要不要冰啤酒？
It's hot today, would you like to have some iced beer?

87. 这位先生不会喝酒，请拿些饮料。
This gentleman doesn't drink wine. Please bring some soft drinks.

88. 贵店开到什么时候？
Until what time are you open?
本店开到晚上 10 点，但是 9 点半以后就不再接受客人点菜了。
We are open until 10 but our last order for dinner is at 9:30 p.m.

89. 服务人员，这不是我点的菜。
Waiter, this is not what I order.
真对不起，先生。您点的是什么？
I'm sorry, sir. What was your order?

90. 我点的是咖喱虾，而不是咖喱牛肉。

I ordered a shrimp curry, not beef curry.

好的，先生。我马上给您送来。

I see, sir. I'll bring the right one at once.

91. 您的咖喱牛肉，先生。非常抱歉弄错了。

Your beef curry, sir. I'm awfully sorry for the mistake.

92. 服务人员，我至少在 30 分钟前点的菜，到现在还没来。为什么要这么久？

Waiter, I ordered my meal at least 30 minutes ago and it still hasn't come. Why is it taking so long?

真对不起，先生。我会和主厨核对您点的菜。

I'm very sorry, sir. I'll check your order with the chef.

93. 请快点！15 分钟后我有个约会。

Please hurry up! I'll get an appointment in 15 minutes.

先生，您的菜。抱歉耽搁了。请用您的午餐。

Your meal, sir. We're very sorry for the delay. Please enjoy your lunch.

94. 看看你做的好事。

Look what you've done.

真对不起，先生。我马上拿布来。

I'm very sorry, sir. I'll bring you a cloth immediately.

95. 晚安，先生。我是领班。我为我们的粗心道歉。我可以替您清理吗？

Good evening, sir. I'm the head waiter and I'd like to apologize for our carelessness. May I clean it up for you?

96. 很抱歉给您带来这种麻烦。

We're very sorry to have cause you this trouble.

97. 我很抱歉破坏您今晚的兴致。

I'm very sorry to have spoilted your evening.

98. 先生，晚上好。要结账吗？

Good evening, sir. May I help you?

是的。这账单多少钱？

Yes, how much will this be?

99. 请稍等一会儿，我算一下。

Just a moment, please. I'll calculate that for you.

100. 劳您久等了，先生。总共是 60 元。

Thank you for waiting, sir . Your bill comes to 60 yuan.

101. 这是找您的零钱。

Here is your change.

102. 我们这里不承兑旅行支票。

We can't honor traveller's checks here.

103. 我们这里接受外币付款。

We accept foreign currency as payment here.

104. 我们接受列在这里的信用卡。

We accept the credit cards displayed here.

105. 先生，您住在本饭店吗？

Are you a staying guest, sir?

是的。

Yes, I'm.

106. 请在账单上签名并写上房间号码，总额会加在您最后的客房账单上。

Could you sign the bill and add your room number, please? The amount will be added to your final room bill.

107. 我可以用现金付我的饭费吗?

Can I pay you in cash for my meal?

当然可以,先生。

Certainly, sir.

108. 请往右(左)走。

Please turn right (left).

109. 您要什么?

What do you want?

110. 请上楼(下楼)。

Please go upstairs (downstairs).

111. 请等一会儿。

Please wait for a moment.

112. 请跟我来。

Please come with (follow) me.

113. 请坐。

Sit down, please.

114. 非常感谢您。

Thank you very much.

115. 我很抱歉。

I'm very sorry.

116. 对不起,让您久等了。

I'm sorry to have you kept waiting .

117. 不用谢。

You're welcome.

118. 不要紧(没关系)。

That's all right.

119. 哦,不,我们这儿不收小费。

Oh, no. We don't accept tips here.

120. 希望您用餐愉快。

I hope you enjoy your meal.

121. 希望很快能再见到您。

Hope to see you again soon.

122. 很乐意再为您和您的家人服务。

It's a pleasure to serve you and your family again.

123. 我们期待再见到您。

We look forward to seeing you again, sir.

124. 我们期待能再为您服务。

We look forward to serving you again, sir.

125. 希望您饭后好好休息。

I hope you'll have a good rest after the meal.

126. 再见。

Good-bye.